함석헌의
『**바가바드 기타**』
역주서 연구

함석헌의 『바가바드 기타』 역주서 연구

초판인쇄 2021년 4월 20일 **초판발행** 2021년 4월 30일
지은이 나혜숙 **펴낸이** 박성모 **펴낸곳** 소명출판 **출판등록** 제13-522호
주소 06643 서울시 서초구 서초중앙로6길 15, 2층
전화 02-585-7840 **팩스** 02-585-7848 **전자우편** somyungbooks@daum.net **홈페이지** www.somyong.co.kr

값 19,000원 ⓒ 나혜숙, 2021
ISBN 979-11-5905-604-8 93270

이 저서는 2017년 대한민국 교육부와 한국연구재단의 지원을 받아 수행된 연구임 (NRF-2017S1A6A4A01020733)

함석헌의
『바가바드 기타』
역주서 연구

나혜숙 지음

A Study on Ham Sok-Hon's Commentary
on the *Bhagavad Gītā*

차례

1. 『바가바드 기타』 역주서

한국의 철학자이자 종교가 함석헌(1901~1989)이 남긴 많은 작품 가운데 힌두교 경전을 역주譯註한 작품이 있다. 그것은 『바가바드 기타Bhagavad Gītā』에 대한 역주서다. 『바가바드 기타』는 힌두교의 대표적 경전 중 하나로 기원전 5세기 이후에 지어졌다고 추정된다.[1] 그리고 함석헌의 역주서는 『바가바드기타』라는 제목으로 1985년에 출간되었다.[2] 경전과 역주서의 제목이 같으므로 이후부터는 경전 『바가바드 기타』는 『기타』로, 함석헌의 『바가바드 기타』 역주서는 『기타 역주서』로 줄여 부르기로 한다.

『기타 역주서』가 단행본으로 출간된 것은 1985년이지만 그때가 이 작품이 처음 쓰인 것은 아니다. 함석헌의 『기타』 역주는 월간 잡지 『씨올의 소리』에 1975년부터 5년 동안 연재되었다. 하지만 여기에 『기타』의 전체가 역주되어 실리지는 못했고, 단

---

1   이거룡, 「거룩한 자의 노래 ─ 함석헌 선생 주석의 『바가바드기타』」, 『바가바드 기타』, 한길사, 1996, 28쪽.
2   함석헌 역주, 『함석헌전집』 13권 『바가바드기타』, 한길사, 1985.

행본은 『씨올의 소리』에 연재된 역주와 끝까지 연재되지 못한 뒷부분을 합쳐 만들어진 것이다.[3] 그리고 함석헌은 『씨올의 소리』에 『기타』 역주를 연재하기 전에는 1974년 가을에서 1975년 봄까지 『기타』를 공부하는 모임을 가졌고,[4] 그보다 앞서 중앙신학교(현재 강남대학교)에서 동양철학을 가르칠 때에는 인도철학으로 『기타』를 가르쳤다.[5] 이와 같이 그는 많은 힌두교 경전 가운데 『기타』를 특별히 여기고 역주서를 썼다. 그가 『기타』를 역주하게 된 배경은 무엇일까? 이 질문에 대해 그의 직접적인 대

---

3 자세한 내용은 이 장, 3. 연구 판본 참고.
4 『기타』 공부 모임을 전하는 두 글을 옮겨 본다. "1974년 가을 무렵부터 서울대 철학과 후배들과 한신대 학생들 20여 명이 모여 함 선생님께 배우기로 했다. 이 공부 모임에는 이규성, 이정호, 허우성, 이병창, 오이환, 전재성 등이 참여했고, 함 선생님의 외손자로 동국대에 다니던 최웅일도 참석했다. 매주 토요일에 신촌의 퀘이커 모임 장소에서 힌두교 경전 『바가바드 기타』를 함께 읽으며 선생님의 말씀을 들을 수 있었다. 영어로 읽으며 강의를 들었는데 70대 중반의 노인이신 선생님의 영어 해석이 빠르고 정확한 것을 알고 놀랐다. 1975년 봄 학기까지 공부했는데 시국이 너무 불안정한 데다 선생님께서도 바쁘셨고, 여름에는 장준하 선생이 돌아가셨으며, 나도 사는 것이 복잡해서 선생님과 함께 공부하는 모임을 계속하지 못했다. 후에 들으니 선생님께서는 "그 공부 모임을 계속했어야 하는데"라고 하며 아쉬워하셨다고 한다."(박재순, 『함석헌의 철학과 사상』, 한울, 2012, 14~15쪽); "1975년 무렵 다른 십여 명의 또래 청년들과 더불어 『바가바드 기타』를 영어 번역으로 공부했다. 『기타』의 시구를 함께 읽고 함 선생님께서 해설을 붙이시는 방식이었다. 선생님께서는 그것을 손질하고 보충하여 『씨올의 소리』에 연재하셨고, 생전에 책으로도 내셨다."(허우성, 「역자 서문」, 라가반 이예르 편, 『진리와 비폭력』, 2 vols., 상권, 허우성 옮김, 소명출판, 2004, 37쪽)
5 함석헌이 중앙신학교에서 『기타』를 가르친 것을 전하는 글을 옮겨 본다. 이 글은 1968년의 함석헌을 회상하는 글이다. "인도철학으로는 인도교 경전 중에서 그 유명한 '바그바드기타'를 배웠다. 순전히 영문으로 된 책을 읽으면서 해석하고 설명을 해 주었다." 김영일, 「함석헌 선생과 배움터」, 『씨올의 소리』 165호, 2002. 3~4, 61쪽.

답은 찾을 수 없으므로, 『기타 역주서』의 머리말에 해당하는 「『바가바드기타』를 읽는 독자들에게」[6]에 바탕을 두고 대답을 추측해 보겠다.

머리말에서 함석헌은 『기타』를 "힌두교 경전 중 가장 중요한 것"이라고 하며 높이 평가했다. 그 이유는 그가 존경하는 간디가 『기타』를 늘 읽었을 뿐 아니라 어려운 문제에 부딪힐 때에도 읽었고, 또 『기타』가 서양 책에 자주 거론되고 "기독교의 신약 같은 지위"라고 소개되었기 때문이다. 그러나 그는 『기타』가 중요한 글인 줄은 알았지만 책을 구할 수가 없었다.[7] 그렇게 『기타』를 "마음에는 항상 기억하면서도 못 보고" 있다가, 한국전쟁으로 부산에 피난 가 있는 동안 헌책방에서 우연히 『기타』를 발견하게 된다. "그때의 나의 놀람, 기쁨!"이라고 말하는 데에서, 읽고 싶지만 구할 수 없던 책을 발견했을 때의 반가운 마음이 나타난다.[8] 그리고 『기타』를 읽고 나서 함석헌은 "이렇게 좋은

---

6 함석헌, 「『바가바드기타』를 읽는 독자들에게」, 『바가바드 기타』, 한길사, 1996, 55~56쪽. 이하에서는 인용은 많고 출처 분량은 적어 일일이 쪽수를 밝히지 않는다.
7 "굉장히 중요한 글인 것은 분명한데 어디서 찾을 길이 없었습니다."
8 "마음에는 항상 기억하면서도 못 보고 있었는데 6·25전쟁에 쫓겨 부산 가 있는 동안 하루는 헌책 집을 슬슬 돌아보고 있었는데 우연히 어느 집 책 틈에 에브리맨스(Everyman's) 문고판의 『바가바드기타』가 한 권 끼여 있는 것을 보았습니다. 그때의 나의 놀람, 기쁨!" 『기타 역주서』 외에, 우연히 『기타』를 발견한 반가움이 언급된 두 곳을 옮겨 본다. "바가받기타를 이름만 듣고 오랫동안 한번 봤으면 하다가 전쟁 때 부산서 어느 낡은 책집에서 우연히 발견하고 큰 보물을 만난 것 같아 읽으며"(함석헌, 「달라지는 세계의 한길 위에서 9」, 『씨올의 소리』 13호, 1972.8, 76쪽); "피난중에

글이 우리 사회에 많이 알려져 있지 않은 것은 참 아쉬운 일입
니다"라고 하면서 다음과 같이 말한다.

주도 설명도 하나 없으니 [『기타』를] 옳게 이해했을 리가 없습니
다. 그래도 읽고 또 읽으니 좋았습니다. 그 이래 오늘까지 놓지 않
고 읽습니다. 그런데 그러고도 그 꼴이냐? 하고 책망하겠지만 그런
줄 스스로도 알면서 나는 이것을 감히 권하고 싶습니다.

이 머리말이 『씨올의 소리』 1975년 9월호에 실렸으니,[9] 부산
의 헌책방에서 『기타』를 우연히 발견한 이래 약 25년 동안 놓지
않고 읽은 셈이 된다.[10] 그리고 위 인용문에서, 그가 오랜 세월
가까이 두고 읽었고 좋은 글이라고 판단한 『기타』를 다른 사람
들에게 권하고 싶어 한다는 것을 알 수 있다. 그래서 함석헌이

[원문대로] 해를 두고 이름만 듣고 보지 못한 『바가바드기타』를 우연히 헌책집에서
발견했을 때 기쁘던 생각"(함석헌, 「이단자가 되기까지」, 『함석헌전집』 4권 『죽을
때까지 이 걸음으로』, 한길사, [1983]1985, 196쪽).

9 『씨올의 소리』 46호, 1975.9, 44쪽.

10 함석헌이 『기타』를 애독하는 모습이 담긴 글을 옮겨 본다. 이 글은 1962년의 함석헌
을 회상하는 글이다. "선생님이 안반덕에 오시면 새벽 4시에 일어나 기도회를 갖고
그다음에는 밭에 나가 일하지 않으면 선생님은 주로 여기저기 산을 혼자 오르내리
면서 자연을 감상하시기도 하시고, 아니면 집에서 책을 보시기도 하시고, 큰 소리고
[원문대로] 책을 읽으시기도 하셨다. 주로 힌두교경전 바가바드기타를 애독하시는
것을 보았다." 김종태, 「안반덕(安盤德) 산 살림 이야기」, 『씨올의 소리』 114호,
1990.7, 127쪽.

『기타』를 역주하게 된 배경은 소박하다. 좋은 글을 권하고 싶다는 것이다.[11]

또한 함석헌은『기타』를 "중요한 글", "좋은 글"이라고 말하는 데에서 한발 더 나아가『기타』에 '진리'가 담겼다고 말한다. 그는 자신이『기타』를 권하는 것에 대해, "진리는 귀족적일 수 없습니다. 어떤 천하고 못나고 악한 것도 부르고 들어보고 만져볼 수 있는 것이 진리 아니겠습니까?", "아무리 둔하고 아무리 악독한 인간이라도 진리의 말씀을 완전히 변질, 말살, 왜곡, 은폐하리만큼 타락할 수는 없습니다"라고 말하며『기타』를 "진리", "진리의 말씀"으로 표현한다. 또한 "성자만 전도하란 법 없습니다, 망나니도 해야지"라면서 자신이『기타』를 권하는 행위를 "전도"라고 표현한다.『기타』를 "진리"라고 칭하고,『기타』를 전하는 것을 "전도"라고 표현하는 것을 통해, 그가『기타』를 마음 깊이 받아들였다는 것을 알 수 있다.

---

11 함석헌은 그가 좋다고 생각한 책이 한국에 소개되지 않았을 때 여러 차례 직접 번역했다.『기타 역주서』의 머리말 외에,『기타』가 한국에 소개되지 않은 안타까움을 언급한 곳을 옮겨 본다. "나는 내가 하지는 못하면서도 남을 나무라기는 잘한다. 칼릴 지브란의『예언자』를 읽고는 왜 이날껏 이『예언자』를 번역한 사람도 하나 없었느냐 하고,『바가바드 기타』를 얻어 들고는, 이런 보배를 어째서 우리나라에서는 일찍부터 알려주지 않았을까 했다. 내가 나무라는 것은 당연하다. 나는 재지(才智)가 없으니 나은 선배들에게 기대할 수밖에 없다. 이 간디의 자서전도 그렇다." 함석헌, 「간디자서전을 옮기면서」, 『함석헌전집』 7권『간디의 참모습 / 간디자서전』, 한길사, [1983]1987, 47쪽.

여기에서 함석헌이 말하는 '진리'가 무엇을 뜻하는지 명확하지는 않지만 적어도 힌두교만의 고유한 진리를 가리키지는 않는다. 왜냐하면 함석헌은 한 자전적 글에서 "『바가바드기타』를 (…중략…) 읽을수록 종교는 하나라는 생각이 분명해졌다"[12]라고 말하기 때문이다. 종교가 하나라는 생각을 가지고 있었고 『기타』를 읽으면서 그 생각이 분명해졌다고 하니, 그가 머리말에서 『기타』를 진리라고 표현할 때의 그 '진리'란 힌두교만의 특별한 진리가 아니라 그가 생각하는, 종교들의 보편적 진리를 가리킨다고 이해하는 것이 적절하다.

그렇다면 함석헌이 오랫동안 읽으면서 다른 사람들에게도 권하고 싶어 한 『기타』, 진리가 담겨 있다고 생각한 『기타』, 종교는 하나라는 생각을 분명하게 해 준 『기타』의 내용이 무엇인지 살펴보겠다.

2. 『기타』

『기타 역주서』에는 역주가 시작되기 전에 『기타』에 대한 소

---

12 함석헌, 「이단자가 되기까지」, 『함석헌전집』 4권 『죽을 때까지 이 걸음으로』, 한길사, [1983]1985, 196쪽.

개가 있다.[13] 그리고 1996년부터 출간된 『기타 역주서』에는 이 거룡의 해제[14]가 포함되었고 이 해제에는 『기타』가 다양한 측면에서 충실히 소개되어 있다. 또한 『기타』는 국내에 번역서, 역주서, 원전 강독서, 해설서, 학술서, 학술 논문이 출판되어 있어, 한국에 소개된 힌두교 경전 중 독자의 접근이 용이한 편이다. 그래서 이 책에서는 독자가 이 책을 읽어나가는 데에 참고가 되는 정도로만 간략하게 『기타』를 소개하겠다.

『기타』는 산스크리트어Sanskrit로 지어진 『마하바라타Mahābhārata』라는 경전의 일부다. 『마하바라타』는 '바라타 족의 대서사시'라는 뜻으로, 100,000 시구詩句[15]가 넘는 긴 서사시다. 큰 줄거리는, 사촌지간인 판다바Pāṇḍava 5형제와 카우라바Kaurava 100형제 사이에 왕권을 두고 갈등이 깊어지면서 전쟁이 벌어지고 판다바의 승리로 끝난다는 것이다. 단순한 큰 줄거리 안에 많은

13 함석헌은 「책을 읽기 전에」라는 제목 아래 "기타와 마하바라타", "『기타』의 우주론"을 번역해 실었다. 함석헌 역주, 『바가바드 기타』, 한길사, 1996, 57~71쪽. 번역의 저본은 다음과 같다. "Gita and Mahabharata"; "Appendix I : The Cosmology of the Gita" (Swami Prabhavananda & Christopher Isherwood, trans., *The Song of God : Bhagavad-Gita*, New York : New American Library, [1944]1972, pp.23~29; pp.131~137).

14 이거룡, 「거룩한 자의 노래 - 함석헌 선생 주석의 『바가바드기타』」, 『바가바드 기타』, 한길사, 1996, 21~53쪽.

15 시구(詩句)란 슐로카(śloka)를 가리킨다. '슐로카'란 산스크리트어 운문(韻文) 운율의 하나로, 8음절로 된 구절(pāda)이 네 개 모여 총 32음절로 이루어진다. 슐로카를 함석헌은 "절(節)"이라고 불렀고, 이 책에서는 '시구'라고 부르겠다.

이야기가 액자식으로 펼쳐지면서 힌두교의 의무, 철학, 종교, 윤리가 풍부하게 논해진다. 『마하바라타』는 총 열여덟 장이고 『기타』는 『마하바라타』 6장의 일부인 700 시구를 따로 떼어 부르는 것이다.

『기타』의 배경은 이러하다. 판다바는 장남 유디슈티라Yudhi-ṣthira가 왕국을 덕스럽게 통치하고 있었다. 하지만 그를 질투하는 카우라바의 장남 두르요다나Duryodhana에게 왕국을 빼앗기고 13년 동안 추방당해 살게 된다. 판다바는 추방 기간을 채우고 돌아와 자신들의 왕국을 요구하지만 거절당한다. 이에 다섯 마을만이라도 달라고 양보하지만 그마저 거절당하자 결국 전쟁을 결심한다. 크리슈나Kṛṣṇa는 판다바 중 아르주나Arjuna의 전차戰車를 모는 전차사로 참전한다. 그런데 양군이 기치를 세우며 대치하고 전쟁이 곧 시작하려 할 때 아르주나는 양군 사이에 전차를 세우게 한다. 그는 상대편에 있는 자신의 친족을 죽이는 것에 심한 연민을 느끼고, 친족을 죽이는 것이 자신들은 물론 조상들까지 지옥에 떨어지게 할 죄악이라고 생각하며 괴로워한다. 무사武士, kṣatriya 계급으로서 전쟁에 나가 싸워야 하는 상황과 친족을 죽여야 하는 상황 사이에서 갈등하며 그는 싸우기를 포기하고, 혼란과 슬픔을 크리슈나에게 고백하며 어떻게 해야 할지 가르침을 청한다. 그래서 『기타』는 전쟁이 시작되기 직전 크리슈나가 아르주나에게 주는 가르침이고 제목이 '바가바드 기타'다. '바가바드 기타'란 '존귀한 자bhagavad의 노래gītā'라는 뜻으로, 여기에서 '존귀한 자'란 크리슈나를 가리킨다. 그리고 크리슈나는 얼마 안 있어 자신이 신神이라고 가르쳐 주므로 '존귀한 자'란 신을 가리킨다. '노래'란 여기에서는 운문 형식의 가르침[16]을 뜻한다. 그래서 '바가바드 기타'는 '신의 가르침'이라는 뜻이기도 하다.

크리슈나가 들려주는 가르침은 결과만 놓고 보면 아르주나에게 전쟁에 나가 싸우라는 것이지만, 이렇게 설득하는 과정에서 그가 가르치는 내용은 철학적·종교적이고, 아르주나만이 아니라 아르주나로 대변되는 인간을 향해 있다. 아르주나가 느끼는 괴로움의 핵심은 갈등 상황에서 느끼는 마음의 미혹迷惑 곧 혼란이다. 크리슈나가 아르주나의 미혹을 풀어 주기 위해 가르치는 내용은 지식의 요가jñāna-yoga, 행위의 요가karma-yoga, 믿음[17]의 요

---

16 Monier Monier-Williams, *A Sanskrit-English Dictionary*, Oxford : Clarendon Press, 1899, p.356.

17 '믿음'의 원어 '박티(bhakti)'는 '믿음', '신앙', '사랑', '신애(信愛)', '신헌(神獻)' 등 여러 가지로 번역되지만 이 책에서는 '믿음'을 사용할 것이다. 두 가지 이유가 있다. 하나는 함석헌이 '박티'에 해당하는 영역어(英譯語)를 '믿음'으로 가장 많이 번역하기 때문이다.(이 책의 6장, 3. 믿음의 요가 참고) 다른 하나는, 김호성의 다음과 같은 의견에 동의하기 때문이다. "'bhakti'를 종래에는 주로 '信愛'로 옮겨왔다. 이에 대해서 李珖洙는, 그것이 기독교적 뉘앙스가 포함되어 있다고 지적하고, '信獻'으로 옮길 것을 제안한 바 있다(李珖洙, 1993 : 226). 신애는 기독교적 뉘앙스가 포함되어 있다는 점에서, 신헌은 우리의 생활에서 쓰이는 일상 언어가 아니라는 점에서 각기 약점이 있다. 대안으로서 그 개념이 본래 우리 컨텍스트 안에 존재하던 것이 아니므로 그저 '박티'라고 음사音寫하는 것도 하나의 방법이긴 하다. 그러나 '박티'라고 옮긴다고 해서 독자

가bhakti-yoga로 요약될 수 있다. 여기에서 '요가'란 해탈에 이르는 '방법', '길'을 뜻한다. 지식의 요가란 자아의 본성을 아는 것이다. 행위의 요가란 행위의 결과에 집착하지 않고 해야 할 의무를 하는 것이다. 믿음의 요가란 신을 믿고, 생각하고, 의지하는 것이다. 다시 말해서, 바가바드 기타 곧 신의 가르침을 통해, 아르주나는 인간이 알아야 할 참 지식은 무엇인지, 인간이 해야 할 참 행위는 무엇인지, 신이란 어떤 존재고 인간은 신을 어떻게 믿어야 하는지와 같이 참 믿음은 무엇인지를 배우게 된다. 그리고 크리슈나가 가르치는 대로 행하면 생사윤회에서 벗어나는 참 자유 곧 해탈에 이를 수 있다. 그러므로 세 요가는 아르주나가, 그리고 아르주나로 대변되는 인간이 마음의 미혹에서 벗어나는 길이자, 생사윤회에서 벗어나 참 자유에 이르는 길이다.

세 요가를 가르치는 과정에서 크리슈나는 자신이 지고의 인격신인 비슈누Viṣṇu의 화신化神임을 알려준다. 그리고 그의 모습을 보여 달라는 청을 받은 후에는 지고신의 경이로운 모습을 보여 준다. 아르주나는 크리슈나의 가르침을 들음으로써, 또 신의

에게 그 의미내용이 곧바로 전달되는 것은 아니다. 어차피 설명이 필요해진다. 그렇다고 한다면, 우리 말 중에 가장 보편적으로 받아들여지는 일상 언어인 '믿음'으로 번역한 뒤, 그것이 어떤 성질의 믿음인지를 설명하는 것이 차라리 나은 방법일 수도 있겠다. 이 글에서 '박티'를 그저 '믿음'이라 옮기는 이유이다." 김호성, 「『바가바드 기타』에 보이는 믿음과 행위의 관련성 – 간디의 해석을 중심으로」, 『남아시아연구』 13.1, 2007, 74쪽.

현현顯現을 눈앞에서 봄으로써 마음의 미혹이 풀리고, 전쟁에 나가 싸우기를 스스로 결심하게 된다. 『기타』는 『마하바라타』의 일부지만, 아르주나의 인간적·사회적 고민과 해결, 크리슈나의 철학적·종교적 가르침, 신의 직접적·신비적 현현이 담겨 있어, 왕위계승을 둘러싼 『마하바라타』의 전체적 서사敍事와 따로 떼어 마치 하나의 독립된 경전처럼 읽히고 독자적 권위를 부여받게 되었다.

3. 연구 판본

이 책은 함석헌의 『기타 역주서』를 연구한 책이다. 『기타 역주서』는 판본이 여럿이다. 그래서 판본들을 소개하고 이 책에서 연구 대상으로 사용할 판본을 밝히겠다. 첫째, 함석헌은 1970년에 창간한 월간 잡지 『씨올의 소리』에 1975년부터 1980년까지 『기타』 역주를 연재했다.[18] 1980년에 잡지가 강제 폐간[19]되는 바람에, 『기타』의 마지막 장인 18장의 역주까지 실리지 못하

---

18 『씨올의 소리』 46호(1975.9)~95호(1980.7), 총 35회 연재.
19 『씨올의 소리』는 언론통폐합으로 강제 폐간되었다가 8년 후 96호(1988.12)로 복간되었다.

고 17장 19절 역주에서 연재가 끝난다. 편의상 이 판본을 '잡지판'이라고 부르겠다.

둘째, 1985년에 한길사에서는 『함석헌전집』(총 20권)의 13권으로 『바가바드기타』를 출간했다. 이 책은 『기타 역주서』의 첫 단행본이다. 편의상 이 판본을 '초판初版'이라고 부르겠다. 초판은 『씨올의 소리』에 연재된 내용에, 폐간으로 끝까지 실리지 못한 17장 뒷부분(20~28절)과 18장의 역주를 더했다. 그리고 한문을 한글로 바꾸어 현대화하고 오타를 교정했다. 초판은 절판되어 구매할 수 없다.

셋째, 1996년에 한길사에서는 '한길그레이트북스' 시리즈의 18권으로 『바가바드 기타』를 출간했다. 인도철학자 이거룡의 해제를 넣고, 초판의 오타를 교정하고 새로 편집했다. 편의상 이 판본을 '재판再版'이라고 부르겠다. 재판의 1쇄(1996)는 증쇄增刷를 거듭해 2021년 1월 기준 15쇄(2018)[20]에 이르고 있다. 재판은 현재 시중에서 구매할 수 있는 유일한 판본이다.

넷째, 2009년에 한길사에서는 『함석헌저작집』(총 30권)의 28권으로 『바가바드 기타』를 출간했다. 편의상 이 판본을 '3판'이라고 부르겠다. 이거룡의 해제를 다시 빼고, 재판의 내용과 편집에 변화를 주었다. 『함석헌저작집』이 출판사에 의해 회수[21]됨에 따

---

20 15쇄, 2018.12.20. 최종 조사일 2021.1.15.

라 3판도 구입할 수 없다.

그래서 『기타 역주서』의 판본은, 역주가 완결되지 않은 잡지 판까지 합치면 넷이고, 완결된 단행본으로 하면 초판, 재판, 3판 의 셋이다.[22] 이 중 연구 대상으로 하기에 적합한 대표적 판본은 초판과 재판이다. 이유는 다음과 같다. 첫째, 잡지판은 함석헌 의 원문이라서 귀중하지만, 완결되지 않아 『기타 역주서』의 대 표성을 띨 수 없다. 둘째, 초판은 『기타』 역주가 완결된 첫 단행 본이고, 잡지판을 현대화하고 교정했으므로 연구 대상으로 삼 기에 적절하다. 셋째, 재판은 증쇄를 거듭하면서 오랜 세월 독 자들 가까이에 있었기 때문에 연구 대상으로 삼기에 적절하다. 넷째, 3판은 출판사에 의해 회수되었으므로 대표 판본이 될 수 없다. 그러므로 『기타 역주서』의 연구 대상으로 하기에 적합한 대표적 판본은 초판과 재판이다.

---

21 『함석헌저작집』은 출간 후 오류가 상당수 발견되어, 출판사가 판매금지 요청을 받고 자체 회수했다.

22 2018년에 정현필은 『신천옹함석헌문집(信天翁咸錫憲文集)』(총 42권)을 전자책으로 발간했다. 그중 『기타 역주서』는 42권 『바가바드 기타』다. 이 전자책은 향후 종이책 발간을 목적으로 하는 기초 자료고, 함석헌 연구자에게 제한적으로 공개된다. (「인터뷰 ─ 할아버지 위해 6년간 무보수 작업... "그의 글 지키고 싶어"」, 『오마이뉴스』, 2019.1.6) 『신천옹함석헌문집』은 교정을 거쳐 2020년에 『씨알 함석헌전집』(총 40권)으로 재편집되었고, 『기타 역주서』는 그중 40권 『바가바드 기타』다. 두 전자책은 제한적으로 공개되는 점에서, 또 교정본 『씨알 함석헌전집』도 아직 수정 중(검색일 2021.1.15)이라는 점에서, 이전 판본들과는 성격이 다르다. 그러므로 이 책에서는 판본에서 제외한다.
(『신천옹함석헌문집』 http://www.ssialsori.net/bbs/board.php?bo_table=ebook&wr_id=46; 『씨알 함석헌전집』 http://www.ssialsori.net/bbs/board.php?bo_table=ssial_book&wr_id=41)

초판과 재판 중 이 책에서는 '재판'을 연구 대상으로 할 것이다. 이 책의 다음 장에서 다루겠지만 재판은 초판보다 오류가 많다. 하지만 초판의 출판 기간(1985~1996)보다 재판의 출판 기간(1996~2021 현재)이 두 배 넘게 길기 때문에 독자가 초판보다는 재판을 가지고 있을 가능성이 높다고 판단되므로, 독자의 접근성을 고려해 재판을 연구 대상으로 삼는다. 그런데 재판은 1쇄와 15쇄의 내용과 형식이 다르다[23]는 또 다른 문제가 있어 재판의 어느 쇄를 연구 대상으로 삼을지도 결정해야 한다. 재판은 증쇄됨에 따라 내용과 형식은 변했지만 기본이 되는 것은 역시 1쇄라고 할 수 있다. 그러므로 1996년에 발행된 재판의 1쇄를 편의상 '재판 1쇄'라고 부르고, 이 책에서는 재판 1쇄를 연구 대상으로 할 것이다. 그리고 판본 대조가 필요할 때에는 초판과 비교하고, 내용을 더욱 자세하게 살펴볼 필요가 있는 곳에서만 잡지판을 보조적으로 사용하겠다. 재판 1쇄를 이후에 발행된 쇄와 비교할 때에는 최신 쇄인 15쇄를 사용하겠다.

---

23 15쇄는 재판의 한 쇄지만, 내용과 형식은 3판에 기본을 둔다. 3판을 기본으로 하면서, 이거룡의 해제를 다시 포함시키고, 단어 삽입을 비롯해 내용에 작은 변화들을 주었다. 3판은 출판사에 의해 자체 회수된 『함석헌저작집』에 속하는데 어떠한 과정을 거쳐 재판의 쇄로 사용되기 시작했는지는 모르겠다. 또 3판은 15쇄 이전부터 재판의 쇄로 사용되는 듯한데, 재판의 모든 쇄를 입수할 수 없는 한계 때문에 정확히 언제부터 재판의 쇄로 사용되기 시작했는지는 확인하지 못했다. 3판이 2009년에 출간되었으므로 적어도 그 이후일 것으로 추정된다.

4. 연구 현황

『기타 역주서』에는 연구물이 여섯 편 있다. 여기에서 '연구물'이란 『기타 역주서』를 몇 줄이나 한 단락 정도로 언급한 짧은 글을 제외하고, 어느 정도 분량이 있고 연구자의 평가나 해석을 담은 글을 가리킨다. 여섯 편을 간략하게 소개하고 선행 연구들에 나타나는 특징을 살펴보겠다.

첫째, 재판 1쇄에는 인도철학자 이거룡의 해제(1996)가 실렸다. 이 가운데 "함석헌 선생과 『바가바드기타』"[24]라는 부분은 『기타 역주서』를 다룬 첫 글이다. 그는 『기타』와 함석헌의 공통점, 함석헌이 인도 사상과 『기타』를 접하게 된 배경, 함석헌의 주석법, 『기타 역주서』의 의의와 같이 『기타 역주서』 연구에서 생각해 보아야 할 요소들을 처음으로 짚어 주어, 이 글은 이후 『기타 역주서』 연구자들이 기본으로 참고하는 중요한 글이 된다.[25]

둘째, 종교학자이자 철학자 김영호가 쓴 「함석헌과 인도사

---

24 이거룡, 「거룩한 자의 노래―함석헌 선생 주석의 『바가바드기타』」, 『바가바드 기타』, 한길사, 1996, 47~53쪽.

25 몇 년 후 이거룡이 쓴 글 「하나님의 발길에 채어 인도 사상까지」에는 "『바가바드기타』와 회통정신"이라는 부분이 있다.(이거룡, 「하나님의 발길에 채어 인도 사상까지」, 『민족의 큰 사상가 함석헌 선생』, 한길사, 2001, 151~155쪽) 이것은 재판에 실린 그의 해제 중 "함석헌 선생과 『바가바드기타』"를 일부 삭제, 수정, 보완한 것이다. 두 연구물의 내용이 유사하므로 둘은 한 개의 연구물로 셈한다.

상」(2001)에는 "『바가바드기타』"[26]라는 부분이 있다. 그는 함석헌의 종교 다원주의, 신관神觀과 같이 이거룡의 글에서 논해진 요소들을 더욱 확장해 살펴보고, 함석헌의 행동주의가 『기타』를 읽으면서 굳어졌다고 주장한다.[27]

셋째, 불교학자 송현주는 「함석헌의 사유체계에서 『바가바드기타』와 불교의 위치」(2010)라는 논문을 썼다. 그중 한 부분인 "함석헌의 『기타』 주석에 나타난 종교다원주의"[28]에서 그는 함석헌의 신관과 종교 다원주의가 『기타』의 영향을 받았다고 주장한다.

넷째, 철학자 이규성은 「한국 근대 생철학의 조류와 구조」(2010)라는 글의 일부[29]에서 함석헌의 생철학을 『기타 역주서』를 통해 살펴보았다. 그는 함석헌이 자아의 본성과 우주의 본성이 다르지 않다는 내면의 깨달음을 중시하고, 이러한 자아의 확립이 사회적 행동으로 드러나는 "내외합일적 행동"[30]을 중시한다

---

26 김영호, 「함석헌과 인도 사상」, 함석헌기념사업회 엮음, 『함석헌 사상을 찾아서』, 삼인, 2001, 236~247쪽.
27 김영호, 「함석헌과 인도 사상」, 함석헌기념사업회 엮음, 『함석헌 사상을 찾아서』, 삼인, 2001, 237쪽; 245~247쪽.
28 송현주, 「함석헌의 사유체계에서 『바가바드기타』와 불교의 위치」, 『종교문화비평』 17, 2010, 79~88쪽.
29 이규성, 「한국 근대 생철학의 조류와 구조」, 씨올사상연구소 편, 『생각하는 백성이라야 산다 — 유영모 · 함석헌의 철학과 사상』, 나녹, 2010, 74~82쪽.
30 이규성, 「한국 근대 생철학의 조류와 구조」, 씨올사상연구소 편, 『생각하는 백성이라야 산다 — 유영모 · 함석헌의 철학과 사상』, 나녹, 2010, 77쪽.

고 주장한다.

다섯째, 법학자 박홍규는 「함석헌과 간디의 종교관 비교—『바가바드기타』에 대한 해석을 중심으로」(2013)[31]라는 논문에서, 『기타』에 대한 함석헌과 간디의 해석에 바탕을 두고 두 인물의 종교관을 비교했다. 그는 함석헌의 해석에, 그리고 함석헌의 해석이 종교 다원주의로 평가받는 데에 비판적으로 접근한다.[32]

마지막으로, 필자는 「함석헌의 『바가바드 기타』 주석에 나타나는 인용 모음 주석법의 재해석」(2016)[33]이라는 논문에서, 함석헌이 특별히 인용이라는 주석법을 사용한 의도를 밝혔다. 기존에 있는 해석들을 검토한 후, 함석헌이 주로 인용으로 주석을 구성한 것은, 힌두 사상에 대한 지식의 한계 안에서 독자의 『기타』 이해를 위해 선택한 방법이라고 주장한다.

선행 연구 여섯 편에서 눈에 띄는 점은, 다루어지는 주제는 다양하지만 네 편에서 함석헌의 종교 다원주의가 논해진다는 점이다. 세 연구(이거룡, 김영호, 송현주)에서는 그의 종교 다원주의

---

31 박홍규, 「함석헌과 간디의 종교관 비교—『바가바드기타』에 대한 해석을 중심으로」, 『석당논총』 56, 2013, 83~114쪽.
32 이 논문은 몇 년 후 그의 저서 『함석헌과 간디』(2015)의 한 장(章)으로 포함되었으므로 둘을 한 개의 연구로 셈한다. 박홍규, 「『바가바드기타』로 본 함석헌과 간디의 종교관」, 『함석헌과 간디—평화를 향한 같고도 다른 길』, 들녘, 2015, 235~269쪽.
33 나혜숙, 「함석헌의 『바가바드 기타』 주석에 나타나는 인용 모음 주석법의 재해석」, 『인도철학』 46, 2016, 75~100쪽.

가 긍정적으로 논해졌고, 한 연구(박홍규)에서는 비판적으로 논해졌다. 그래서『기타 역주서』에 대한 선행 연구들에서 종교 다원주의가 주요하게 다루어지는 주제라는 것을 알 수 있다.

5. 연구 필요성

『기타 역주서』는 잘 알려진 책이지만 인지도에 비해 그다지 연구되지 않았다. 선행 연구가 여섯 편이 있어 연구가 활발하다고 여겨질 수 있지만, 초판이 출간된 후 30년이 넘는 동안 여섯 편의 연구물은 많다고 할 수 없고, 그중『기타 역주서』를 단독 연구 대상으로 삼은 연구는 두 편(박홍규, 나혜숙)뿐이다. 그래서 이 문헌은 아직 연구의 초기 단계라고 할 수 있다.

하지만『기타 역주서』는 본격적으로 연구할 필요가 있다. 여기에는 거시적 원인과 미시적 원인이 있다. 우선,『기타 역주서』를 연구할 거시적 필요성은『기타 역주서』의 연구 가치가 높다는 것이다. 이 점은 두 가지 측면에서 말할 수 있다. 첫째,『기타 역주서』는 '인도철학 연구'에서 가치가 있다.『기타 역주서』는 한국에『기타』가 소개되기 시작하는 시기에 출판되었다. 한국에『기타』를 소개한 것으로는 처음이고(『씨올의 소리』, 1975),

한국에서 출판된 『기타』 역서(단행본)로는 두 번째다(1985).[34] 그리고 『기타』에 대해 한국인이 쓴 첫 주석서고, 한국의 기독교인이 힌두 경전 『기타』를 역주한 첫 사례다. 이와 같이 한국의 철학자, 종교가가 인도의 철학서, 종교서 『기타』를 번역하고 주석했다는 점에서, 『기타 역주서』는 한국에서 인도의 철학과 종교를 수용하고 해석하는 양상을 살필 수 있는 사료史料에 속한다. 그러므로 한국의 『기타』 연구사, 그리고 한국의 인도철학·힌두교 수용사에서 『기타 역주서』는 중요한 위치에 있다.

둘째, 『기타 역주서』는 '함석헌 연구'에서도 가치가 있다. 기독교인(개신교인)인 함석헌은 오랫동안 『기타』를 애독하고 『기타』에 담긴 보편적 진리를 마음으로 깊이 받아들였다. 그리고 『기타 역주서』 외 일차문헌들에서도 『기타』를 자주 언급한다. 또 한국에서 인도철학, 힌두교는 비교적 낯선 편인데, 『기타 역주서』에는 인도철학과 힌두교에 관한 그의 생각, 인도철학 개념들에 관한 그의 생각, 힌두교와 기독교를 하나로 이해하려는 그의 노력이 담겨 있어, 『기타 역주서』는 그의 종교 다원주의를

---

34 첫 번째는 박석일의 역서다. 박석일 역, 『바가바드기타』, 정음사, 1978. 『기타』가 한국에 최초로 공적 출판물 형태로 번역 소개된 것은 1975년 『씨올의 소리』에 연재된 함석헌의 역주다. 하지만 『씨올의 소리』에는 『기타』 역주가 완결되지 못했고, 그의 역주가 완결되어 출판된 최초의 형태는 1985년 단행본이다. 그러므로 『기타』의 번역이 완결되어 한국에서 출판된 최초의 단행본은 1978년 박석일의 역서라고 할 수 있다.

구체적으로 탐구하기에 적절한 문헌이다. 또한 『기타 역주서』에서는 함석헌이 다른 종교의 경전을 읽는 태도를 엿볼 수 있다. 그는 『기타』를 읽으면서, 당시 기복신앙이 강한 한국 기독교가, 사유와 수행의 전통이 강한 힌두교에서 배울 점이 있다고 생각했다. 그리고 『기타』 구절이 기독교와 유사하다고 생각한 곳에서는 『성서』를 인용하면서 비슷한 점을 짚고, 기독교 교리와 다르다고 생각한 곳에서는 힌두교 교리를 비난하지 않고 두 종교의 다른 교리를 하나로 이해하기를 제안한다. 그래서 『기타 역주서』에서는 그가 다른 종교 경전을 해석하는 '내용'과 더불어, 다른 종교 경전을 대하고 배우는 '태도'도 볼 수 있다. 이러한 점들에서 함석헌 연구에서도 『기타 역주서』는 중요하다. 이와 같이 『기타 역주서』는 인도철학 연구와 함석헌 연구 양쪽에서 모두 가치 있는 문헌이므로 더 활발하게 연구할 필요가 있다.

다음으로, 『기타 역주서』를 연구할 미시적 필요성은 이 문헌의 내용에 관련한 것이다. 그것은 '일차문헌 점검'의 필요성, '구조 연구'의 필요성, '주제 연구'의 필요성이라는 세 가지 측면에서 말할 수 있다. 첫째, 1996년부터 2021년 현재까지 독자가 유일하게 구매할 수 있는 『기타 역주서』의 일차문헌은 재판이다. 그런데 재판에는 오류와 문제점이 발견된다. 일차문헌상의 오류와 문제점은 독서와 연구의 질에 영향을 미치는 매우 중요한 문제이므로, 오류와 문제점을 점검하고 개선할 필요가 있다.

둘째, 『기타 역주서』를 전체적이고 체계적으로 이해할 필요가 있다. 하나의 문헌을 체계적으로 이해하기 위한 기본 방법 중 하나는 문헌의 구조를 파악하는 일일 것이다. 그런데 『기타 역주서』는 아직 문헌의 구조가 제시된 적이 없다. 그래서 이 문헌을 전체적으로 조망하고 체계적으로 접근할 수 있도록 문헌의 구조를 제시할 필요가 있다.

셋째, 『기타 역주서』에 대한 기존의 주제 연구를 보완하고 새로운 주제 연구를 발굴할 필요가 있다. 『기타 역주서』에 관한 선행 연구에서는 종교 다원주의라는 주제가 자주 논해지지만 논의 내용이 간략하다. 그리고 아직 『기타』의 주요 가르침에 관한 함석헌의 해석을 자세히 다룬 연구가 없다. 그래서 선행 연구를 확장, 보완하고, 『기타』의 대표적 가르침에 대해서도 함석헌의 해석을 살펴볼 필요가 있다.

이러한 세 가지 연구 필요성에 따라, 이 책에서는 다음과 같은 세 가지 주요 작업을 하고자 한다. 첫째, 일차문헌에 나타나는 주요한 오류와 문제점을 점검하고 개선 방안을 제안하고자 한다. 둘째, 『기타 역주서』를 분류해 구조화함으로써, 이 문헌에 체계적으로 접근하는 데 있을 수 있는 여러 길 중 하나의 길을 제안하고자 한다. 셋째, 『기타 역주서』에 대한 기존의 주제 연구를 보완해 더 구체적으로 논하고, 새로운 연구 주제들을 발굴하고 자세히 논함으로써, 『기타』 사상에 대한 함석헌의 해석을 더 풍요롭게 이해하고자 한다.

이러한 세 가지 작업 방향에 따라, 이 책은 크게 세 부분으로 이루어졌다. 1장은 '일차문헌 점검'에 해당한다. 재판 1쇄에 나타나는 오류와 문제점을 점검하고 개선 방안을 제시한다. 2~4장은 '구조 연구'에 해당한다. 이 책에서는 『기타 역주서』를 크게 '『기타』 본문', '단어 풀이', '주석'으로 나누어 다룬다. '『기타』 본문' 외에는 모두 주석에 해당하지만, 분석을 위해 편의상 주석을 '단어 풀이'와 '주석'으로 나누고, '주석'을 상세 분류한다. 그래서 『기타 역주서』를 〈표 1〉과 같이 분류할 것이다.

2장에서는 '『기타』 본문'을 다룬다. 함석헌의 『기타』 번역에 초점을 두고, 번역에 나타나는 특징들을 살펴본다. 3~4장은 '주석'을 다룬다. 3장에서는 '주석' 중 '『기타』 주석의 인용'을 고찰한다. 인용된 『기타』 주석서들의 출전出典을 밝히고 『기타』 주석자들을 간략하게 소개하는 데에 초점을 둔다. 4장에서는 '주석' 중 함석헌의 '자주自註'를 고찰한다. 자주의 유형을 분류하고 자주에 나타나는 전체적 특징을 알아본다.

5~7장은 '주제 연구'에 해당한다. 5장에서는 선행 연구에서

<표 1> 『기타 역주서』의 구조

		『기타』 본문	
		단어 풀이	
주석	『기타』 주석의 인용	『기타』 주석자 열 명의 주석(라다크리슈난, 간디 등)	
	자주(自註)	글 방식 자주	
		인용 방식 자주	

자주 논해진 종교 다원주의를 확장해 논하고, 함석헌이 힌두교와 기독교를 하나로 이해하려는 모습을 구체적으로 살펴본다. 6장에서는 『기타』의 주요 가르침인 세 요가, 곧 지식의 요가, 행위의 요가, 믿음의 요가에 대한 함석헌의 해석을 알아본다. 또 함석헌이 세 요가에 부여한 중요성을 고찰한 후, 그의 해석에 나타나는 세 요가의 관계를 생각해 본다. 7장에서는 『기타』에서 가르치는 명상의 요가에 대한 함석헌의 해석을 살펴본다. 『기타』의 명상 수행법에 관한 주석을 살펴보면서 과연 그가 제시하는 구체적 수행 방법이 있는지 알아본다.

6. 밝혀 둘 점

본문을 시작하기 전에 밝혀 둘 점이 있다. 첫째, 이 책에서 『기타』 번역은 함석헌의 번역을 사용한다. 그리고 『기타』의 산스크리트어 본本은 판 바우터넌van Buitenen의 책[35]에 있는 판본을 사용한다. 그리고 『기타 역주서』의 판본이 여럿이므로 『기타』 시구는 장절章節로 표시한다. 예를 들어, 『기타』 1.1 또는 『기타』 1장 1절로 표시한다. 또한 『기타』 시구의 인용에는 작은따옴표 를, 『기타』 시구를 제외한 『기타 역주서』의 인용에는 큰따옴표 를 사용한다. 그리고 『기타』 시구 번호 뒤에 바로 '주석'이 따르 면 함석헌의 주석을 가리킨다. 예를 들어, '7.21 주석'은 『기타』 7.21에 대한 함석헌 주석을 가리킨다. 『기타』 시구 번호 뒤에 주석자 이름이 따르면 그 시구에 대한 해당 주석자의 주석을 가 리킨다. 예를 들어, '1.1 라다크리슈난 주석'은 『기타』 1.1에 대 한 라다크리슈난 주석을 가리킨다.

둘째, 이 책에서는 『기타 역주서』를 직접인용하는 경우를 제 외하고는 『기타』 역주자의 이름을 약칭한다. '마하리시 마헤슈 요기'는 '마헤슈'로, '스와미 프라부파다'는 '프라부파다'로 약 칭한다. '마하데브 데자이'는 발음에 더 충실하도록 '데사이'로 약칭한다. 같은 이유로 '쓰지'는 '쯔지'로, '다카구스'는 '다카쿠 스'로 표기하고, 그 외 역주자의 이름은 재판 1쇄의 표기에 따른 다. 그리고 간디 저서 제목(From Yeravda Mandir)의 일부인 '에라브

---

35 J. A. B. van Buitenen (ed. and trans.), *The Bhagavadgītā in the Mahābhārata*, Chicago, IL : University of Chicago Press, 1981.

다 망디르^{Yeravda Mandir}'도 발음에 더 충실하도록 '예라브다 만디르'로 표기한다.

셋째, 『기타 역주서』는 아직 활발하게 연구되지 않은 문헌이다. 그래서 이 책에서는 되도록 이 문헌에 집중하기 위해, 『기타 역주서』 외 함석헌의 일차문헌을 본문에서 인용하거나 사용하는 일을 최소화하고 꼭 필요하다고 판단되는 곳에서만 제한적으로 사용한다. 그리고 기독교에 관련해서는 함석헌의 용어를 따라 그리스도교 대신 '기독교'를 사용하고, 궁극적 실재를 가리킬 때에도 함석헌의 용어를 따라 하느님 대신 '하나님'을 사용한다. 그리고 『咸錫憲全集』, 각 권의 제목, 소제목의 한문은 한글로 바꾸어 사용한다.

1장

일차문헌

앞에서 밝힌 대로 이 책에서 연구 대상으로 하는 일차문헌은 재판 1쇄다. 이 장에서는 재판 1쇄의 오류와 문제점을 논하고 개선 방안을 제안한다. 오류 중에는 15쇄에서 교정된 곳도 더러 있지만 '대부분 동일하게' 나타난다. 또 문제점은 15쇄에서 '동일하게' 나타난다. 그러므로 이 장에서 논하는 재판 1쇄의 오류와 문제점은 재판의 전반에 걸쳐 나타난다고 할 수 있다. 올바른 일차문헌을 구비하는 것은 독서와 연구의 질을 좌우하는 기본적이고 중요한 일이므로 『기타 역주서』 연구의 출발 작업으로 일차문헌을 점검하고자 한다.

1. 오류와 개선 방안

1) 주석 출처 오류

초판과 재판 1쇄를 비교할 때 가장 눈에 띄는 편집 형식의 차이는 아마 주석 출처의 위치일 것이다. '주석 출처'란 주석자 이름, 인물 이름, 문헌 제목 등 해당 주석의 출처를 밝혀 놓은 것이다. 주석 출처는 초판에서는 주석의 맨 '끝'에 놓았고, 재판 1쇄에서는 주석의 맨 '앞'에 놓았다. 주석의 출처를 앞으로 옮긴 의도는 충분히 이해할 수 있다. 초판에서는 인용된 주석의 맨 '끝'

에 출처가 놓였기 때문에, 주석이 여러 개 인용될 때 출처가 중간에 한 곳 밝혀져 있지 않으면 정확히 어느 단락부터 어느 단락까지가 밝혀 놓은 주석 출처에 해당하는지를 알기 어렵다. 그래서 아마도 재판 1쇄 편집자는 주석이 '시작'되는 곳으로 출처를 옮김으로써 이러한 혼란을 줄이고자 했을 것이다. 그러나 의도는 좋지만 출처를 틀리게 표기한 곳이 많다. 아래의 표는, 초판에는 출처 표기가 없는 단락을 재판 1쇄에서 출처 표기를 한 곳들 가운데 오류가 있는 곳이다. 교정은 초판, 재판 1쇄, 『기타』 주석 원본을 대조함으로써 이루어졌다.

〈표 2〉 주석 출처 오류

	초판 출처	재판 1쇄 출처	해당 시구	출처 교정
1	출처 표기 없음	함석헌	2.27	첫 부분("『리어 왕』(…중략…) coming here.)")은 데사이. 둘째 부분("비구니 포타카라(Potacara)가 (…중략…) ye weep?)")은 라다크리슈난
2			2.47	둘째, 셋째 단락("이것을 목적 (…중략…) 더욱더 확실해진다."")은 데사이
3			2.69	데사이
4			3.2	간디
5			3.11	데사이
6			3.41	라다크리슈난
7			4.4	라다크리슈난
8			4.6	첫 단락("사람이 몸으로 (…중략…) 힘으로 나온다.")은 라다크리슈난
9			4.8	데사이

	초판 출처	재판 1쇄 출처	해당 시구	출처 교정
10			4.23	마헤슈
11			10.37	프라부파다
12			13.17	데사이
13			18.49	라다크리슈난
14		라다크리슈난	4.22	첫 단락("“상대로 보기를 (…중략…) 없음”(至樂無樂)이라고 한다.")은 함석헌 추정[1]
15			5.18	둘째 주석의 첫 단락("“개를 먹는 (…중략…) 받는 자다.")은 함석헌 추정
16			14.2	첫 단락("힌두교의 신앙에서는 (…중략…) 인생의 이상이다.")은 함석헌 추정
17			18.16	둘째 단락("이 다섯 (…중략…) 문제가 많다.")은 함석헌 추정
18		간디	2.44	둘째 단락("『문다카 우파니샤드』(Mundaka Up.)에는 (…중략…) 돌아와야 한다.”")은 라다크리슈난
19			4.23	데사이
20			9.22	첫 단락("“소득(所得)의 안전”(yoga-kshema)이란 (…중략…) 함을 이른다.")은 틸라크
21			12.4	"또 투카람(Tukaram)은 이렇게 말했다."는 라다크리슈난. 이하 인용("그 사람은 (…중략…) his own.)")은 라다크리슈난이 인용한 간디
22		데사이	10.25	첫 단락("“나는 희생 (…중략…) 해탈에 이른다.")은 틸라크
23			12.12	첫 단락("‘닦음’, 아뱌사는 (…중략…) ‘명상’이 아니다.")은 간디
24		공자	6.28	"길은 가까운 데 있다.(道在邇)"는 맹자
25		슈리 다라	9.6	첫 단락("유한의 현상적인 (…중략…) 서로 따로따로다.")은 라다크리슈난. 둘째 단락("“지바 혹은 (…중략…) 있기 때문이다.”")은 라다크리슈난이 인용한 슈리다라
26		프라부 파다	10.7	첫 단락("영광은 원어로는 (…중략…) 환력(幻力)이라 했다.")은 함석헌 추정

표에서 보다시피, 주석 출처에 관한 오류가 총 26건 발견된다. 함석헌이 쓰지 않은 글을 그가 썼다고 표기한 경우가 13건, 라다크리슈난이 쓰지 않은 글을 그가 썼다고 표기한 경우가 4건, 간디가 쓰지 않은 글을 그가 썼다고 표기한 경우가 4건, 데사이가 쓰지 않은 글을 그가 썼다고 표기한 경우가 2건, 공자, 슈리다라, 프라부파다가 쓰지 않은 글을 그들이 썼다고 표기한 경우가 각 1건씩이다. 이 중, 『기타 역주서』의 역주자인 함석헌 관련 오류가 가장 많아 문제가 심각하다.[2]

또한 일차문헌의 오류는 연구에 직결된다. 예를 들어, 2.47 함석헌 주석은 재판 1쇄로는 세 단락이 모두 함석헌 주석으로 되어 있다. 이규성(2010)은 2.47 함석헌 주석의 첫째 단락에 대해 철학적 해석을 전개하면서 둘째 단락의 내용을 해석의 근거로 사용한다. 그래서 둘째 단락의 내용은 그가 함석헌의 주석을 해석하는 데에 중요한 역할을 한다. 하지만 표에서 보다시피 둘째 단락은 데사이의 주석이다.[3] 이처럼 일차문헌의 오류는 기본

---

1 〈표 2〉에서, 함석헌이 썼다고 추정되는 주석은 총 다섯 곳이다(4.22; 5.18; 10.7; 14.2; 18.16). 추정의 근거는 이 책의 4장, 1. 글 방식 자주 참고

2 함석헌 관련 오류가 가장 많은 이유는, 편집자가 『씨울의 소리』에 있는 다음의 공지문을 참고했기 때문일 수 있다. "註 중에 이름이 빠져 있는 것은 함 선생님이 직접 놓으시는 註입니다. 〈편집실〉" 『씨울의 소리』 54호, 1976.6, 「바가 받 기타 (8)」, 74쪽.

3 이규성, 「한국 근대 생철학의 조류와 구조」 씨울사상연구소 편, 『생각하는 백성이라야 산다 - 유영모·함석헌의 철학과 사상』, 나녹, 2010, 77~78쪽. 이규성은 2.47 함석헌 주석의 첫째 단락(제갈량의 『후출사표』 인용)에 대해 다음과 같이 해석한다.

적으로 일차문헌을 신뢰하고 연구를 진행하는 연구자에게 의도
치 않은 오류를 낳게 한다.

2) 편집 오류

주석 출처에 변화를 준 일 외에, 재판 1쇄는 초판에 여러 변화
를 주었다. 변화들 가운데에는 개선된 점이 있다. 번역 개선, 오
타 개선,[4] 맞춤법 개선이다. 이 가운데 번역 개선은 가장 의미
있다. 『기타』 2.58의 '마치 거북이 그 사지를 끊어뜨리듯이'[5]라
는 구절을 재판 1쇄에서는 '마치 거북이 그 사지를 끌어들이듯
이'로 고쳤다. 2.58 시구는 거북이가 사지四肢를 '거두어들이듯
saṃharate' 감각기관들을 감각대상으로부터 '거두어들인다'는 개
념을 설명하는 내용이므로, 초판의 '끊어뜨림'이 아니라 재판 1
쇄에서 교정한 '끌어들임'이 적절하다.

"여기에서 중요한 것은 행동의 결과를 인간은 고려하지 않을 수 없지만 일차적인 것
은 내면적 신념에 따른 행동 그 자체, 즉 자기실현이 목적이라는 것이다. 함석헌에게
는 "최고의 목적은 인간 앞에 놓여 있다. 자아의 실현, 또는 자유다. 모든 행동의 결과
를 생각지 말라는 것도 이 목적을 위해서 하는 말이다."" 여기에 이규성이 직접인용
한 문장은 재판 1쇄에서는 함석헌의 주석이지만 실은 데사이의 주석이다. 이규성의
글에 직접인용의 끝나는 따옴표가 누락되어 있어 여기에서는 삽입한다.

4   산스크리트어의 로마자 오타가 교정된 예를 들면, 초판의 "tammas"(2.45 단어 풀이)
    를 재판 1쇄에서 "tamas"로, "sttva"(3.37 단어 풀이)를 "sattva"로, "ashvatta"(15.1 간디
    주석)를 "ashvattha"로 교정했다. 한글 오타가 교정된 예를 들면, 초판의 "아늘드"(6.3
    함석헌 주석)를 "아놀드"로, 초판의 "찬도가"(6.14 라다크리슈난 주석)를 "찬도갸"
    로 교정했다.

5   yadā saṃharate cāyaṃ kūrmo 'ṅgānīva sarvaśaḥ.

그렇지만 재판 1쇄에 변화를 준 곳들에는 개선된 점보다 악화된 점이 많다. 악화된 점은 편집상의 오류다. 〈표 3〉은 주요한[6] 편집 오류를 네 유형으로 분류한 것이다. 네 유형이란 문장누락, 산스크리트어 표기 혼란, 산스크리트어 띄어쓰기 오류, 오타다. 교정하는 방법은 초판으로 되돌리면 된다.

〈표 3〉 편집 오류

	유형	출처	초판	재판 1쇄
1	문장 누락	2.47	"코란은 같은 (…중략…) 다시금 강조한다."	문장 누락(간디 주석 앞)
2		8.4 함석헌	"그리고 에브리맨스 (…중략…) 되어 있고,"	문장 누락("스와미 프라부파다는" 앞)
3		8.25 데사이	"즉 밝은 (…중략…) 무지의 길이다."	문장 누락("과연 도덕적으로" 앞)
4	산스크리트어 표기 혼란	4.1 『기타』 본문, 단어 풀이	산스크리트어 통일(이크쉬바쿠)	『기타』 본문에서는 '이크시바쿠', 단어 풀이에서는 '이크슈바쿠'
5	산스크리트어 띄어쓰기 오류[7]	8.서론(틸라크)	브라다라냐코파니샤드	브라다라 냐코파니샤드
6		9.16 틸라크	샴카라바샤	삼카 라바샤

---

6 〈표 3〉은 초판과 재판 1쇄를 대조한 모든 결과가 아니고 주요한 점만 대상으로 한 것이다. 다른 오타, 누구나 쉽게 알 수 있는 간단한 띄어쓰기 오류는 제외한다. 또 형식에변화를 주어도 의미의 변화가 없는 곳은 제외한다. 예를 들어, 초판에는 단어 풀이인데 재판 1쇄에는 주석으로 바꾼 경우(2.39 바넷 주석), 또 초판에는 주석인데 재판 1쇄에는 단어 풀이로 만든 경우(1.16 데사이 주석)는 의미상의 변화가 없어 제외한다.
7 산스크리트어 복합어 "브라다라냐코파니샤드"를 "브라다라 냐코파니샤드"로 띄어 쓰는 것은, 마치 한글 복합어 '옷소매'를 '옷소 매'로 잘못 띄어 쓰는 것과 마찬가지다. "샴카라바샤"를 "삼카 라바샤"로 띄어 쓰는 것도 마찬가지다.
8 '오타' 유형에 있는 강조는 구별하기 쉽도록 필자가 표시한 것이다.

	유형		출처	초판	재판 1쇄
7	오타[8]	한글	3.4 라다크리슈난	나이슈카르먀	나이슈카르마
8			4.14 『기타』 본문	유위(有爲)	유의(有爲)
9			9.1 프라부파다	셈하지 않는,	셈하지 않는,
10			15.5 『기타』 본문	고락의 상대	고락의 상태
11			3.7 라다크리슈난	만족을 위한 수단**으로** 보아서는 아니될 것이다.	만족을 위한 수단**을** 보아서는 아니 될 것이다.
12			6.24 함석헌	악한 자라도 대적**으로** 알아 정복하려 하지 않고	악한 자라도 대적**을** 알아 정복하려 하지 않고
13			7.18 라다크리슈난	즈나나, 곧	즈나니, 곧
14		영자	4.23 간디	Mehta	Metha
15			10.5 틸라크	subtle body	subter body
16			10.5 단어 풀이	bhavah	bhavha
17		한자	3.21 맹자	**下**必有甚焉者矣	**不**必有甚焉者矣
18			7.13 노자	搏之不**得**	搏之不**德**
19			12.9 『중용』	愼**思**之	愼**果**之
20			13.27 노자	用之不**勤**	用之不**動**
21			14.18 노자	**勤**而行之	**動**而行之
22		숫자	3.33 간디	13:7	13:6

편집 오류는 위에서 살펴본 주석 출처 오류보다 사소한 문제라고 여겨질 수도 있다. 하지만 『기타 역주서』를 읽고 연구하는 현세대와 후세대의 모든 독자를 생각한다면, 초판에 없던 오류가 재판 1쇄에 이렇게 많이 생겼다는 것은 사소한 문제가 아니다.

2. 문제점과 개선 방안

지금까지 일차문헌에 있는 오류를 살펴보았다. 재판 1쇄에서는 불분명한 주석 출처를 해결하려고 하면서 오류가 생겼고, 단순한 편집상의 오류도 생겼다. 다음으로는 편집에 나타나는 세 가지 문제점과 개선 방안을 살펴보겠다. 세 가지 문제점이란, 주석 출처의 강조, 주석 흐름의 방해, 혼란을 줄 수 있는 편집이다.

1) 주석 출처의 강조
『기타 역주서』에서『기타』시구의 역주는 대체로 다음의 순서로 진행된다.

『기타』 본문 → 단어 풀이 → 주석

'『기타』 본문'이란 함석헌이 번역한『기타』시구를 말한다. '단어 풀이'와 '주석'은 모두 주석이지만 이 책에서는 분석을 위해 편의상 둘로 나누어 살펴본다. '단어 풀이'는『기타』본문의 단어나 구절의 뜻풀이로서,『기타』본문의 바로 아래에 있고 맨 앞에 애스터리스크(*)가 붙어 있다. '주석'은 단어 풀이 아래에 놓여 있고 주석 출처로 시작한다.『기타 역주서』는 대체로[9] 이 형식을 띤다. 초판과 재판 1쇄는 똑같이 『기타』 본문, 단어 풀이, 주석의 순서로 진행되지만 편집에는 차이가 있다.

우선, 초판은 '『기타』 본문'과 '단어 풀이'가 강조되어 있다. 구체적으로 살펴보면 다음과 같다. 초판은 '『기타』 본문'의 글자 크기가 단어 풀이와 주석의 글자 크기보다 확연히 크다. 그리고 '단어 풀이'의 풀이 대상 단어가 크고 진하게 강조되어 있다. 그래서 초판을 펼치면 '『기타』 본문'과 함께 '단어 풀이'가 눈에 띈다. 단어 풀이는, 비록 풀이 내용의 글자 크기는 작지만 풀이 대상 단어가 강조되어 있어 풀이 내용에도 자연스럽게 눈이 간다. 그리고 주석은 각 주석의 끝에 출처가 놓여 있고, 출처의 글자 크기는 주석의 크기보다 작고 강조되어 있지 않다. 이러한 초판 편집의 장점은 독자가 『기타』 본문을 먼저 읽고, 단어 풀이를 통해 본문의 단어를 이해하고, 주석을 읽고, 주석 출처를 확인하는 순서를 따름으로써, 자연스럽게 『기타』 본문의 이해가 주가 된다는 점이다.

반면에 재판 1쇄는 '주석'이 강조되어 있다. 구체적으로 살펴보면 다음과 같다. 재판 1쇄는 '『기타』 본문'과 '주석'의 글자 크기에 큰 차이가 없을 만큼 주석의 글자 크기가 커졌다. 그리

---

9   모든 시구에 단어 풀이와 주석이 있는 것은 아니다. 단어 풀이와 주석 중 하나만 있는 곳도 있고, 둘 다 없는 곳도 있다. 하지만 대체로는 단어 풀이와 주석으로 이루어진다.

고 '단어 풀이'의 글자 크기는 주석의 글자 크기보다 훨씬 작고, 단어 풀이에 있던 단어 강조가 사라졌다. 그 대신, 각 주석의 맨 뒤에 있던 출처가 각 주석의 맨 앞으로 옮겨졌고 진한 고딕체로 강조되었다. 그래서 재판 1쇄를 펼치면 『기타』 본문보다 '주석 출처'가 눈에 띈다. 이것은 작은 변화라고 생각할지도 모르지만 독서 흐름에 영향을 미치는 중요한 변화다. 왜냐하면 '단어 풀이'는 글자 크기가 너무 작고 '주석 출처'는 너무 강조되어 있어, 주의를 기울이지 않으면 주석 출처로 시선이 먼저 가 『기타』 본문의 이해보다 '주석'이 중심이 되는 독서가 될 수 있기 때문이다. 또한 주석 출처를 가장 강조한 편집 방식은 함석헌이 마치 주석이나 주석 출처를 가장 중시했다는 오해를 줄 수 있다.

한편 주석 출처를 과도하게 강조한 재판 1쇄의 편집 방식에 문제가 있다고 여겨서인지는 모르지만, 15쇄는 주석 출처의 강조는 유지하면서도 진하기를 훨씬 덜어냈고, 단어 풀이에서는 풀이 대상 단어에도 주석 출처만큼은 아니지만 강조를 약간 넣어 1쇄의 편집 방식보다 나아졌다. 하지만 여전히 단어 풀이는 주석에 비해 글자 크기가 너무 작고, 책을 펼쳤을 때 『기타』 본문 다음으로 여전히 주석 출처가 도드라진다.

단어 풀이는 주석의 첫걸음이고, 『기타』 본문을 이해하는 기초 단계로서 중요하다. 그러므로 적어도 단어 풀이의 글자 크기를 주석의 글자 크기만큼은 키워, 축소된 단어 풀이의 기능을 되살릴 필요가 있다. 그리고 주석의 출처를 가장 강조하는 편집은 『기타』 본문을 이해하는 데에 도움이 되지 않으므로, 주석 출처에 준 과도한 강조는 거두는 것이 바람직하다.

2) 주석 흐름의 방해

초판과 재판 1쇄 간 편집 방식의 차이 가운데 독서의 질에 중요한 영향을 미치는 변화는 또 있다. 그것은 초판에 있던 단어 풀이의 위치를 옮김으로써 발생하는 문제다. 우선, 초판의 단어 풀이 위치부터 살펴보겠다. 초판에는 단어 풀이를 하고 그 단어에 관련된 주석을 끝내고 나서, 또 다른 단어의 단어 풀이를 하고 그 단어에 관련한 주석을 인용한다. 다시 말해서, 한 의미 덩어리의 '단어 풀이와 주석'을 일단락 맺고 나서, 다음 의미 덩어리의 '단어 풀이와 주석'으로 넘어간다. 그렇기 때문에 단어 풀이는 한자리에 모여 있지 않고, 주석 '맨 앞'에 놓이기도 하고, 주석 '사이'에 놓이기도 한다.

이와 달리, 재판 1쇄에서는 단어 풀이를 모두 『기타』 본문 아래로 옮겼다. 이러한 경우는 수는 적지만, 편집의 변화가 독서의 흐름에 미치는 영향을 잘 보여 준다. 예를 들어, 『기타』 4.13을 행을 나누어 살펴보겠다.

네 가지 계급은 특성과 업에 의하여 내가 만들어낸 것이니라.

그러나 알지어다, 나는 비록 그 창조자라도 무위요 불멸이니라.[10]

초판에서는 『기타』 본문 중 첫 문장에 있는 '네 가지 계급', '특성', '업'을 먼저 단어 풀이하고, 이 단어들이 있는 첫 문장에 관련해 간디와 라다크리슈난의 주석을 인용한다. 그러고 나서 둘째 문장에 있는 '무위'를 단어 풀이한 후 '무위'와 관련해 마헤슈의 주석을 인용한다. 다시 말해, 초판에는 『기타』 본문을 이해하도록 함석헌이 두 덩어리로 나눈 주석의 흐름이 있다. 반면에 재판 1쇄에서는 두 문장에 있는 '네 가지 계급', '특성', '업', '무위'의 단어 풀이를 모두 한데 모아 놓아, '무위'의 단어 풀이가 마헤슈의 주석과 멀리 떨어져 버렸다. 이렇게 되면 '무위'의 단어 풀이와 '무위'에 관련해 인용한 마헤슈 주석이라는 하나의 의미 덩어리가 깨져, 독자는 마헤슈의 주석이 바로 앞에 있는 라다크리슈난의 주석과 어떻게 연결되는지 의아해진다. 초판에서 의미 있게 배치되었던 단어 풀이를 재판 1쇄에서 모두 한데 모아놓음으로써 역주자가 의도한 주석의 흐름이 깨진 것이다.

---

10 cāturvarṇyaṃ mayā sṛṣṭaṃ guṇakarmavibhāgaśaḥ / tasya kartāram api māṃ viddhy akartāram avyayam //

또 다른 예로, 『기타』 4.18도 행을 나누어 살펴보겠다.

행위 속에 무행위를 보며 무행위 속에 행위를 보는 자는 사람 중
에서 깨달음을 얻는 자니라.
그러한 사람이 요가를 닦는 사람이요 모든 행위를 완성하였느
니라.[11]

초판에서는 『기타』 본문 중 첫 문장에 있는 '행위'와 '무행위'
에 대해 라다크리슈난, 간디, 마헤슈의 주석을 인용한다. 그러
고 나서 둘째 문장에 있는 '요가를 닦는 사람'[12]을 단어 풀이한
후 이 구절에 관련해 맹자를 인용한다. 함석헌은 『기타』 본문의
흐름대로 첫 문장에 대해 주석을 인용하고 나서, 둘째 문장에
있는 구절을 풀이하고 그 구절에 관련해 문헌을 인용한 것이다.
그런데 재판 1쇄에서는 '요가를 닦는 사람'에 대한 단어 풀이를
『기타』 본문의 바로 아래로 옮겼다. 그렇게 되면 첫 문장에 대
한 주석과 둘째 문장에 대한 주석에 구분이 가지 않고 주석들이
단순히 나열되기만 해서, 독자는 맹자 인용이 그 바로 앞에 있

---

11 karmaṇy akarma yaḥ paśyed akarmaṇi ca karma yaḥ / sa buddhimān manuṣyeṣu sa yuktaḥ
    kṛtsnakarmakṛt //
12 단어 풀이에는 '요가를 닦는 자.'

는 마헤슈 주석과 어떻게 연결되는지 의아해진다. 이 의아함은 맹자 인용은 '요가를 닦는 사람'에 대한 주석이라는 것을 알면 쉽게 풀린다. 그러나 재판 1쇄로는 그것을 알 수 없다. 함석헌이 단어 풀이의 위치를 정한 데에는 타당한 이유가 있으므로, 재판 1쇄에서 한곳에 모으기 위해 이동시킨 단어 풀이의 위치를 초판의 위치대로 교정하는 것이 바람직하다.[13]

3) 혼란을 줄 수 있는 편집

다음으로, 독자에게 혼란을 줄 수 있는 편집을 두 가지 살펴보겠다. 우선, 한 문헌에서 연달아 인용을 할 때, 초판에서는 나올 때마다 출처를 밝히는 반면, 재판 1쇄에서는 대표로 한 번만 밝힌다. 그런데 출처를 매번 밝히지 않으면, 독자가 해당 문헌을 잘 알지 않는 한 인용된 단락들끼리 서로 이어져 있다고 이해할 수 있다. 초판처럼 출처를 매번 밝히는 것은 불필요한 오해를 피할 수 있기 때문에 출처를 한 번만 밝히는 것보다 나은 표기 방법이다. 해당 경우는 3.13 『베다경』, 3.25 『중용』, 5.3

---

13 단어 풀이의 위치 이동으로 생겨난 혼란이 재판 1쇄에서 처음 일어난 것은 아니다. 『기타』 3.4의 단어 풀이는 잡지판에서 초판으로 만들 때 혼란이 생긴 경우다. 초판에서 『기타』 3.4의 바로 아래에 단어 풀이가 되어 있는 '행동의 얽어맴'이라는 구절은 『기타』 본문에 나오지 않는다. 이 구절은 간디 주석에 있는 "행동의 얽맴"을 가리키고, 3.4의 단어 풀이는 간디 주석의 이 구절에 대한 데사이의 단어 풀이다. 이 단어 풀이는 잡지판의 원래 위치대로 간디 주석의 아래에 놓으면 알맞다.

공자, 5.7 장자, 12.9 『중용』이다.

　다음으로, 초판에는 17.3 라다크리슈난 주석의 초입부에 "(저자는 아마 당시의 신앙, 음식, 희생, 고행, 자선, 내버림, 폐지 등등 여러 가지 일어날 수 있는 문제에 대해 생각하기 위해 이러한 말을 했을 것이다.)"라는 문장이 있다. 이 문장은 주석 형식으로 되어 있고 소괄호가 쳐져 있다. 반면에 재판 1쇄에서 이 문장은 '단어 풀이' 형식으로 바뀌었다. '단어 풀이' 형식이란 맨 앞에 애스터리스크(*)가 붙어 있고, 주석의 글자 크기보다 글자 크기가 작은 형식을 말한다. 그런데 틸라크 주석과 라다크리슈난 주석 사이에 이 문장이 주석 형식이 아닌 단어 풀이 형식으로 들어가 있다 보니 얼핏 보면 두 주석가 중 어느 한 명이 아니라 함석헌이 쓴 글로 오해하기 쉽다. 원본 대조 결과 이 문장의 출처는 라다크리슈난의 주석이다. 이 문장은 주석의 초입부에 소괄호가 쳐져 있어 초판에서부터 출처에 혼란이 있을 수 있는 경우고, 재판 1쇄의 편집자는 출처를 고민하다 단어 풀이 형식으로 처리한 것으로 추정된다. 하지만 출처를 정확하게 모를 때에는 자의로 결정하지 말고 차라리 초판대로 두는 것이 나을 것이다. 재판 1쇄에서 해결하려 했지만 해결되지 못하고 다른 방식으로 지속된 이 혼란은 15쇄에서 결국 오류를 불러오게 된다. 이것은 15쇄의 문제를 다루는 아래에서 살펴보겠다.

3. 15쇄의 문제

지금까지 재판 1쇄에 나타나는 오류를 살펴보았다. 주석 출처의 오류가 주되고, 편집 과정에서 개선된 곳도 있지만 악화된 곳이 더 많다. 또 재판 1쇄에 나타나는 문제점도 살펴보았다. 『기타』 본문보다 주석 출처가 강조되고, 단어 풀이를 한데 옮겨 놓아 주석의 흐름이 방해되고, 혼란을 줄 수 있는 편집이 있는 점이다. 전체적으로, 재판 1쇄는 초판보다 악화되었다고 평가할 수 있다.

그런데 재판 15쇄는 재판 1쇄와 또 다르다. "현대인이 뜻을 이해하기 쉽도록 해설을 덧붙"[14]였고 『기타』 9.8~9.10의 주석을 다르게 배치했다. 또 편집상의 작은 변화가 많다. 이 변화에는 개선된 점과 악화된 점이 있는데, 개선된 점[15]보다는 악화된 점이 더 많다. 악화된 경우의 대표적 예를 몇 가지 들면 다음과 같다.

---

14 15쇄, '일러두기'.
15 재판 1쇄의 오류를 15쇄에서 개선한 곳의 예를 들면 다음과 같다. 4.14 『기타』 본문의 '유의'를 유위로, 8. 서론(틸라크)의 "브라다라 냐코파니샤드"를 브라다라냐카 우파니샤드로, 12.9 『중용』의 "愼果之"를 愼思之로 교정했다. 하지만 이 교정이 이전 판본에는 없는 15쇄만의 기여는 아니다. 초판에는 모두 바르게 되어 있기 때문이다. 한편 예를 든 세 곳 가운데 "브라다라냐카 우파니샤드"는 초판에는 "브라다라냐코파니샤드"로 되어 있다. "브라다라냐카 우파니샤드"는 복합어 "브라다라냐코파니샤드"를 분리한 형태다.

첫째, 3.4 라다크리슈난 주석에 있는 한 단어는 세 단계 변화를 거치며 악화된다. '나이슈카르먀naiṣkarmya'는 『기타』의 핵심 가르침 중 하나로, 이기적 욕망이 없는 행위, 곧 무사無私한 행위를 가리킨다. 행위의 요가의 다른 말이기도 하다. 그런데 초판의 "나이슈카르먀"는 재판 1쇄에서는 "나이슈카르마"로 바뀌고, 15쇄에서는 "니슈카르마[nishkarma]"[16]로 바뀐다.

둘째, 『기타』의 핵심 개념에 해당하는 단어의 오타 외에 다른 오타들을 몇 개 살펴보겠다. 재판 1쇄의 "swarajya"는 15쇄에서 "swaraja"로 바뀌었고,[17] 재판 1쇄의 "(대)자아 의식"은 15쇄에서 "(대)자의의식"으로 바뀌었다.[18] 또 '샘하지 않는'이라는 단어는 '셈하지 않는'으로 바뀌었다. 『기타』 9.1에는 '샘하지 않는anasūyave'이라는 단어가 있다. 이 단어의 원의는 '질투하지 않는'이라는 뜻이다. 단어 풀이에 따르면, "비평하기 좋아하지 않는not cavil, uncensorious, 트집하지 않는, 비의批議하는 일 없는unenvious"이라는 의미다. 『기타』 9.1의 이 구절에 관련해 『기타』 본문, 단어 풀이, 프라부파다의 주석에는 '샘하다' 동사의 활용형이 모두 네 번 나온다. 그런데 이 활용형은 초판, 재판 1쇄, 재

---

16 '니슈카르마'는 '니슈카마카르마'(niṣkāmakarma)를 잘못 쓴 것으로 추정된다. '니슈카마카르마'는 나이슈카르먀와 동의어다.

17 3.17 데사이 주석.

18 6.1 마헤슈 주석. 원문 단어는 "Self-Consciousness."

판 15쇄를 거치며 점점 악화된다. 다음의 표로 살펴보겠다. 단어 앞에 점이 찍힌 곳은 악화된 곳이다.

〈표 4〉 '샘하지 않는' 관련 단어의 판본 비교

『기타』 9.1 관련	초판	재판 1쇄	재판 15쇄
『기타』 본문	샘하지 않는	샘하지 않는	•셈하지 않는
단어 풀이	샘하지 않는	샘하지 않는	•셈하지 않는
프라부파다 주석	샘하지 않는	•셈하지 않는	•셈하지 않는
	샘하는 마음	샘하는 마음	•셈하는 마음

표를 보면, 초판은 모두 '샘하다'의 활용형으로 바르게 되어 있다. 재판 1쇄에서 한 번 '셈하다'의 활용형으로 바뀌는 오타가 생겼다. 재판 15쇄에서는 무려 네 번 모두 '셈하다'의 활용형으로 잘못 쓰였다. '셈하다'는 "수를 세다", "주고받을 돈이나 물건 따위를 서로 따져 밝히다", "수를 따져 얼마인가를 세어 맞추다"[19]라는 뜻이므로 '샘하다'와는 뜻이 다르다.

셋째, 위에서 살펴본 '혼란을 줄 수 있는 편집'에서는, 『기타』 17.3에 대한 '틸라크 주석'과 '라다크리슈난 주석' 사이에 한 문장이 단어 풀이 형식으로 되어 있어 자칫 함석헌의 글로 오해받을 수 있다고 언급했다. 15쇄에서는 이 문장을 틸라크의 주석에

---

19 국립국어원, 『표준국어대사전』, 개정판 웹사전, https://stdict.korean.go.kr/main/main.do, 2008.

포함시켰다. 하지만 이 문장은 원래 라다크리슈난의 주석이다.

마지막으로, 15쇄에서는 『기타』 9.8~9.10의 주석을 다르게 배치했다. 주석의 내용을 나누어 『기타』 본문에 맞게 배치한 것이다. 세 시구만 놓고 보면, 주석 내용을 『기타』 본문에 알맞게 배치했기 때문에 개선된 점이라고도 볼 수 있을 것이다. 하지만 이것은 『기타 역주서』 전체에 나타나는 함석헌의 인용 방식을 이해하지 못해 일어난 악화된 점이라고 볼 수 있다. 함석헌은 『기타』 본문에 정확히 상응시켜 주석하지 않고 시구 몇 개를 묶어서 주석하는 일이 많기[20] 때문에, 유독 9.8~9.10만 선택해 주석을 다르게 배치하는 것은 바람직하지 않다.

재판의 1쇄와 15쇄의 내용은 이렇게 다르고, 15쇄에서 악화된다. 재판 1쇄도 초판보다 악화되었는데 현재 독자가 구매할 수 있는 15쇄는 1쇄보다 더욱 악화된 것이다.

---

[20] 자세한 내용은 이 책의 '부록', 1. 주석의 위치 참고. 함석헌은 여러 시구를 묶고 맨 마지막 시구의 주석에 이전 시구들의 주석을 포함시키기도 한다. 9.8~9.10 주석은 이러한 경우에 속하고, 비슷한 경우가 더 있다.

4. 비평본의 필요성

『기타 역주서』의 판본은 초판, 재판 1쇄, 재판 15쇄를 거치며 이미 많은 변화를 겪었다. 그리고 그 변화는 개선되었다기보다는 대체로 악화된 것이다. 그렇다고 해서 초판이 완벽한 것도 아니다. 초판은 잡지판에 연재된 『기타』 역주를 현대화하고 상당히 교정했지만, 잡지판의 내용이 누락된 곳, 잡지판보다 악화된 곳, 특별히 오류가 없어 원문을 살려도 되는데 원문을 바꾼 곳, 오타 등이 있다.[21] 이와 같이 함석헌의 『기타 역주서』 일차문헌은 판본들과 쇄들에 따라 많은 변화를 겪었고 현재 독자가 구매할 수 있는 일차문헌에는 이전 판본보다 악화된 점이 많으므로, 비평본이 필요하다.

잡지판, 초판, 재판 1쇄를 대조한 후, 누락된 곳을 되살리고, 큰 이상이 없는 한 함석헌의 최초 원문에 충실하도록 원문을 살

---

21 이 책에서는 재판 1쇄를 판본 대조할 때 초판과 비교하므로, '잡지판과 초판의 대조'는 다루지 않는다. 초판에서 누락된 곳, 악화된 곳의 예를 하나씩만 들면 다음과 같다. 초판의 6.3 함석헌 주석("'고요히 함'을"과 "마하데브 데자이는 이렇게 설명했다" 사이)에는 잡지판의 다음 문장이 누락되었다. "간디는 repose로 번역했고, 라다크리슈난은 serenity로 했고, 마하리쉬 마해슈[원문대로] 요기는 calmness 또는 silence로 했다." 초판에서 악화된 곳의 예를 들면, 초판 6.3 함석헌 주석에서 "사마(sama)"는 잡지판 "shamah"의 오류고, "아사마(asama)"는 잡지판 "ashamah"의 오류다. 같은 사례가 여럿 일관되게 수정되었으므로 단순한 오타라기보다 악화된 수정이라고 볼 수 있다. '사마'는 평등함, '샤마'는 고요함이라는 뜻이어서 잡지판이 바르다.

리고, 현대화할 필요가 있는 곳은 이유를 들어 현대화하고, 교정이 필요한 곳은 교정하고,[22] 변화된 곳에는 일일이 각주를 달아 변화된 곳을 알리고 변화의 이유를 설명해 주는, 비평본이 필요하다. 잡지판은 비록 완결된 형태는 아니지만 가장 원본이므로 비평본을 만들기 위한 대조 대상에 포함해야 한다. 초판은 『씨 올의 소리』의 한문을 한글로 바꾸어 현대화했고, 오타를 교정했고, 단행본의 첫 형태기 때문에 대조 대상에 들어가야 한다. 재판 1쇄는 수는 적지만 분명히 개선된 점들이 있으므로 대조 대상에 포함해야 한다. 재판 15쇄는 주목할 만한 개선점을 발견하기 어려워 비평본의 대조 대상에 포함할 필요가 없어 보인다.

또한 세 판본을 거치며 편집 형식에도 변화가 있으므로 비평본에서는 어느 편집 형식이 좋을지도 대조하고 결정해야 한다. 세 판본은 강점이 있다. 잡지판은 함석헌 자신이 선택했거나 편집을 용인한 형식이다. 초판은 잡지판의 형식을 반영하면서 변

---

22 교정을 할 때, 출판사가 만든 것이 아니라 '함석헌 자신이 만든 오류'를 어떻게 다룰지도 결정해야 할 것으로 보인다. 함석헌의 오류를 유형별로 나누면 번역 오류, 내용 누락, 인용 따옴표의 위치 오류, 잘못 옮김(숫자, 한글, 영어)이다. 유형별로 하나씩만 살펴보면 다음과 같다. 번역 오류의 경우, 1.20 단어 풀이에서 "잔나비 신을 섬기는 하누만"(1.20 단어 풀이)은 잔나비인 신도(信徒) 하누만(즉, 신도인 하누만이 잔나비)을 가리킨다. 내용 누락의 경우, 6.3 간디 주석의 "4절"은 5장 4절을 가리킨다. 인용 따옴표의 위치 오류의 경우, 13.20 데사이 주석의 끝부분에 있는 문장 "이 지식이 "죄와 고통의 사슬에서부터의 영원한 해방이다.""는 원문에서 "이 지식이 "죄와 고통의 사슬에서부터의" 영원한 해방이다."다. 잘못 옮김의 경우, 6.3 라다크리슈난 주석의 "4장 1절"은 6장 1절을 가리킨다.

화를 주었고 함석헌 생존 시에 이루어진 편집 형식이다. 재판 1쇄는 주석 출처의 위치를 옮겨 편의성을 높이고자 했다. 이와 같이 세 판본은 각각 고려해야 할 강점이 있으므로 비평본에서는 편집 형식에 대해서도 논의할 필요가 있어 보인다.

『기타 역주서』에 담긴 메시지만 마음에 담고 사색하는 방식으로 독서하는 일은 물론 바람직하다. 하지만 이렇게 읽는 한편으로, 함석헌의 『기타 역주서』에 대한 학문을 발전시키기 위해 이 문헌을 학문적 사료로서 접근하고, 일차문헌을 보존하고 복구하는 노력을 기울일 필요가 있다. 적어도, 출판사의 오류로 인해, 함석헌의 글이 아닌데 그의 글이라고 알고 있거나, 그의 글인데 다른 사람의 글로 알고 있는 일은 없게 해야 할 것이다. 또 출판사에서 단어 풀이의 위치를 옮김으로 인해, 주석을 『기타』 본문의 어떤 단어와 관련 있는지도 모른 채 읽는 일은 없게 해야 할 것이다.

5. 맺음말

재판 1쇄는 초판보다 오류가 많아 『기타 역주서』를 연구하는 데에는 초판이 더 적절하고 연구에 수월하다. 하지만 이 책에서는 두 판본 중 재판 1쇄를 연구 대상으로 삼았다. 왜냐하면 1996년부터 현재까지 20년 넘게 독자가 시중에서 구매할 수 있는 함석헌의 『기타 역주서』는 재판뿐이어서, 이미 많은 독자가 재판에 기본을 둔 책을 가지고 있고, 지금도 사고 있기 때문이다. 그래서 독자가 많이 읽는 판본을 연구 대상으로 삼고, 오류를 정정하고 문제를 개선할 수 있는 기회로 삼고자 했다.

비평본을 만드는 일에는 시간이 걸릴 것이다. 기다리는 동안, 『기타 역주서』의 연구자는 필요에 따라 판본이나 원본을 대조해야 할 것이다. 이때 디지털 자료는 판본이나 원본을 수월하게 대조하는 데에 도움을 준다. 『기타 역주서』의 잡지판과 초판, 그리고 인용된 『기타』 역주서들 중 몇몇 주요 역주서(라다크리슈난, 간디, 데사이, 틸라크, 프라부파다, 바넷)는 디지털 자료를 이용할 수 있다.(이 책의 '부록', 4. 무료 디지털 자료 참고) 그리고 자료를 직접 찾아보기보다 간편한 방법을 찾는다면, 이 장에서 밝힌 재판 1쇄의 주요한 오류와 문제점, 개선 방안을 참고하면 조금이나마 도움이 될 것이다.

2장

『기타』의 번역

이 장에서는『기타 역주서』의 구조 가운데 '『기타』 본문'을 다룬다. 함석헌의『기타』 번역에 초점을 두고 번역에 나타나는 특징을 살펴보고자 한다. 함석헌의『기타』 번역에 나타나는 특징은 여러 가지가 있겠지만 그의 번역을 큰 그림에서 보면 두드러지는 특징이 한 가지 있다. 그것은 그가 번역에 대단히 공을 들인다는 것이다. 역자가 번역에 공을 들이는 것은 당연한 일이지만, 그의『기타』 번역은 원전 번역이 아니고 중역重譯이기 때문인지 주석보다 논의의 대상이 되지 못했다. 하지만 그는 할 수 있는 한 번역에 무척 공을 들이므로『기타 역주서』를 연구하려 할 때『기타』 번역은 어느 정도라도 다룰 필요가 있다.

그런데 함석헌의『기타』 번역을 살펴보는 일은 간단하지 않다. 우선, 그의 번역이 원전어인 산스크리트어에서 한글로 번역한 것이 아니기 때문에 번역어를 원전어와 직접 비교할 수 없다. 또 번역의 저본이 책 한 권이 아니기 때문에 그가 번역한 대상어를 정확하게 알기 어려울 때가 많다. 다시 말해, 역자들의 번역이 달라서 함석헌이 어떤 번역을 선택하는지 분명하게 알 수 있는 경우도 있지만, 역자들의 번역이 똑같거나 비슷해 그의 번역 대상어를 알기 어려운 경우도 많다. 이와 같이『기타』 번역을 살펴보는 일에는 한계가 있지만, 이 장에서는 할 수 있는 범위 안에서 살펴보고자 한다.

『기타』 번역을 살펴보려고 할 때, 번역어에 반영된 함석헌의 해석을 고찰하는 일은 다루어야 할 중요한 문제 중 하나다. 하지만 우선은『기타』 번역을 전체적으로 다룰 필요가 있다고 판단해, 이 장에서는 그의『기타』 번역에 나타나는 몇 가지 전반적 특징을 살펴보는 방법을 택할 것이다. 그리고 함석헌이 참고하는 역서들은 주석이 달렸기 때문에 '역주서', '역주자'라는 표현이 정확하겠지만, 이 장에서는 번역에 초점을 두기 위해 '역서', '역자'라는 표현도 함께 사용하겠다. 또 이 장에서는『기타』 역자들 중 일부(라다크리슈난, 간디, 바넷, 다카쿠스, 마헤슈, 틸라크, 프라부파다)를 다루는데, 이들의 역서는 역서의 출전을 모두 한자리에서 밝히는 이 책의 다음 장에서 함께 소개하겠다.

1. 들어가며

『기타』 번역을 본격적으로 다루기에 앞서, 함석헌의『기타』 번역에 관해 오류가 있는 기술記述이 있어 이를 점검해 보겠다. 첫째, 함석헌이 번역한 힌두교 경전에 관한 기술이다. 김삼웅은 함석헌이『기타』 말고도『마하바라타』를 번역했다고 말했다.[1]

---

1 "함석헌은 힌두교 경전 중 가장 중요하다는『바가바드기타』와 세계에서 가장 긴 시

그러나 함석헌은 『마하바라타』의 일부인 『기타』는 번역했지만 『마하바라타』 전체를 번역하지는 않았다.[2]

둘째, 함석헌이 『기타』를 번역한 시기에 관한 기술이다. 이거룽은 『기타 역주서』가 한국에 힌두교 경전이 '최초로' 번역된 경우라고 했다.[3] 그러나 함석헌의 『기타 역주서』가 출간된 1985년 전에, 박석일에 의해 『우파니샤드』(1974)[4]와 『바가바드 기타』(1978)[5]가 영역서의 중역重譯으로 출간되었다.

셋째, 함석헌이 번역한 『기타』의 저본에 관한 기술이다. 우선, 김성수는 번역 저본이 프라바바난다Prabhavananda와 이셔우드Isherwood가 공동 번역한 영역서라고 했다.[6] 그러나 이 공역서는 함석헌이 『기타 역주서』에 「책을 읽기 전에」[7]라는 제목 아래

(詩)라고 하는 「마하바라타(Mahābhārata)」를 번역했다."; "함석헌의 번역으로 두 책이 처음으로 한국에 소개되었고, 우리나라는 힌두교 경전의 무지로부터 조금은 벗어나게 되었다." 김삼웅, 『저항인 함석헌 평전』, 현암사, 2013, 305~306쪽.

2   『마하바라타』의 시구는 100,000개가 넘고 『기타』의 시구는 700개여서 둘의 분량 차이는 상당하다.

3   "우리말로 번역 소개된 최초의 힌두교 경전 또한 함석헌의 『바가바드기타』였다." 이거룽, 「하나님의 발길에 채어 인도 사상까지」, 『민족의 큰 사상가 함석헌 선생』, 한길사, 2001, 152쪽.

4   박석일 역, 『우파니샤드』, 정음사, 1974. 박석일의 『우파니샤드』 번역은 1975년 『씨올의 소리』에 연재되기 시작한 『기타』 번역보다 이르다.

5   이 책의 '들어가는 말', 5. 연구 필요성 참고

6   "함석헌이 번역한 영어판은 다음과 같다. Prabhavamnda[원문대로], Swami & Isherwood, Christopher, *The Song of God, Bhagavadagita*[원문대로] (London : Phonex[원문대로] House, 1947)." 김성수, 『함석헌 평전 ― 신의 도시와 세속 도시 사이에서』, 도서출판 삼인, [2001]2011, 442쪽, 주45.

7   함석헌 역주, 『바가바드 기타』, 한길사, 1996, 57~71쪽.

번역해 실은 "기타와 마하바라타", "『기타』의 우주론"의 번역 저본[8]이고, 『기타』 자체의 번역 저본이 아니다.[9] 다음으로, 필자는 번역 저본이 바넷Barnett의 역서라고 했다.[10] 그러나 함석헌이 번역한 『기타』 저본은 한 권이 아니다. 이것은 이 장의 본문에서 구체적으로 다루겠다.

다음으로, 『기타』 번역을 다루기에 앞서, 번역에 대한 함석헌의 일반적인 생각을 살펴보겠다. 『기타 역주서』에는 번역에 관해 함석헌의 생각을 알 수 있는 곳이 없다. 하지만 그의 다른 일차문헌들에서는 다음과 같은 언급을 찾아볼 수 있다.

나는 책을 번역해 봐서 아는데 어떤 때는 하나를 가지고 몇 시간도 생각을 하고, 심하면 며칠이 가도 확신이 안 가. 예를 들면 'life'라는 단어가 나왔다 합시다. 그저 생명이란 말이지 하고 그렇게만 번역을 하면 되느냐면 안 그래. 어떤 때는 '인생'이라 해야 할 때도 있

---

8 이 책의 '들어가는 말', 2. 『기타』 참고
9 이 공역서는 『기타』의 장절(章節)이 표시되지 않은 책이고, 함석헌이 쓴 머리말에 한 번 언급(56쪽)된 것을 제외하고는 실질적인 『기타』 역주에는 한 번도 언급되지 않는다.
10 "그가 저본으로 한 『기타』는 다음의 영역서에 포함된 한 부분"; "함석헌이 저본으로 삼은 (…중략…) 바넷(Barnett)의 『기타』 영역".(나혜숙, 「함석헌의 『바가바드 기타』 주석에 나타나는 인용 모음 주석법의 재해석」, 『인도철학』 46(2016), 76쪽, 주3; 86쪽) 필자가 이와 같이 주장한 이유는, 함석헌이 처음 읽은 『기타』가 바넷의 역서고 바넷의 번역과 함석헌의 번역을 부분 발췌해 대조했을 때 큰 차이가 없다고 판단했기 때문이다. 그러나 이것은 함석헌의 번역을 다른 역서들과도 일일이 대조하는 심층 연구를 하지 않은 데에 따른 오류다.

고, 어떤 때는 '생명', 어떤 때는 '사람', 어떤 때는 '생활'이라고 해
야 할 수도 있어요.

그러니 그저 문맥이 통하기만 하면 되는 것이 아니에요.[11]

무슨 말로 번역을 하나 하는 게 어려운 일이에요.

왜냐하면 그거는 생각이 깊은만큼[원문대로] 가령 불교에서 실
례를 든다면, 불교에서 얘기를 할 때 부처님이 "일시에"라고 한 말
이 있다고 하는데 그걸 "한때는" 할 것이냐 "한번은" 할 것이냐 "언
제는" 할 것이냐 그게 보통 어려운 게 아니래요. 그게 뭐 같은 소리
로구만 그러겠지만 그러나 그걸 미묘한 데까지 따지고 들어가는
사람한테는 "어떤 날" 그러는 말과 "한 날" 그러는 말과 뜻이 다르
다 그 말이오. 그건 이제 남의 글을 번역해보려고 그러면 알아요.
그러니까 번역이란 건 의미만 통하면 되는 것이 아니라 그 사람의
그 말하려고 하는 그 기분이라고 할까 그 맛이 어디를 겨누고 한 말
이냐를 알아야 하는 거예요.[12]

두 인용문에 따르면, 함석헌은 번역은 단어의 의미만 통하게
해서는 안 되고, 간단해 보이는 단어라도 작가가 의도하는 기분

---

11 함석헌, 「역사 속에서 씨올의 위치와 역할」, 『씨올의 소리』 98호, 1989.2, 116쪽.
12 함석헌, 「태초에 말씀이 있었다-요한복음 풀이 2」, 『함석헌전집』 19권 『영원의 뱃
길』, 한길사, 1985, 161쪽.

이나 맛까지 전달해야 한다는 생각을 가지고 있다. 그리고 작가의 의도를 살려 번역하기 위해 다음과 같은 일이 도움이 된다고 말한다.

될수록은 영어 번역도 참조하고 일어 번역도 참조하고 해서 이런 것은 이 어감에도 관계되고 단어 쓰는 데도 크게 관계되는 거니까. 이런 건 될수록은 여러 번역을 참조하면서, 그 시인의 진의를 느껴보도록 노력을 하라고 해서 그러는 겁니다. 의미만 통하면 되는 것이 아니라[13]

인용문에 따르면, 함석헌은 작가의 진의真意를 전달하는 번역을 하기 위해서 영어 번역, 일어 번역 등 여러 번역을 참고할 것을 제안한다. 그래서 번역에 관한 함석헌의 생각을 요약하면, 번역은 여러 번역을 참고하면서, 작가가 의도한 뜻을 전달하기 위해 애써야 한다는 것이다. 번역에 관한 이러한 생각에 특별한 점은 없지만, 이러한 생각을 『기타』 번역에서도 찾아볼 수 있는지 살펴보겠다.

함석헌의 『기타』 번역에 관해 여러 특징을 논할 수 있겠지만

---

13 함석헌, 「이제, 죽어도 좋다―「이사야서」 풀이 · III」, 『함석헌전집』 11권 『두려워 말고 외치라』, 한길사, [1984]1988, 110쪽.

이 장에서는 네 가지에 초점을 둘 것이다. 여러 번역을 참고하는 점, 어려운 번역에 대응하는 모습, 순우리말로 번역하는 점, 다른 종교·철학 언어로 번역하는 점이다. 각 특징을 차례로 살펴보겠다.

2. 여러 번역을 참고

역주서의 특성상 『기타 역주서』는 『기타』의 번역을 기본으로 하기 때문에, 함석헌이 번역한 『기타』의 저본이 무엇인가 하는 문제는 『기타 역주서』를 연구하고자 할 때 한 번은 짚고 넘어가야 할 문제다. 함석헌이 부산 헌책방에서 구해 처음 읽은 『기타』는 바넷의 역서로 추정되지만, 『기타』 번역의 저본은 바넷의 역서가 아니다. 그는 『기타』를 번역서 한 권을 정해 그대로 번역한 것이 아니고 여러 역서를 참고하며 번역했다. 이 점을 살펴보기 위해, 역자들 가운데 대표로 라다크리슈난, 간디, 마헤슈의 번역을 참고하는 사례를 살펴보겠다.[14] 시구 전체나 문장

---

14 이 세 명을 고른 이유는 이들이 함석헌이 가장 자주 인용하는 『기타』 주석자기 때문이다. 데사이도 함석헌이 자주 인용하는 주석자지만, 그는 간디의 『기타』 번역을 영역(英譯)한 중역자(重譯者)라는 점에서 『기타』를 직접 번역한 다른 역자들과 구별되므로 여기에서 제외한다.(이 책의 3장, 3. 주석자 소개, 3) 데사이 참고)

으로 대조하면 비교가 쉽지 않으므로 여기에서는 짧은 구절로 대조하는 방식을 취하겠다.[15]

첫째, 라다크리슈난의 번역을 선택한 경우다. 『기타』 1.1의 함석헌 번역은 '산자야여, 올바름의 들, 쿠루 들에 내 사람들과 판두의 아들들은 싸움을 하려고 모였다. 그들은 어찌하고 있느냐?'[16]다. 『기타』를 번역하기 시작할 때 함석헌은 적어도 세 종류의 역주서(간디, 라다크리슈난, 바넷)를 가지고 있었으므로,[17] 1.1의 두 구절 '올바름의 들(…중략…)에dharma-kṣetre', '내 사람들과 판두의 아들들은māmakāḥ pāṇḍavāś ca'에 대한 세 사람의 번역을 살펴보겠다.[18]

---

15 짧은 구절로 대조하는 이유는 한눈에 쉽게 비교할 수 있기 위해서고, 함석헌이 구절마다 역자를 바꾸며 참고한다는 것을 뜻하지 않는다. 시구를 전체로 비교할 수 있도록 아래에 시구의 번역들을 함께 싣는다.

16 dharmakṣetre kurukṣetre samavetā yuyutsavaḥ / māmakāḥ pāṇḍavāś caiva kim akurvata saṃjaya //

17 이것은 다음의 두 가지로 알 수 있다. 첫째, 바넷의 번역은 『기타』 역주를 시작하기 훨씬 전부터 가지고 있었다. 함석헌이 피난 간 부산 헌책방에서 구해 처음 읽은 『기타』는 바넷의 역서로 추정된다.(이 책의 3장, 3. 주석자 소개 참고) 둘째, 간디와 라다크리슈난의 주석이 『기타』 1.1에 대한 주석부터 등장한다. 이 세 역주서 외에도, 『기타』 역주를 시작할 때 함석헌은 프라바바난다와 이셔우드의 공역서를 가지고 있었다. 하지만 이 공역서는 실질적인 『기타』 700 시구의 역주에는 한 번도 언급되지 않으므로 함석헌이 『기타』 번역에 참고한 역서에서 제외한다.

18 『기타』 1.1에 대한 세 명의 번역은 다음과 같다. 'Tell me, O Sanjaya, what my sons and Pandu's assembled, on battle intent, did on the field of Kuru, the field of duty.'(간디); 'In the field of righteousness, the field of the Kurus, when my people and the sons of Pāṇḍu had gathered together, eager for battle, what did they do, O Saṃjaya?'(라다크리슈난); 'Meeting for strife in the Field of the Law, the Kuru-field, what did my men and Pāṇḍu's folk, O Sanjaya?'(바넷)

〈표 5〉 번역 대조

함석헌	올바름의 들(⋯중략⋯)에	내 사람들과 판두의 아들들은
간디	on the field of duty	my sons and Pandu's
라다크리슈난	in the field of righteousness	my people and the sons of Pāṇḍu
바넷	in the Field of the Law	my men and Pāṇḍu's folk

표를 보면, 함석헌이 번역한 '올바름의 들(⋯중략⋯)에'와 '내
사람들과 판두의 아들들은'은 세 번역 중 라다크리슈난의 번역
을 참고한 것을 알 수 있다.

둘째, 간디의 번역을 선택한 경우다. 『기타』 5.10의 함석헌
번역은 '자기의 모든 행위를 브라만에게 바치고 집착을 떠나 행
동하는 자는 죄에 물듦이 없나니, 마치 연잎이 물에 젖지 않음
같으니라'[19]다. 여기에서 '자기의 모든 행위를 브라만에게 바치
고brahmaṇy ādhāya karmāṇi' 구절에 대한 번역을 살펴보겠다. 『기타』
5장을 주석하고 있을 때에는 다카쿠스와 마헤슈의 번역도 가지
고 있었으므로[20] 간디, 라다크리슈난, 바넷, 마헤슈, 다카쿠스의
번역을 살펴보겠다.[21]

---

19 brahmaṇy ādhāya karmāṇi saṅgaṃ tyaktvā karoti yaḥ / lipyate na sa pāpena padmapatram
    ivāmbhasā //
20 이것은 다카쿠스는 2장부터, 마헤슈는 4장부터 인용되는 데에서 알 수 있다.
21 『기타』 5.10에 대한 다섯 명의 번역은 다음과 같다. 'He who dedicates his actions to
    Brahman and performs them without attachment is not smeared by sin, as the lotus-leaf
    by water.'(간디); 'He who works, having given up the attachment, resigning his actions
    to God, is not touched by sin, even as a lotus leaf (is untouched) by water.'(라다크리슈난)

<표 6> 번역 대조

함석헌	자기의 모든 행위를 브라만에게 바치고
간디	He who dedicates his actions to Brahman
라다크리슈난	He who (…중략…) resigning his actions to God
바넷	He who (…중략…) lays his works on Brahma
마헤슈	He who acts giving over all actions to the universal Being
다카쿠스	行作を梵に安き

번역들을 대조해 보면, 함석헌이 번역한 '자기의 모든 행위를 브라만에게 바치고'는 간디의 번역을 참고한 것을 알 수 있다.

셋째, 마헤슈의 번역을 선택한 경우다. 『기타』 5.21의 함석헌 번역은 '그 정신을 바깥 접촉에 잡히지 않게 하는 사람은 자아 속에 즐거움을 가지느니라. 그와 같이 그 자아가 브라만으로 더불어 하나 됨을 얻은 사람은 영원한 복을 누리느니라'[22]다. 여기에서 '그 자아가 브라만으로 더불어 하나 됨을 얻은 사람은brahma-yoga-yukta-ātmā'에 대한 역자들의 번역은 〈표 7〉과 같다.[23]

; 'He who in doing works lays his works on Brahma and puts away attachment is not defiled, as the lotus-leaf is unsullied by the water.'(바넷); 'He who acts giving over all actions to the universal Being, abandoning attachment, is untouched by sin as a lotus leaf by water.'(마헤슈); '行作を梵に安き, 執着を捨てて行作するものは, 罪惡に染着せず, 恰も蓮の葉の水に濕はざる如く.'(다카쿠스)

22 bāhyasparśeṣv asaktātmā vindaty ātmani yat sukham / sa brahmayogayuktātmā sukham akṣayam aśnute //

23 『기타』 5.21에 대한 다섯 명의 번역은 다음과 같다. 'He who has detached himself from contacts without, finds bliss in Atman; having achieved union with Brahman he enjoys eternal bliss.'(간디); 'When the soul is no longer attached to external contacts (objects)

<표 7> 번역 대조

함석헌	그 자아가 브라만으로 더불어 하나 됨을 얻은 사람은
간디	having achieved the union with Brahman
라다크리슈난	a one who is self-controlled in Yoga on God (Brahma)
바넷	his spirit following the Brahma-Rule
마헤슈	His self joined in Union with Brahman
다카쿠스	その自我を梵に由て統一せるものは

　번역들을 대조하면, 함석헌의 번역 '그 자아가 브라만으로 더불어 하나 됨을 얻은 사람은'은 마헤슈의 번역을 따른 것을 알 수 있다.

　이와 같이, 함석헌은 한 권의 역서를 저본으로 정해 그대로 번역한 것이 아니고, 여러 번역을 참고하면서 번역했다. 여기에서는 함석헌이 여러 번역 가운데 어느 번역을 선택하는지 비교적 명확하게 알 수 있는 경우를 살펴보았지만, 역자들의 번역이 똑같거나 비슷해 여러 번역 중에 누구의 번역인지 정확하게 가릴 수 없을 때도 많다. 또 그가 다른 번역들의 번역을 늘 선택하

---

one finds the happiness that is in the Self. Such a one who is self-contolled in Yoga on God (Brahma) enjoys undying bliss.'(라다크리슈난); 'His spirit unattached to outward touch, he finds in his Self pleasantness; his spirit following the Brahma-Rule, he is fed with undying pleasantness.'(바넷); 'He whose self is untouched by external contacts knows that happiness which is in the Self. His self joined in Union with Brahman, he enjoys eternal happiness.'(마헤슈); '自我をして外觸に染着せしめざるものは, 自我に於てあらゆる安樂を見出すべし, その自我を梵に由て統一せるものは, 不滅の樂を享くべし.'(다카쿠스)

기만 하는 것은 아니다. 여러 번역을 참고하면서도 번역어들 가운데 하나를 선택하지 않고 자기 나름으로 번역하는 경우도 많다. 이러한 경우는 아래에서 볼 수 있다.

3. 어려운 번역[24]

함석헌은 번역이 어려울 때에는 고민을 드러낸다. 아마 『기타』 번역에서 그가 가장 어려움을 겪은 단어는 '푸루샤puruṣa'일 것이다. '푸루샤'는 직역하면 '사람', '남자'라는 뜻이다. 『기타』에서는 철학적, 신학적 개념으로 쓰인다. 첫째, 푸루샤는 상크야Saṃkhya 철학[25]에서 말하는 '정신'이다. 상크야 철학은 정신과 물질의 이원론二元論으로, 푸루샤는 정신이고 프라크리티prakṛti는 물질이다. 우주의 정신 원리인 푸루샤는 인간의 정신이기도 하므로 개인마다 있다. 둘째, 푸루샤는 '지고의 정신uttama-puruṣa, para-puruṣa', '지고의 인격'이다. 지고의 정신은 크리슈나 신을 가

---

24 이 글의 일부는 다음 논문의 한 부분을 참고했다. 나혜숙, 「함석헌의 『바가바드 기타』 주석에 나타나는 인용 모음 주석법의 재해석」, 『인도철학』 46, 2016, 87~90쪽.
25 상크야 철학은 힌두 육파(六派) 철학의 하나로, 정신과 물질의 이원론을 주장한다. 정신 원리 푸루샤(puruṣa)는 참 나, 진아(眞我)를 가리키고, 물질 원리 프라크리티(prakṛti)는 물질의 근원으로서 이 근원에서 물질이 전개되어 나간다.

리킨다.

함석헌이 '푸루샤'의 번역을 고심한 흔적은 8.4 주석에서 찾을 수 있다. 『기타』 8.4는 '물질적 존재의 바탈은 끝없이 변하는 본성이요, 신적 존재의 바탈은 우주 영혼이니라. 그리고 몸 가진 것 중 으뜸가는 자야, 희생의 바탈이란 진실로 여기 이 몸으로 있는 나 자신이니라'[26]라는 내용이다. 이 시구의 함석헌 주석에는 『기타 역주서』를 통틀어 오직 이곳에만 보이는 특징이 있다. 그것은 그가 "이 절은 번역자에 의해 서로 각각 다르다"라고 말한 후 이 시구 전체의 번역을 다섯 개나 소개한다는 것이다. 『기타 역주서』에서 그가 '단어'나 '구절'에 다른 번역을 소개하는 일은 쉽게 찾아볼 수 있어도 '시구 전체'에 다른 번역을 소개하는 일은 한 번도 없기 때문에, 시구 전체의 번역을 다섯 개나 소개하는 것은 무척 특이한 일이다. 소개되는 번역은 라다크리슈난, 다카쿠스, 간디, 프라부파다, 틸라크의 번역이지만, 재판 1쇄에서 누락된 바넷의 번역[27]까지 합치면 모두 여섯 번역이다. 그리고 여섯 번역을 소개한 후에는 다음과 같이 말한다.

---

26 adhibhūtaṃ kṣaro bhāvaḥ puruṣaś cādhidaivatam / adhiyajño 'ham evātra dehe dehabhṛtāṃ vara //

27 초판에는 "에브리맨스문고판"의 번역, 즉 바넷의 번역이 포함되었는데 재판 1쇄에서 누락되었다. 바넷의 번역까지 하면 총 여섯 번역을 소개한다.

그중(즉, 『기타』 8.4 본문 중) 가장 문제 되는 것이 둘째 구절에 있는 푸루샤라는 말이다. 그것은 사람, 사람 몸, 인류, 개인, 인격, 혼, 초월적 영, 원시 남성 등등으로 번역되는 말이다. 인도 철학을 모르는 나로서는 도저히 확신을 가지고 그중 어느 것을 골라낼 수가 없다. 위에 인용한 여러 분들의 번역을 참조해 독자가 스스로 짐작하기 바란다.

여기에서 함석헌은 『기타』 8.4를 번역하면서 가장 어려운 단어가 '푸루샤'라고 말한다. 그는 푸루샤의 뜻을 여러 가지 알고 있었고, 여섯 번역을 통해 푸루샤에 대응하는 번역어[28]도 알고 있었지만, '우주 영혼'이라는 자기 나름의 번역어를 만든다. 그리고 인도철학을 모르는 그로서는 번역어들 중 하나를 확신 있게 선택할 수가 없으니 인용한 여섯 번역을 참고해 독자가 직접 짐작하라고 말한다. 그가 푸루샤를 번역하면서 겪은 어려움을 볼 수 있다.

그리고 함석헌이 '푸루샤'를 이해하는 데에 고민한 흔적은 더 찾아볼 수 있다. 『기타』 8.22는 '프리다의 아들아, 그 지극히 높으신 숨, 그의 안에 모든 존재가 있으며, 모든 것이 그로 인하여

---

28 "우주 정신"(라다크리슈난); "원인(原人)"(다카쿠스); "개인적 자아"(간디); "우주"(프라부파다); "푸루샤 곧 의식적 통치주"(틸라크); "남성"(바넷).

배포되어 있는, 그에게는 다만 온전한 믿음에 의해서만 이를 수 있느니라'[29]라는 내용이다. 여기에서 '지극히 높으신 숨purusaḥ parah'은 지고의 정신인 크리슈나를 가리킨다. 함석헌은 '푸루샤'를 '숨'으로 번역하고 그 이유를 다음과 같이 밝힌다.

> 숨은 푸루샤를 말하는 것인데, 물질(prakriti)에 대립시켜서 생명의 씨, 혹은 정신, 혹은 얼, 혹은 인격, 혹은 말씀(로고스)이라 부를 수 있는 것이므로 여기서 숨이라 해봤다. 어떤 번역에는 원인(原人)이라 하기도 했다.
>
> 수천 년에 걸쳐 발전해온 힌두교의 복잡한 교리, 철학, 신화, 우주론의 뜻을 우리로서는 명확히 이해하기 어려운 일이다. 읽는데 다소 도움이 될까 하여 『바가바드기타 있는 그대로』의 한 절을 인용하여 그것(즉, 푸루샤)이 얼마나 많은 이름으로 불리는가를 보이기로 한다.

함석헌은 푸루샤의 여러 뜻 가운데 하나를 선택하거나, 참고한 『기타』 역서들에서 번역어를 선택해도 되었을 텐데 그렇게 하지 않고 푸루샤를 그 나름대로 '숨'이라고 번역했다. 그러고 나서 지고의 푸루샤인 크리슈나를 이해하는 데에 도움이 되도록 프라부

---

29 puruṣaḥ sa paraḥ pārtha bhaktyā labhyas tv ananyayā / yasyāntaḥsthāni bhūtāni yena sarvam idaṃ tatam //

파다 주석을 인용한다.

이와 같이, 특히 어려운 『기타』 번역에 대해 함석헌은 우선 어려움을 드러내고, 번역을 많이 인용해 독자가 참고하도록 한다(8.4 주석).[30] 그리고 주석을 인용해 독자가 해당 개념을 이해하는 데에 도움이 되도록 한다(8.22 주석).

4. 순우리말 번역

함석헌은 『기타』 단어를 순우리말로도 번역한다. 순우리말로만 번역하는 경우는 드물고, 한자어를 사용하다가 나중에 순우리말 번역을 시도하는 경우가 대부분이다. 그래서 순우리말 번역은 한자어 번역보다는 훨씬 적게 나타난다. 주요한 순우리말 번역을 살펴보겠다.

산스크리트어 카르마karma는 일반적으로 '행위', '제사', '업'으로 번역된다. 함석헌은 카르마를 '행동', '행위', '행작', '카르

---

30 『기타』 번역이 어려운 곳에서 함석헌이 늘 번역을 많이 인용하는 방법을 사용하는 것은 아니다. 『기타』 2.16의 첫 문장을 두고 그는 "원어(原語)를 모르고 다른 말로 옮겨진 것들만을 보는 사람으로서는 도저히 번역할 수 없다"라고 번역의 어려움을 토로한다. 이때에는 참고가 되도록 데사이의 주석을 인용한 후, 영어와 한문 개념에 비교해 생각해 보는 방법을 사용한다.

마', '행함', '행동함', '업'으로 번역하면서 '짓'(15.2), '씨짓'(8.1; 8.3)이라는 순우리말로도 번역한다. 그렇게 번역하는 이유에 관해 그는 "카르마, 곧 불교에서 말하는 업. 보통 말로는 행동, 작위(作為)인데, 우리말로 짓이라는 것이 옳지 않을까 한다. 그런데 인도 철학에서 카르마다 할 때는 그저 하나하나의 짓만 아니라 특히 전에 한 짓이 반드시 원인이 되고 열매를 맺어 영원히 계속되는 점을 강조하는 뜻이 있기 때문에 씨란 말을 붙여서 씨짓이라고 만들어보았다"(8.1 단어 풀이)라고 말한다.

그리고 '아디다이바adhidaiva'는 명사로는 '지고의 신', 부사로는 '신에 관해'라는 뜻이다.[31] 함석헌은 이 단어를 명사로 취한다. 그리고 처음에 나오는 아디다이바(7.30)는 '신적 존재의 속을'로 번역한 후, 다음에 나오는 아디다이바(8.1)는 '얼씬것의 속을'이라고 번역한다. 그렇게 순우리말로 바꾸어 번역하는 이유에 대해서는, "여러 가지 신들이 신으로서의 능력을 발휘하게 되는 그 속을 말하는 것인데 우리 옛날 말에 얼씨구나 절씨구나 할 때의 얼씨라는 말이 곧 신 앞에 제사 드리며 그 신(神)스러움, 곧 신의 와 계심을 느껴서 하는 찬탄이기 때문에 그렇게 번역해 보았다"(8.1 단어 풀이)라고 말한다.

---

31 Monier Monier-Williams, *A Sanskrit-English Dictionary,* Oxford : Clarendon Press, 1899, p.21.

이밖에, '지혜로운 사람'을 '지혜 있는 자' 등과 같이 한자어 '지혜'를 넣어 번역하면서 '어진 이' 등[32]으로도 번역한다. 또 『기타』에서는 육체를 '밭ksetra'에 비유하고, 육체에 깃든 자아는 '밭을 아는 자ksetrajña'에 비유하는데, 함석헌은 '밭을 아는 자'를 '밭알이'[33]라고도 번역한다. 지금까지 살펴본 '짓'과 '씨짓', '신적 존재의 속을'과 '얼씬것의 속을', '어진 이', '밭알이'는 비교적 간단한[34] 순우리말 번역어라고 할 수 있다. 하지만 번역어 '바탈'은 그리 간단하지 않다. 왜냐하면 '바탈'이라는 한 단어를 여러 개념의 번역어로 사용하기 때문이다.

첫째, '프라크리티'를 바탈로 번역하기도 한다(4.6; 7.4; 9.7~9.8). 프라크리티란 모든 물질세계가 전개되어 나가는 근원이다. 『기타』 9.7은 '쿤티의 아들아, 겁 끝에 가면 모든 피조물이 내 바탈

---

32 '어진 이'(2.11; 2.13; 2.15; 2.51; 3.39; 4.19; 5.4; 5.18; 17.14); '어진 사람'(3.21; 18.5); '어진 자'(2.60).

33 13.0~13.2; 13.18; 13.26; 13.34. 여기에서 『기타』 13.1 앞에 있는 시구를 임의로 '13.0'으로 표기한 것은 제너(Zaehner)의 표기에 따랐다.(Robert C. Zaehner, *The Bhagavad-Gītā : with a Commentary Based on the Original Sources*, Oxford : Oxford University Press, 1969, p. 333) 어떤 판본들에는 13.0 시구가 없다. 그리고 이 시구가 있는 판본은 이것까지 합치면 『기타』의 시구가 총 701개가 되기 때문에 번호가 붙어 있지 않다.

34 이밖에 간단한 순우리말 번역에 다음과 같은 것이 있다. 아르주나의 별칭 중 '다난자야(dhanaṃjaya)란 '부(富)의 정복자'라는 뜻이다. 여기에서 '부'를 함석헌은 '가멸음'으로도 번역한다(9.9; 11.14; 12.9; 18.29; 18.72). 또 존재는 '산것'(2.28; 3.14; 3.18; 5.25; 6.29(두 번); 7.27; 10.5; 10.15; 13.16; 13.34; 14.3; 16.2)으로도, 공물은 '살라드림'(9.16)으로도, 세계는 '누리'(10.3; 10.42)로도, 태고(太古)는 '한 옛적'(11.38)으로도, 열(熱)은 '속탐'(3.30)으로도, 자제하는 자는 '다듬기운 혼'(2.69)으로도 번역한다.

속으로 들어오고, 다시 새 겁이 시작되면 나는 그것들을 다시 지어 보낸다'[35]라는 내용이다. 여기에서 '바탈'은 '프라크리티'를 가리킨다.

둘째, '구나guna'를 바탈로 번역하기도 한다. '구나'란 프라크리티를 비롯해 모든 물질세계를 이루는 세 요소다. 『기타』15.2는 '[불멸의 보리수는] 아래로 위로 그 가지는 벋고, 바탈에 의해 그 진액을 받고 감각의 대상에 의해 그 순을 내며, 그 뿌리가 아래로 서리어 인간 세상의 짓에 얽힌다'[36]라는 내용이다. 이 시구는 '불멸의 보리수'로 비유되는 궁극의 세계가 물질세계, 인간 세계와 관련되어 나타나는 모습을 보여 준다. 이 시구의 '바탈'은 '구나'를 번역한 것이다.

셋째, '경험적 자아' 곧 개아個我를 바탈로 번역하기도 한다. 『기타』5.17은 '이성을 거기(즉, 지고의 것)[37]에 두고, 바탈을 거기 세우고, 거기 안주하며 거기 전념하는 이는 지혜로 인하여 모든 죄가 깨끗해지고, 다시 물러남 없는 자리에 이르느니라'[38]라는 내용이다. 함석헌은 단어 풀이에서 '바탈'을 "원어는 아트만인

---

35 sarvabhūtāni kaunteya prakṛtiṃ yānti māmikām / kalpakṣaye punas tāni kalpādau visṛjāmy aham //

36 adhaś cordhvaṃ prasṛtās tasya śākhā guṇapravṛddhā viṣayapravālāḥ / adhaś ca mūlāny anusaṃtatāni; karmānubandhīni manuṣyaloke //

37 '거기'를 '지고의 것'으로 설명한 것은 길희성을 따랐다. 길희성 역주, 『범한대역 바가바드기타』, 서울대출판문화원, 2010.

38 tadbuddhayas tadātmāns tanniṣṭhās tatparāyaṇāḥ / gacchanty apunarāvṛttiṃ jñānanirdhūtakalmaṣāḥ //

데, 아트만이란 말은 여러 가지 의미로 쓰인다. 그래서 보통 하는 대로 자아로 번역하는 이도 있으나, 또 존재(being) 혹은 자각적인 존재(conscious being)로 번역하는 이도 있다. "네 마음을 다하고 뜻을 다하며 성품을 다하고 힘을 다하여 주 너희 하나님을 사랑하라" 했을 때의 그 모든 것을 다 합한 지경, 전존재로라는 뜻으로 생각하면 좋을 듯"이라고 말한다. 함석헌은 원어가 아트만ātman이라는 것도 알았고 아트만의 뜻도 알았기 때문에 '바탈' 대신 '아트만', '자아', '존재', '전존재'로 번역할 수도 있었지만 '바탈'이라고 번역했다.

넷째, '신의 모습으로서 자아'를 바탈로 번역하기도 한다(7.29; 8.1; 8.3). 『기타』 8.3은 '불멸이요 무엇보다도 높은 이가 브라만이니라. 그 본질적인 성격을 자아의 바탈이라 부르고 만물을 지어내는 그 창조력을 씨짓이라 하느니라'[39]라는 내용이다. 단어 풀이에 따르면, '자아의 바탈adhyātma'이란 경험적 자아가 아니라, 인간에 내재된, 거룩한 신의 모습으로서 자아를 뜻한다.[40]

다섯째, '우주의 근본원리가 되는 힘'을 바탈로 번역하기도

---

39 akṣaraṃ brahma paramaṃ svabhāvo 'dhyātmam ucyate / bhūtabhāvodbhavakaro visargaḥ karmasaṃjñitaḥ // 이 시구에 대한 함석헌의 번역에는 '거룩하신 주 말씀하시기를'(śrībhagavān uvāca)이라는 구절이 포함되어 있지만, 이 구절은 원래 8.3 시구에는 포함되지 않으므로 여기에서는 제외한다.

40 '자아의 바탈'은 함석헌이 특별히 중시하는 개념이다. 이 개념은 이 책의 6장, 5. 함석헌이 각 요가에 부여한 중요성에서 자세히 다룬다.

한다. 『기타』 7.30은 '나를 모든 물질적 나타남의 속올, 모든 신적 존재의 속올, 또한 모든 희생의 속올인 자로 하는 사람은 누구나 다 통일된 정신을 가지고 비록 떠나는 순간에도 나를 알 수 있느니라'[41]라는 내용이다. 여기에서 '물질적 나타남의 속올'은 '아디부타adhibhūta'의 번역어고, '신적 존재의 속올'은 '아디다이바adhidaiva', '희생의 속올'은 '아디야즈냐adhiyajña'의 번역어다. 세 단어 '아디다이바', '아디부타', '아디야즈냐'는 이하 시구들에 몇 번 더 연달아 나오고, 이 세 단어를 함석헌은 다음과 같이 번역한다.

〈표 8〉 아디부타, 아디다이바, 아디야즈냐의 번역어

단어	번역어	
아디부타(adhibhūta)	물질적 나타남의 속올(7.30; 8.1)	물질적 존재의 바탈(8.4)
아디다이바(adhidaiva)	신적 존재의 속올(7.30) 얼씬것의 속올(8.1)	신적 존재의 바탈(8.4)
아디야즈냐(adhiyajña)	희생의 속올(7.30)	희생의 바탈(8.2; 8.4)

표에서 보면, 함석헌은 세 단어를 번역할 때 번역어 '속올'을 '바탈'로도 바꾸어 번역한다.[42] 그리고 여기에 나오는 '속올'을

---

41 sādhibhūtādhidaivaṃ māṃ sādhiyajñaṃ ca ye viduḥ / prayāṇakāle 'pi ca māṃ te vidur yuktacetasaḥ //

42 '속올'과 '바탈'을 아무 때나 교환해 쓸 수 있는 것은 아니다. 함석헌은 아디부타, 아디다이바, 아디야즈냐는 번역어 안에서 '속올'과 '바탈'을 바꾸어 번역하지만, 아드야트마 곧 자아의 바탈은 한 번도 '자아의 속올'이라고 번역하지 않는다.

다음과 같이 주석한다.

우주의 모든 물질적·정신적 현상의 갈피갈피 속에 들어 있어 그 근본 원리가 되는 힘. 노자의 도(道), 덕(德)의 덕에 해당한다 해야 할 것이다. 유교에서 한다면 도라 할 것이다. 노자는 도에서 덕이 나온다 했고, 유교에서는 하늘의 말씀하신 것이 바탈(性)이요, 바탈대로 하는 것이 길(道)이요, 길 닦음이 가르침(敎)이라고 했다.[43]

함석헌은 '속을'이란 우주의 근본원리로서 물질과 정신 모두에 들어 있는 힘이라고 해석한다. 그런데 그가 '바탈'을 '속을'의 동의어로 번역하므로, 바탈도 '우주의 근본원리가 되는 힘'이라는 뜻으로 이해할 수 있다.

이와 같이 『기타』 번역에서 함석헌은 '바탈'을 여러 개념의 번역어로 사용한다. 때에 따라, 프라크리티, 구나, 경험적 자아, 신의 모습으로서 자아, 우주의 궁극적 원리가 되는 힘으로 번역하는 것이다. 또 여기에 그치지 않고 '바탈'을 '본성', '상태', '성질'의 뜻으로 번역하기도 한다. 그래서 『기타』 번역에서 '바탈'은 하나의 뜻으로만 이해해서는 안 되고, 단어 풀이나 주석을 주의해 살필 필요가 있다.

---

43 7.30 함석헌 주석.

5. 다른 종교·철학의 언어로 번역

함석헌은 인도철학 용어를 불교, 도가사상, 기독교와 같이 다른 종교와 철학의 언어로 번역하기도 한다. 첫째, 불교 용어로 번역하는 경우다. 완성에 이른 지경 곧 해탈에 이른 지경을 '成滿位'(3.4; 7.3; 11.21)로도 번역하고, 사람들을 '중생'(5.15)으로도, 프라크리티를 '자성自性'(18.59)으로도, 본성svabhāva을 '자성自性'(18.41~18.44; 18.60)으로도, 지혜를 '지혜' 뒤에 '般若'(2.55)를 붙여서도 번역한다.

둘째, 도가사상 용어로 번역한 경우로는 '무위無爲'와 '유위有爲'가 대표적이다. 함석헌은 '유위'는 '행위'라는 뜻으로만 사용한다(4.14; 4.16). 반면에 '무위'는 두 가지 뜻으로 사용한다. 첫째, 무위란 행위를 하되 집착 없이 하는 행위다(3.4). 여기에서 무위의 원어인 '나이슈카르마naiṣkarmya'는 '무사無私한 행위'를 뜻한다. 즉, 행위를 하되, 이기적 욕망과 그에 따른 집착이 없이 하는 행위를 말한다. 이는 행위를 해도 행위하지 않는 것과 같은 것으로, 해탈의 경지고 노자가 말하는 무위의 경지다. 이 무위를 함석헌은 '초행작'[44]으로도 번역한다. 둘째, 무위란 아무 행위를 하지 않는 것이다(3.5; 4.16). 여기에서 무위의 원어는 '아카르마akarma'이고, 함석헌은 이 무위를 '비행(非行)'(3.8)으로도 번역한다.[45]

---

[44] '모든 행작을 초월한 지경'(18.49).

사람은 살아 있는 동안 행위하지 않을 수 없으므로, 『기타』에서는 행위를 아예 하지 않는 것(위의 둘째 뜻)을 비판하고, 행위를 하되 집착 없이 행위할 것(위의 첫째 뜻)을 권한다. 그런데 함석헌의 번역에서 '무위'라는 단어가 『기타』에서 권장하는 것과 비판하는 것의 두 가지 뜻으로 쓰이다 보니 독자에게 혼란을 줄 수 있다. 특히, 연달아 이어지는 두 시구에서 무위가 다른 뜻으로 쓰여 더욱 그러하다. 예를 들어, 『기타』 3.4와 3.5는 다음과 같다.

3.4 사람이 무위에 이르는 것은 행동하지 않음으로써 되는 것이 아니요, 또 단순히 그것을 내버림으로써 완전의 지경(成滿位)에 이르는 것도 아니다.[46]

3.5 어떤 사람도 비록 한 순간이라도 무위로 있을 수는 없다. 누

---

45 함석헌은 '나이슈카르먀'와 '아카르마'의 의미를 엄격하게 구분하지 않았다. 그는 '아카르마'를 집착 없이 하는 행위로도 해석하고(4.17-4.18), '아카르트리(akartṛ)' 곧 무행위자(4.13)를 집착 없이 하는 행위자로도 해석한다. 이는 그가 참고한 『기타』 주석자들의 영향을 받은 것으로 보인다. 4.13 '무위(akartaram)'의 단어 풀이 중 "무작(無作). 사실에 있어서 그는 모든 작위(作爲)의 보이지 않는 근본이지만 아무런 집착도 없이 하기 때문에 함이 없다고 한다"라는 부분은 라다크리슈난 주석에서 인용한 것이다. 4.17 '무행위(akarma)'의 단어 풀이인 "집착 없이 하는 행위(inaction, no-work)"는 데사이 주석에서 인용한 것이다. 4.18 '무위'의 해석은 라다크리슈난 주석의 영향을 받은 것으로 보인다. 라다크리슈난은 "아카르마 곧 무행위란 행위의 결과로 오는 얽매임이 없다는 뜻"이라고 주석한다.

46 na karmaṇām anārambhān naiṣkarmyaṃ puruṣo 'śnute / na ca saṃnyasanād eva siddhiṃ samadhigacchati //

구나 다 천성에서 나오는 충동에 의해 어쩔 수 없이 일을 하도록 되어 있기 때문이다.[47]

위에서 살펴본 무위의 두 가지 뜻 중『기타』3.4의 '무위'는 『기타』에서 권장하는 것이고, 3.5의 '무위'는『기타』에서 비판하는 것이다. 이와 같이 바로 연달아 나오는 시구에 '무위'가 다른 개념으로 쓰이므로 함석헌의『기타』번역에서 '무위'는 주의가 필요하다.

『기타 역주서』초판이 출간된 지 3년 후에,『기타』를 처음 원전어에서 한글로 번역하고 주석한 길희성의 역주서가 출간되었다.[48] 그는 함석헌처럼 '무위'를『기타』번역어로 사용하지만, 함석헌의 번역어 '무위'의 문제점을 알고 있었던 듯 개념에 따라 단어를 구분해 번역한다. 즉, '무사한 행위'라는 뜻만 '무위'로 번역하고(3.4; 18.49), '아무 행위를 하지 않음'이라는 뜻은 '무행위'로 번역한다. 길희성은『기타』3.4의 '무위'를 다음과 같이 주석한다.

---

47 na hi kaścit kṣaṇam api jātu tiṣṭhaty akarmakṛt / kāryate hy avaśaḥ karma sarvaḥ prakṛtijair guṇaiḥ //
48 길희성 역주,『바가바드기타』, 현음사, 1988.

무위(naiṣkarmya)는 아무런 행위도 하지 않는 무행위(akarman)와 구별되어야 한다. 무위는 행위로부터 자유로운 상태를 가리키는 개념이며, 이러한 상태는 단순히 아무 행위도 하지 않는 행위의 포기(saṁnyāsa)로 이루어지는 것이 아님을 말하고 있다. 도가의 무위(無爲) 개념을 빌려서 번역했다.

무사한 행위의 경지를 도가사상의 용어 '무위'로 번역한 것은 함석헌과 길희성이 같다.[49] 하지만 '무위'와 '무행위'를 구별한 점에서 길희성의 번역은 함석헌의 번역에 나타나는 혼란을 개선했다고 할 수 있다.

셋째, 기독교 용어로 번역한 경우다. 함석헌은 천상天上, svarga을 '천당'으로 번역한다(2.37; 2.43).[50] 함석헌이 『기타』를 기독교 용어로 번역한 경우는 드물다. 그런데 몇몇 번역어는 얼핏 보면 기독교 용어로 번역했다고 생각할 수 있어 이 점을 살펴보겠다. 이러한 번역어는 '하나님'과 '거룩하신 주'다.

먼저, 함석헌은 궁극적 실재의 번역어로 '신神', '주', '주님'과

---

49 길희성은 번역어 '무위'에 대해 "도가의 무위(無爲) 개념을 빌려서 번역했다"라고 말하고, 그보다 먼저 이 번역어를 사용한 함석헌의 번역을 참고했는지 여부는 언급하지 않는다. 한편 그는 「서문」에서 『기타』의 한글 번역본을 논할 때 『기타 역주서』를 한 번 언급한다. 길희성 역주, 「서문」, 『범한대역 바가바드기타』, 서울대출판문화원, 2010, v쪽.

50 '네가 죽으면 천당을 얻을 것이요'(2.37); '천당을 최고의 목적으로 삼는'(2.43).

더불어 '하나님'(11.44; 11.46)을 사용한다. 그의 번역에 따르면, 11장에서 아르주나는 지고신으로서 모습을 현현해 주는 크리슈나를 향해 '오, 하나님이시여'(11.44), '오, 일천 팔의 하나님'(11.46)이라고 부른다.[51] 하지만 여기에서 크리슈나를 '하나님'으로 번역한 것을 두고 함석헌이 기독교 용어로 번역했다고 볼 수는 없다. 왜냐하면 11장에서 아르주나는 크리슈나를 '오, 주시여'(11.4; 11.15), '오, 비슈누 신이시여'(11.30), '오, 흐리시케샤시여'(11.36) 등 다양하게 부르는데, 같은 11장에서 함석헌이 두 곳만 '하나님'이라는 번역어를 사용해 기독교의 신을 지칭하지는 않았을 것이기 때문이다. 또 함석헌의 다른 일차문헌에서 설명하는 '하나님' 개념을 보면, 그는 "하나님은 '한' 님이다. 다신이니 범신이니 유일신이니 하지만, 그건 신을 상대적으로 보는 것에 불과하다. '신이라면 하나일 수밖에 없다.' 하나란 수적인 개념이 아니라 '수로써 표시할 수 없는 절대적인 의미의 하나'이다"[52]라고 말한다. 다시 말해, 그에게 '하나님'은 신관이나 종교에 상관없이 '하나'인 절대적 실재를 부르는 이름이다. 그러므로 『기타』 번역 두 곳에 나오는 '하나님'은 함석헌이 기독교와

---

51 원어는 '오, 신이시여'(deva, 11.44); '오, 일천 팔을 가지신 이여'(sahasrabāho, 11.46).
52 함석헌, 「기독교 교리에서 본 세계관」, 『함석헌전집』 14권 『생각하는 백성이라야 산다』, 한길사, 1985, 249쪽.

힌두교에 상관없이 하나의 궁극적 실재를 지칭하는 용어라고 이해할 수 있다.

또 함석헌이 '하나님'을 하나의 궁극적 실재를 지칭하는 용어로 사용한다는 것은, 그가 우주의 궁극적 실재인 '브라흐만brah-man'을 풀이하는 데에서도 알 수 있다. 예를 들어, 브라흐만을 "범천(梵天), 하나님, 지고자, 절대자, 보편적인 본체(Universal Being)"(5.10 단어 풀이)라고 풀이하고, '브라만과 하나 됨'을 "하나님과 하나 됨"(6.27 단어 풀이)이라고 풀이한다.[53] 여기에서도 '하나님'이 기독교만의 용어가 아니고 그가 종교에 상관없이 하나의 궁극적 실재를 가리키는 용어라는 것을 알 수 있다.

다음으로, 함석헌의 『기타』 번역에는 '거룩하신 주 말씀하시기를'이라는 구절이 자주 나온다. 이 구절에서 '거룩하신 주'의 원어는 '슈리 바가반srī-bhagavān'이다. '슈리'는 성스러운, 거룩한이라는 뜻이고, '바가반'은 존귀한 자라는 뜻으로, 『기타』에서 이 '성스러운 존자尊者'는 크리슈나를 가리킨다. 그런데 크리

---

53 이밖에도 함석헌이 브라흐만과 하나님을 하나로 읽는 모습을 볼 수 있다. "브라만 혹은 하나님을 믿는다는 것은 또 내 속에 근본적으로 선의 씨가 있음을 믿는 것이다."(6.24 주석); "그러므로 자아 혹은 영혼, 즉 나의 참, 나의 불염성(不染性), 불멸성(不滅性), 불변성(不變性)을 믿는 것이 곧 하나님을 믿음이요 도(道)를 믿음이요 브라만을 믿음이다."(5.11 주석); "사람의 참 바탈은 브라만이 지닌 마음의 참 상태에서 나오는 것이기 때문이다. 나에서 보면 내 바탈이지만, 하나님의 자리에서 보면 그가 자기의 참을 나타내시는 것이 곧 우리가 우리의 바탈을 보는 것이다."(10.11 주석)

슈나가 신앙의 대상인 지고의 인격신이므로 많은 영역서에서는 '바가반'을 '주', '주님'이라는 뜻의 'the Lord'로 번역한다. 그리고 함석헌이 참고한 역서들의 번역을 대조하면,[54] 그의 번역어 '거룩하신 주'는 라다크리슈난이 번역한 "the Blessed Lord"를 번역한 것임을 알 수 있다. 얼핏 보면 '거룩하신 주'가 기독교에 친숙한 단어기 때문에 함석헌이 기독교 용어로 번역했다고 생각할지도 모르지만, 이 번역은 특별히 기독교적 번역이라기보다는 라다크리슈난의 번역을 따랐다고 이해하는 편이 적절하다.

6. 맺음말

이 장에서는 함석헌의 『기타』 번역을 네 가지 특징에 초점을 두어 살펴보았다. 첫째, 함석헌은 번역 저본을 한 권 정해서 그대로 번역하지 않고 여러 번역을 참고해 번역한다. 또 번역어를

---

[54] '거룩하신 주 말씀하시기를'이라는 구절은 『기타』 2.2에 처음 나온다. 『기타』 2장을 역주할 때 함석헌이 가지고 있었다고 추정되는 간디, 라다크리슈난, 바넷, 다카쿠스의 번역을 살펴보면 다음과 같다. "The Lord said"(간디); "The Blessed Lord said"(라다크리슈난); "The Lord spake"(바넷); "聖婆伽梵言く"(다카쿠스). 함석헌이 번역한 '거룩하신 주'는 라다크리슈난의 번역을 따른 것임을 알 수 있다.

선택만 하는 것은 아니고, 번역들을 참고하면서 나름대로 번역하기도 한다. 둘째, 번역이 어려울 때에는 고민을 드러낸다. 어려움을 토로한 대표적 단어는 '푸루샤'다. 그는 푸루샤의 여러 뜻도 알고 있었고 번역들도 참고하지만 번역을 고민하고 나름대로 번역한다. 그리고 다른 번역을 되도록 많이 소개해 독자가 직접 판단하도록 한다. 이 두 특징을 보면 이 장의 초반에 소개한 번역에 관한 그의 일반적 생각이 『기타』 번역의 경우에도 나타난다고 할 수 있다. 여러 번역을 참고하고, 단어의 진의를 고민하는 모습을 볼 수 있기 때문이다.

셋째, 한자어 단어를 순우리말로 번역하기도 한다. '짓'과 '씨짓', '얼씬것의 속올', '어진 이', '밭알이'와 같이 비교적 단순한 순우리말 번역어도 있다. 그리고 '바탈' 같은 순우리말 번역어는 한 단어가 여러 개념의 번역어로 쓰여 혼란스러우므로 주의가 필요하다. 마지막으로, 다른 종교와 철학의 언어로 번역하기도 한다. 불교, 도가사상, 기독교의 용어를 사용한다. 수가 많지는 않고, 대표적 예로 『기타』의 주요 개념인, 무사한 행위를 뜻하는 나이슈카르먀를 도가 용어인 '무위'로 번역했다.

이 장에서는 『기타』 번역을 네 가지 특징으로 살펴보았지만 이외에도 다룰 수 있는 특징은 많이 있을 것이다. 또한 번역에는 역자의 해석이 반영되므로 그의 '『기타』 번역'에 대한 연구는 '주석'에 대한 연구만큼 앞으로 다양한 연구가 나올 수 있는 분야라고 여겨진다. 또 『기타』의 번역만이 아니라 '『기타』주석'의 번역을 살펴보는 것으로도 연구 범위를 확장할 수 있을 것이다.

3장

『기타』 주석의 인용

앞에서 밝혔듯이 『기타 역주서』는 크게 '『기타』 본문', '단어 풀이', '주석'이라는 세 부분으로 나눌 수 있다.[1] 이 가운데 '주석'은 크게 두 부분으로 나눌 수 있다. '『기타』 주석의 인용'과 '자주'다. '『기타』 주석의 인용'이란 함석헌이 『기타』 주석서에서 인용한 주석을 말한다. '자주'란 그가 쓰거나 썼다고 추정되는 주석, 그리고 『기타』 주석서 외 문헌에서 인용한 주석을 말한다. 이 장에서는 『기타 역주서』의 '주석' 중 '『기타』 주석의 인용'을 살펴보고, 다음 장에서는 '자주'를 살펴보겠다.

함석헌의 『기타』 역주가 『씨올의 소리』에 한창 연재 중이던 1978년에 『기타』 역주에 대한 독자의 독후감이 실린 적이 있다. 독후감에는 "욕심같으면 註釋者와 出典등의 소개가 있었으면 합니다만 단행본으로 나올때면 모두 보완될 줄 압니다"[2]라는 내용이 있다. 당시 『기타』 역주의 많은 독자가 이 글에 공감했으리라 생각되는데, 이 글이 실린 지 40년이 지나도록 주석자와 주석의 출전이 아직 소개된 적이 없다. 또 『기타 역주서』에 관한 연구물 중에는, 함석헌이 인용한 간디 주석의 출전이 불명하다는 내용이 있다.[3] 하지만 간디 주석의 출전은 분명하다. 두 사

---

1 이 책의 1장에서 밝혔듯이, '단어 풀이'와 '주석'은 모두 주석에 해당하지만 분석을 위해 편의상 둘로 나누어 살펴본다.
2 이인열, 「독후감—「바가받 기타」를 읽고」, 『씨올의 소리』 72호, 1978.3~4, 102쪽. 띄어쓰기는 원문대로.

례를 볼 때, 『기타』 주석의 인용을 다루려고 할 때 무엇보다 시급한 과제는 주석의 출전을 밝히고 주석자들을 소개하는 것이라고 판단된다. 그래서 이 장에서는 주석의 출전과 주석자 소개에 초점을 맞추어 『기타』 주석의 인용을 살펴보겠다. 함석헌이 참고하는 주석서들은 번역을 기본으로 하기 때문에 '역주서', '역주자'라는 표현이 정확하겠지만, 이 장에서는 주석에 초점을 두기 위해 '주석서', '주석자'라는 표현도 함께 사용하겠다.

1. 인용된 『기타』 주석의 출전

함석헌이 인용한 『기타』 주석자는 모두 열 명이다. 그들은 라다크리슈난, 간디, 데사이, 마헤슈, 틸라크, 프라부파다, 힐, 바넷, 다카쿠스, 쯔지다. 함석헌은 이 가운데 앞 여섯 명, 곧 라다크리슈난, 간디, 데사이, 마헤슈, 틸라크, 프라부파다의 주석을 자주 인용하고, 뒤 네 명, 곧 힐, 바넷, 다카쿠스, 쯔지의 주석은 훨씬 덜 인용한다. 앞의 여섯 명은 인도인이고, 힐과 바넷은 영

---

3   "함석헌이 '간디'라고 하고서 인용한 책이 무엇인지 불명하다." 박홍규, 「함석헌과 간디의 종교관 비교ー『바가바드기타』에 대한 해석을 중심으로」, 『석당논총』 56, 2013, 89쪽.

국인, 다카쿠스와 쯔지는 일본인이다. 그리고 일본어 주석서 두 종을 제외하면 모두 영어 주석서다.

함석헌은 그가 인용한 『기타』 주석서의 출전을 밝히지 않았다. 필자의 조사에 의하면 각 주석서의 서지 정보는 다음과 같다.[4] 간디와 데사이의 주석은 한 권에 담겼기 때문에 한데 소개한다.

① 라다크리슈난

Radhakrishnan, Sarvepalli(1948). *The Bhagavadgītā : With an Introductory Essay, Sanskrit Text, English Translation and Notes.* London : George Allen & Unwin Ltd.

② 간디, 데사이

Desai, Mahadev(1946). *The Gospel of Selfless Action or the Gita according to Gandhi : Translation of the Original in Gujarati, with an Additional Introduction and Commentary.* Ahmedabad, India :

---

4 라다크리슈난과 힐의 주석서는 초판으로 소개한다. 라다크리슈난의 주석서는 초판 (1948)이 출간된 이듬해 개정판인 2판(1949)이 나왔다. 힐의 주석서는 초판(1928) 이후 축약본인 2판(1953)이 나왔다. 필자는 두 주석자의 경우 초판을 구할 수 없어 2판을 참고했고, 2판은 함석헌의 인용과 잘 맞는다. 하지만 초판을 참고하지 못해 함석헌이 어느 판본을 사용했는지 알 수 없으므로 두 주석자의 주석서는 초판으로 소개한다.

Navajivan Publishing House.

③ 마헤슈

Yogi, Maharishi Mahesh(1967). *Maharishi Mahesh Yogi on the Bhagavad-Gita : A New Translation and Commentary with Sanskrit Text, Chapters 1 to 6.* London : International SRM Publications.

④ 틸라크

Tilak, Bal G.(1936). *S'rīmad Bhagavadgītā Rahasya or Karma-Yoga-S'āstra.* 2 vols. Vol. II. Trans., by Bhalchandra S. Sukthankar. Poona, India : Tilak Brothers.

⑤ 프라부파다

Prabhupāda, A. C. Bhaktivedanta Swami(1972). *Bhagavad-gītā As It Is : With Roman Transliteration, English Equivalents, Translation and Elaborate Purports.* New York : The Macmillan Company.

⑥ 힐

Hill, W. Douglas P.(1928). *The Bhagavadgītā.* Oxford : Oxford University Press.

⑦ 바넷

Barnett, Lionel D.(1938). *"Bhagavadgītā : The Lord's Song"*, in *Hindu Scriptures : Hymns from the Rigveda, Five Upanishads, the Bhagavadgita*, edited by Nicol Macnicol. Everyman's Library. London : J. M. Dent & Sons Ltd., pp. 225~287.

⑧ 다카쿠스

高楠 順次郎^{다카쿠스 준지로}(1930). 「聖婆伽梵神歌」, 『世界聖典全集』, 前輯, 第6卷『印度古聖歌』. 世界聖典全集刊行会, 東京 : 改造社, pp. 1~136.

⑨ 쯔지

辻 直四郎^{쯔지 나오시로}(1980). 『バガヴァッド・ギーター』. インド古典叢書. 東京 : 講談社.

함석헌이 인용한 『기타』 주석서는 아홉 종이고, 인용한 『기타』 주석은 모두 열 개다. 이어서 『기타 역주서』에서 열 개 주석이 차지하는 비중을 살펴보겠다.

2. 인용된『기타』주석의 횟수와 분량

『기타 역주서』에서 열 개 주석이 차지하는 비중을 파악하기 위해, 인용된『기타』주석의 횟수와 분량을 알아보겠다. 횟수와 분량을 함께 보는 이유는 인용되는 횟수는 많아도 분량은 적을 수 있고, 횟수는 적어도 분량은 많을 수 있기 때문이다. 계산의 기준은 다음과 같다.

1) 계산 기준

(1) 주석만 대상으로 한다.

『기타 역주서』의 '주석'만 대상으로 해『기타』주석이 인용된 곳을 계산한다.『기타』주석은 '주석'만이 아니라 '단어 풀이'에도 인용된다. 하지만 단어 풀이는 다음의 두 가지 이유로 계산의 대상에서 제외한다. 첫째, 단어 풀이는 모든 출처를 정확하게 알기 어렵다. 단어 풀이는 모두 함석헌이 직접 풀이한 것이 아니고『기타』주석의 인용도 많이 포함하고 있다. 그런데『기타 역주서』의 단어 풀이를『기타』주석의 원본과 대조하면, 출처를 정확하게 알 수 있는 곳도 있지만 알 수 없는 곳도 많다. 예를 들어, 한 단어로 끝나거나 몇 단어의 나열로 끝나는 짧은 풀이[5]의 경우 모든 출처를 정확하게 알 수 없다. 이와 달리, 주석은 모든 출처를 거의 정확하게 알 수 있다. 둘째, 한 단어로 끝나거나 몇 단어의 나열로 끝나는 짧은 단어 풀이의 경우 수치화해 분석하는 대상으로 삼기에 어려움이 있다. 이와 달리, 주석은 줄 수로 분량을 계산하면 되므로 수치화하기에 큰 어려움이 없다. 그러므로 비록 단어 풀이에도 『기타』 주석이 인용되어 있지만, 모든 출처를 정확하게 알기 어렵고 수치화하기 어려우므로 계산의 대상에서 제외하고, '주석'에 인용된 『기타』 주석만을 계산의 대상으로 삼는다.[6]

(2) 횟수는 나오는 대로, 분량은 줄 수로 계산한다.

횟수는 주석 출처의 횟수를 말하고, 나오는 대로 계산한다. 즉, 한 시구의 주석에서 출처에 같은 주석자가 두 번 나오면 두 번을 모두 횟수에 넣는다. 분량은 줄 수로 계산한다.[7] 그리고 주석 출처에 오류가 있는 곳[8]은 교정한 출처로 계산한다. 예를 들어, 주석 출처에 함석헌이라고 표기되었지만 원본 확인 결과 라

---

5 특히 『기타』 9~18장의 단어 풀이에 많다.
6 『기타』 각 장의 맨 끝에 있는 콜로폰(colophon)은 『기타』의 원문이므로 주석에 포함되지 않는다. 예를 들어, 『기타』 1장의 콜로폰은 다음과 같다. "이것이 『바가바드기타』라는 『우파니샤드』, 절대의 학문, 요가의 경전, 크리슈나와 아르주나 사이의 대화의 제1장, 아르주나의 고민 편이다."
7 13.20 데사이 주석에 있는 도표는 줄 수에서 제외한다.
8 이 책 38쪽 〈표 2〉 '주석 출처 오류' 참고

다크리슈난의 주석이라고 판명되었을 때, 그 출처는 라다크리슈난의 주석으로 계산한다. 또 주석 출처에 데사이로 표기되었지만 원본 확인 결과 주석의 '일부'가 틸라크의 주석으로 판명되었을 때, 그 일부는 틸라크의 주석으로 계산한다.

(3) 제3의 자료는 그 자료를 인용한 '주석자'의 주석으로 계산한다.

주석자들 가운데 데사이와 라다크리슈난은 자기 말로 주석하는 일 외에도 다른 자료를 자주 인용한다. 그들이 자기 주석에서 인용한 자료를 편의상 '제3의 자료'라고 부르겠다. 함석헌은 제3의 자료를 따로 빼서 주석 출처로 만들기도 하는데, 주석 출처 중 제3의 자료는 이 자료를 원래 인용한 '주석자'의 주석으로 계산한다. 이를 구체적으로 설명하면 다음과 같다.

우선, 데사이의 경우부터 살펴보면, 함석헌은 데사이가 인용하는 제3의 자료를 출처에 표기할 때, 어떤 때는 '데사이'로 밝히고, 어떤 때는 데사이의 이름 없이 '제3의 자료'로 밝힌다. 예를 들어, '데사이가 자기 주석에서 인용한 간디의 글'을 함석헌이 출처로 표기할 때, '간디'로 표기하거나, 간디 글의 출처인 '『청년 인도』', '『하리잔』', '『예라브다 만디르』'로 표기하거나, '간디'와 '간디 글의 출처'를 함께 밝힌다. 하지만 함석헌이 출처에 밝힌 제3의 자료는 원래는 데사이 주석에 들어 있으므로 주석자 데사이에 포함해 계산한다.

이렇게 하는 이유는, '간디가 『기타』에 직접 단 주석'과 '데사이 주석에 있는, 데사이가 인용한 간디의 글'을 구분하기 위해서다. 전자는 『기타』에 대한 간디 주석이지만 후자는 『기타』에 대한 간디 주석이 아니다. 『기타 역주서』에서 데사이 주석과 간디 주석은 분량이 상당하고, 둘을 구분하지 않으면 주석 출처에 '간디'라고 표기된 부분은 모두 『기타』에 간디가 직접 단 주석이라고 쉽게 오해할 수 있다. 그러므로 '『기타』에 대한 직접 주석'과 '주석자가 인용한 제3의 자료'를 구분하기 위해, 제3의 자료는 그 자료를 인용한 '주석자'의 주석으로 계산한다. 다음은 주석 출처 중 제3의 자료를 데사이로 계산한 곳이다.[9]

⟨표 9⟩ 데사이 주석으로 계산한 곳

	해당 시구	주석 출처
1	1.1	간디(둘째 주석 "『기타』는 역사적인 (…중략…) 속삭여주시는 이이다.")
2	2.47	간디
3	2.55	에케르트
4	2.59	십자가의 성 요한
5	2.62	『바가바타 푸라나』

---

9 이 표를 대상으로 한 인용 횟수의 계산은, 주석 출처에 제3의 자료가 나오는 횟수만큼 데사이의 주석으로 계산한다. 예를 들어, 한 시구에 대한 주석의 출처에 제3의 자료가 세 번 나오면 '데사이 3회'가 된다. 또 한 시구에 대한 주석의 출처에 '데사이'가 한 번 나오고 '제3의 자료'가 한 번 나오면 '데사이 2회'가 된다.

	해당 시구	주석 출처
6	2.72	에케르트
7		『청년 인도』
8	3.12	『예라브다 만디르』
9		『하리잔』
10	3.13	『베다경』
11		「고린도전서」
12	3.14	『예라브다 만디르』
13	3.23	「마태복음」
14		『청년 인도』
15	3.33	베이컨
16	3.35	간디(둘째 단락 "제 이웃에 (…중략…) 적용한 것이다.")
17	3.39	『담마파다』
18	4.13	간디
19	5.15	간디(『청년 인도』, 1926. 1. 26)
20	5.18	『하리잔』
21	5.19	「요한1서」(두 개)
22	6.5~6.6	『법구경』(네 개)
23		『코란』
24		『그리스도 모방』
25	7.3	『법구경』
26	9.29	「요한복음」
27	12. 서론	『청년 인도』
28	14. 서론	간디(『청년 인도』, 1928. 12-1)

마찬가지로, 라다크리슈난도 자기 주석에서 다른 자료를 많이 인용한다. 라다크리슈난이 자기 주석에서 인용한 제3의 자료를, 함석헌은 어떤 때는 '라다크리슈난'으로 출처를 밝히고,

어떤 때는 라다크리슈난의 이름 없이 '제3의 자료'로 밝힌다. 하지만 함석헌이 출처에 밝힌 제3의 자료는 원래는 라다크리슈난 주석에 들어 있으므로 주석자인 라다크리슈난에 포함시킨다. 다음은 주석 출처 중 제3의 자료를 라다크리슈난으로 계산한 곳이다.[10]

〈표 10〉 라다크리슈난 주석으로 계산한 곳

	해당 시구	주석 출처
1	2.45	아파스탐바
2		『우파니샤드』
3	2.46	『마하바라타』
4	2.61	루크레티우스
5	3.22	『마하바라타』
6	3.39	마누
7	4.7	『바가바타』
8	5.21	로렌스 형제
9	9.6	슈리다라
10	9.30	샹카라
11	12.4	간디(「감옥에서 나오는 노래」)
12	14.19	아난다기리

---

10 이 표를 대상으로 한 인용 횟수의 계산은, 주석 출처에 제3의 자료가 나오는 횟수만큼 라다크리슈난의 주석으로 계산한다. 예를 들어, 한 시구에 대한 주석의 출처에 제3의 자료가 두 번 나오면 '라다크리슈난 2회'가 된다. 또 한 시구에 대한 주석의 출처에 '라다크리슈난'이 한 번 나오고 '제3의 자료'가 한 번 나오면 '라다크리슈난 2회'가 된다.

(4) 재판 1쇄에 누락된 문장은 되살려 계산한다.

재판 1쇄에는 초판의 문장이 누락된 곳이 세 군데 있다.[11] 세 곳은 주석에 포함해 계산한다.[12]

〈표 11〉 누락된 문장을 되살려 계산한 곳

주석 출처(초판)	재판 1쇄에 누락된 문장
2.47 데사이	"코란은 같은 생각을 다시금 다시금 강조한다."
8.4 함석헌	"그리고 에브리맨스 문고판에는 "생겨나 있는 것들의 주(主)는 꺼질 수 있는 존재요, 신들의 주는 남성이며, 사람 중의 가장 잘난 자요, 희생의 주는 이 몸으로 있는 '나'니라"로 되어 있고,"
8.25 데사이	"즉 밝은 길이란 지식의 길이고 어두운 길이란 무지의 길이다."

(5) 열 개 『기타』 주석에 없는 주석은 제외한다.

주석 가운데에는, 주석 출처에는 『기타』 주석자로 표기되었지만 주석서 원본과 대조한 결과 원본에 없는 주석이 있다. 이들은 계산의 대상에서 제외한다. 〈표 12〉의 다섯 경우다. 이 다섯 곳은 열 개 『기타』 주석의 원본에 없으므로 계산의 대상에서 제외한다. 이 부분은 이 책의 다음 장 '자주'에서 다시 다루겠다.

---

11 세 곳이 누락된 상세한 자리는 이 책 42쪽 〈표 3〉 '편집 오류' 참고

12 누락된 문장의 분량은, 2.47 데사이는 한 줄, 8.4 함석헌은 석 줄, 8.25 데사이는 한 줄로 계산해 추가한다.

〈표 12〉『기타』주석의 인용에서 제외된 곳

주석 출처	주석 내용
4.22 라다크리슈난	첫 단락(""상대로 보기를 (…중략…) 없음"(至樂無樂)이라고 한다.")
5.18 라다크리슈난	둘째 주석의 첫 단락(""개를 먹는 (…중략…) 받는 자다.")
10.7 프라부파다	첫 단락("영광은 원어로는 (…중략…) 환력(幻力)이라 했다.")
14.2 라다크리슈난	첫 단락("힌두교의 신앙에서는 (…중략…) 인생의 이상이다.")
18.16 라다크리슈난	둘째 단락("이 다섯 (…중략…) 문제가 많다.")

(6) 특이한 경우

특이한 경우가 두 군데 있다. 첫째, 주석 가운데에는, 주석 출처는 '라다크리슈난'이라고 표기되었지만, 주석 내용은 라다크리슈난과 데사이의 주석을 합친 주석이 있다(13.26). 이 주석은 대부분 데사이의 주석이므로 데사이를 주석 출처에 추가하고, 두 주석자의 주석을 떼어 계산한다.[13] 둘째, 초판에서는 주석 형식이었는데 재판 1쇄에서 단어 풀이 형식으로 바뀌면서, 주석 출처에 혼란이 생긴 문장이 있다(17.3).[14] 이 문장은 원래 라다크리슈난의 주석이므로 해당 주석자의 주석으로 계산한다.[15]

이상으로 계산 기준을 요약하면, 주석만 대상으로 계산하고,

---

13 그렇게 하면, 데사이는 1회 10줄("샹카라는 말하기를 (…중략…) 어려움의 절정인데"), 라다크리슈난은 1회 2줄("그 둘의 (…중략…) 결합은 끝난다.")이 된다.
14 이 책의 1장, 2. 문제점과 개선 방안 참고.
15 분량만 두 줄을 추가한다.

횟수는 나오는 대로, 분량은 줄 수로 계산한다. 제3의 자료는 그 자료를 인용한 '주석자'의 주석으로 계산한다. 재판 1쇄에서 누락된 문장은 되살려 계산하고, 열 개 『기타』주석에 없는 주석은 제외한다. 특이한 두 주석은 각각 주석자에 맞게 계산한다.

2) 인용 횟수와 분량

『기타』주석이 인용된 횟수와 분량은 〈표 13〉과 같다.[16]

〈표 13〉 인용 횟수			인용 분량		
순위	주석자	인용 횟수	순위	주석자	인용 분량
1	라다크리슈난	234	1	라다크리슈난	2,630
2	데사이	94	2	마헤슈	1,414
3	간디	64	3	데사이	1,014
4	마헤슈	60	4	틸라크	941
5	틸라크	50	5	간디	425
6	프라부파다	20	6	프라부파다	350
7	힐	3	7	힐	76
8	다카쿠스	1	8	다카쿠스	44
8	바넷	1	9	바넷	6
8	쯔지	1	10	쯔지	1

표를 보면, 『기타 역주서』에 인용되는 열 개 주석 가운데 활발하게 인용되는 주석은 여섯 개이다. 즉, 라다크리슈난, 데사

---

16 인용 횟수와 분량의 상세한 출처는 이 책의 '부록', 2. 『기타』주석의 인용 횟수와 분량 참고

이, 간디, 마헤슈, 틸라크, 프라부파다의 주석이다. 그리고 힐, 다카쿠스, 바넷, 쯔지의 주석은 상위 여섯 주석보다 인용된 횟수와 분량이 현격하게 적다.

이어서 열 개 주석의 인용이 『기타 역주서』 총 열여덟 장에 분포된 모습을 살펴보겠다.[17]

〈표 14〉 열 개 주석의 인용이 『기타 역주서』에 분포된 모습

주석자	1장	2장	3장	4장	5장	6장	7장	8장	9장	10장	11장	12장	13장	14장	15장	16장	17장	18장
라다크리슈난	○	○	○	○	○	○	○	○	○	○	○	○	○	○	○	○	○	○
데사이	○	○	○	○	○	○	○	○	○	○	○	○	○	○	○	○	○	-
간디	○	○	○	○	○	○	-	○	○	-	-	○	○	○	○	-	-	-
마헤슈	-	-	-	○	○	○	-	-	-	-	-	-	-	-	-	-	-	-
틸라크	-	-	-	-	-	-	○	○	○	○	○	○	○	○	○	○	○	○
프라부파다	-	-	-	-	-	-	○	○	○	○	-	-	○	-	-	-	-	○
힐	-	-	-	-	-	-	-	-	-	-	-	-	-	-	○	-	○	○
다카쿠스	-	○	-	-	-	-	-	-	-	-	-	-	-	-	-	-	-	-
바넷	-	○	-	-	-	-	-	-	-	-	-	-	-	-	-	-	-	-
쯔지	-	-	-	-	-	-	-	-	-	-	-	-	-	-	-	-	-	○

표를 보면, 모든 주석이 『기타 역주서』 열여덟 장에 골고루 인용되는 것은 아님을 볼 수 있다. 대체로, 라다크리슈난, 데사이, 간디의 주석은 전체적으로 인용되고, 마헤슈, 틸라크, 프라

---

17 이 표는 '주석 출처'만 대상으로 한 것이고, '단어 풀이'와 '주석 내용'에 언급되는 주석자들까지 표시한 것이 아니므로 주의가 필요하다.

부파다의 주석은 부분적으로 인용되고, 힐, 다카쿠스, 바넷, 쯔지의 주석은 더 단편적으로 인용된다. 또한 주석자들이 인용되기 시작하는 시점도 다른 것을 볼 수 있다. 라다크리슈난, 데사이, 간디는 1장부터, 다카쿠스와 바넷은 2장부터, 마헤슈는 4장부터, 틸라크와 프라부파다는 7장부터, 힐은 15장부터, 쯔지는 18장부터 인용된다. 이제『기타』주석이 인용된 횟수와 분량, 그리고 분포된 모습을 바탕으로, 각 주석자를『기타 역주서』와 관련된 범위 안에서 간략하게 소개하겠다.

3. 주석자 소개

1) 라다크리슈난

라다크리슈난 주석은 인용 횟수와 분량에서 압도적 1위다. 양쪽에서 2위와 격차가 크다. 또 주석자들 가운데 유일하게『기타 역주서』열여덟 장에 빠짐없이 인용된다. 그래서 함석헌은 주석자들 가운데 라다크리슈난 주석에 가장 의지한다고 말할 수 있다.

라다크리슈난Sarvepalli Radhakrishnan(1888~1975)은 인도의 현재 타밀 나두Tamil Nadu 주 티룻타니Tiruttani에서 태어났다. 대학의 철학과 교수와 부총장, 외교 대사, 인도의 부통령(1952~1962)과 대통령(1962~1967)을 지냈다. 그는 인도의 여러 경전을 역주했고 그중에 『기타』역주서(1948)가 있다. 그의 『기타』역주서는 『기타』의 한 시구에 대해 대체로, 『기타』본문(산스크리트어의 로마자), 『기타』본문의 영역英譯, 단어 풀이, 주석으로 이루어졌다. 단어 풀이가 많고, 주석의 분량은 길지 않은 편이다.

라다크리슈난의 철학은 힌두철학[18] 가운데 베단타Vedānta 철학에 기반을 둔다. 베단타 철학이란 우주의 궁극적 실재인 브라흐만을 탐구하고 브라흐만과 나의 관계를 탐구하는 철학이다. 그는 『기타』주석에서 베단타 철학자들의 『기타』주석을 자주 소개하는데, 그들은 샹카라Śaṅkara(8세기), 라마누자Rāmānuja(11세기), 마드바Madhva(13세기), 베단타 데시카Vedānta Deśika(13세기), 아난다기리Ānandagiri(13세기), 슈리다라Śrīdhara(15세기), 마두수다나 사라스바티Madhusūdana Sarasvatī(16세기)다.[19] 함석헌은 라다크리슈난의 주석을 가장 자주, 가장 다량 인용하기 때문에 『기타 역주서』에서도 베단타 철학의 주석자들을 자주 볼 수 있다. 그런데

---

18 힌두철학은 크게 여섯 학파로 나뉜다. 바이셰시카(Vaiśeṣika) 철학, 느야야(Nyāya) 철학, 상크야(Sāṃkhya) 철학, 요가(Yoga) 철학, 미망사(Mīmāṃsā) 철학, 베단타(Vedānta) 철학.
19 나혜숙, 「함석헌의 『바가바드 기타』 주석에 나타나는 인용 모음 주석법의 재해석」, 『인도철학』 46, 2016, 94쪽 참고

라다크리슈난의 철학은 베단타 철학의 여러 분파 가운데, 브라흐만과 내가 둘이 아님을 주장하는 불이론不二論, Advaita 베단타 철학에 기반을 두고 있어 그가 인용하는 베단타 철학자들에는 불이론 철학자가 많다. 위에 나열된 주석자들 중에는 샹카라, 아난다기리, 슈리다라, 마두수다나 사라스바티고, 그중 불이론의 대표적 철학자인 샹카라를 가장 자주 볼 수 있다. 함석헌은 샹카라, 아난다기리, 슈리다라는 따로 주석 출처로 만들기도 한다.[20]

라다크리슈난은 동서양의 철학과 종교를 비교하고, 인도와 서양 간에 사상적 보편성이 있음을 보이기 위해 노력했다. 그가 쓴 『동서양의 종교East and West in Religion』[21], 『동양 종교와 서양 사상Eastern Religions and Western Thought』[22]은 이러한 노력의 결실이다. 이지수의 말을 빌리면, 라다크리슈난은 "동서문화의 종합이라는 거대한 비젼을 갖고, 인도의 지혜와 전통적 철학을 서양의 언어와 현대적 개념으로 재해석하였고, 더 나아가 동서 종교들의 보편적 단일성에 기반한 통합되고 평화로운 하나의 세계를 구상하였다."[23] 인도와 서양을 비교하고 보편성을 중시하는 라

---

20 샹카라(9.30); 아난다기리(14.19); 슈리다라(9.6).
21 Sarvepalli Radhakrishnan, *East and West in Religion,* London : George Allen & Unwin Ltd., 1933.
22 Sarvepalli Radhakrishnan, *Eastern Religions and Western Thought*, London : Oxford University Press, 1939.
23 이지수, 「하나의 세계와 종교간의 만남에 있어서 현대 인도종교들의 비젼」, 『종교

다크리슈난의 성향에 따라, 그의『기타』주석에도 서양의 철학, 종교, 문학을 언급하거나 인용하며『기타』와 서양 사상 간의 공통점을 논하는 곳이 많다. 그리고『기타 역주서』에서 함석헌은 라다크리슈난 주석에 있는 이러한 내용을 많이 인용한다.

2) 간디

간디 주석은 인용 횟수와 분량의 순위가 데사이 주석보다 낮다. 하지만 데사이 주석은 간디 주석에 데사이가 주석을 덧붙인 것이므로 간디 주석을 먼저 다루겠다. 간디 주석은 인용 횟수는 3위, 분량은 5위다. 인용 횟수가 많은 것은 함석헌이 간디 주석을 부지런히 참고했다는 것을 말해 주고, 인용 분량이 적은 것은 간디 주석 자체가 분량이 적은 데에 기인한다. 간디 주석은 『기타 역주서』의 열두 장(1~6, 8~9, 12~15장)에 인용된다.

간디^{Mohandas Karamchand Gandhi}(1869~1948)는 인도 구자라트^{Gujarat} 주 포르반다르^{Porbandar}에서 태어났다. 남아프리카와 인도에서 사트야그라하^{Satyāgraha} 운동, 곧 비폭력 저항 운동을 벌이며 각각 인권차별법의 폐지와 인도의 독립을 위해 투쟁하고, 말년에는 달리트^{dalit}(불가촉천민)의 지위 향상을 위해 노력했다. 60세(1929)에 그는 독립운동 중 투옥되어 있던 예라브다 감옥^{Yeravda}

연구』5, 1989, 144쪽.

Central Jail에서 『기타』를 구자라트어Gujarati로 역주하고, 이듬해 이를 『무집착의 요가Anāsakti Yoga』라는 제목으로 출간한다(1930). 여기에서 '무집착無執着'이란 행위를 하되 행위의 결과에 집착하지 않는 것으로서, 크리슈나가 가르치는 세 요가 중 '행위의 요가'를 달리 표현한 것이다. 역주서의 제목을 '무집착의 요가'로 지은 데에서 그가 세 요가 중 행위의 요가를 중시한다는 것을 알 수 있다. 역주자 간디의 최대 관심사는 『기타』의 메시지를 잘 전달하는 것이었고, 『기타』를 학문적으로 설명하는 것이 아니었다. 그는 『기타』 역주의 대상 독자를 글을 읽지 못하고 가난한 구자라트 민중으로 삼고, 어려운 용어 없이 이해하기 쉽고 짧게 『기타』를 설명하려고 했다. 주석은 자주 달려 있지 않고, 있어도 짤막하며, 주로 시구의 요지를 말하거나 시구에 대한 해설이다. 단어 풀이는 드물고, 다른 자료를 인용하는 일도 거의 없다.[24]

---

24 국내에 번역된 『평범한 사람들을 위해 간디가 해설한 바가바드 기타』(이현주 옮김, 당대, 2001)는 함석헌의 『기타 역주서』에 인용된 간디의 『기타』 역주서가 아니다. 간디는 『기타』를 역주하기 전인 1926년, 아메다바드(Ahmedabad) 아슈람에서 아침 예배 시간에 『기타』를 해설했다. 『평범한 사람들을 위해 간디가 해설한 바가바드 기타』는 이 해설을 기록해 책으로 출간한 것이다. 원서는 Mohandas K. Gandhi, *M. K. Gandhi Interprets the Bhagavadgita*, New Delhi : Orient Paperbacks, [1980]1991.

3) 데사이

데사이 주석은 인용 횟수는 2위, 분량은 3위다. 그리고 『기타 역주서』의 한 장(18장)을 제외한 모든 장에 인용된다. 그의 주석은 라다크리슈난 다음으로 자주 인용되고, 간디보다 인용 횟수와 분량이 상위다. 간디와 데사이 주석을 합치면 인용 횟수와 분량의 순위가 모두 2위가 되니, 함석헌이 간디와 데사이의 주석이 담긴 한 권의 주석서에 크게 의지한다는 것을 알 수 있다.

데사이[Mahadev Desai](1892~1942)는 인도 구자라트 주 수라트[Surat] 지구地區에서 태어났다. 간디는 남아프리카 생활을 마치고 인도에 귀국(1915)한 후 사트야그라하 운동을 벌이는 과정에서 코츠라브[Kochrab]에 세웠던 아슈람[ashram]을 사바르마티[Sabarmati]로 옮긴다(1917). 데사이는 25세(1917)에 사바르마티 아슈람에 합류한 것을 시작으로, 비서로서 평생 간디를 수행하며 간디와 관련된 일들을 기록하고 독립운동을 함께 했다. 데사이는 작가이자 번역가이기도 했다. 그리고 그가 번역한 책들 가운데 간디의 『기타』 역주서가 있다. 그는 구자라트어로 쓰인 간디의 『무집착의 요가』를 영어로 번역하고, 간디 주석에 자기 주석을 덧붙이고, 긴 서문을 썼다(1933~1934). 그는 독립운동 중 수감되었다가 옥사獄死해(1942), 원고가 그의 생전에는 책으로 출간되지 못하고 사후死後에 간디의 서문을 담아 출간되었다(1946). 이 책이 함석헌이 인용하는 간디와 데사이의 역주서다. 제목은 『무사無私한 행위의 복음, 즉 간디에 의한 기타[25]The Gospel of Selfless Action or the Gita according to Gandhi』(이하 『간디에 의한 기타』로 약칭)다.

『간디에 의한 기타』는 간디 주석과 데사이 주석이 한데 담긴 책으로, 간디의 『기타』 역주에 데사이가 주석을 덧붙였다. 『기타 역주서』에서 데사이 주석은 "간디 번역에 있는 마하데브 데자이의 보주(補註)"(2.16 단어 풀이), "간디의 번역에 주석을 보태는 마하데브 데자이"(8.22 함석헌의 둘째 주석), "『간디에 의한 기타』(Gita According to Gandhi) 중에 기록되어 있는 마하데브 데자이의 설명"(13.20 함석헌 주석)이라고 표현된다. 데사이의 역주서는 대체로[26] 『기타』 본문(데바나가리[27]), 『기타』 본문의 영역(즉, 간디 번역의 영역), 간디 주석의 영역, 데사이의 주석으로 이루어졌다. 데사이의 주석은 많은 시구에 달렸고 길이는 그다지 길지 않은 편이다. 간디 주석은 주로 시구의 요지를 말하고 단어 풀이가 드문 반면에, 데사이 주석은 간디 주석을 보충하려고 하므로 단어 풀이에도 많은 주의를 기울였다.

---

25 "간디에 의한 기타"는 함석헌의 번역어다(13.20 함석헌 주석). 이 책에서는 함석헌의 번역어로 간디 주석서의 제목을 사용하겠다.
26 간디의 주석이 없는 곳도 있고, 데사이의 주석이 없는 곳도 있고, 둘 다 없는 곳도 있다. 하지만 둘 다 있을 때에는 대체로 이러한 형식을 띤다.
27 여기에서 데바나가리(devanāgarī)란 산스크리트어 문자를 가리킨다.

데사이는 주석에서 간디의 글을 많이 인용한다. 『기타 역주서』의 주석 출처에 있는 『청년 인도』, 『하리잔』, 『예라브다 만디르』는 간디의 『기타』 주석이 아니고, 데사이가 자기 주석에 인용한 간디의 글을 함석헌이 주석 출처로 만든 것이다. 『청년 인도Young India』(1919~1931)는 간디가 남아프리카에서 인도에 귀국한 후 사트야그라하 운동을 전개하면서 이 운동을 대중에 알리고 교육하기 위해 발행한 주간지다. 『하리잔Harijan』(1933~1948)은 간디가 달리트의 지위를 향상하고 농촌의 빈곤을 해결하려는 운동에 전념하기 위해 『청년 인도』의 이름을 바꾸어 발행한 주간지다. '하리잔'(직역하면 '신의 자녀')이란 간디가 달리트를 지칭하기 위해 만든 이름이다. 한편 간디는 독립운동 중 1930년 인도 푸나Poona에 있는 예라브다 감옥에 투옥되었을 때 아슈람의 생활 규칙을 구자라트어로 써서 아슈람에 있는 동지들에게 매주 편지를 보냈다. 이 편지들을 모아 영어로 번역해 출간한 책이 『예라브다 사원으로부터From Yeravda Mandir』(1932)[28]다. 『기타 역주서』의 주석 출처에 있는 『예라브다 만디르』(3.12; 3.14[29])는

---

[28] 간디는 이 감옥을 '사원'(寺院, mandir)이라고 불렀다. Mohandas K. Gandhi, *From Yeravda Mandir (Ashram Observances)*, trans. by Valji Govindji Desai, from Gujarati to English, Ahmedabad, India : Navajivan Mudranalaya, 1932.

[29] 『기타』 3.14의 주석 출처 『예라브다 만디르』는 함석헌이 잘못 표기한 것으로 보인다. 이 주석은 데사이 주석에 인용된 간디의 글을 함석헌이 인용한 것이다. 데사이 주석의 원본을 보면, 데사이는 간디 글의 출처를 밝히지 않았고, 인용 후 "육체 노동

이 책을 가리킨다.

데사이가 간디를 오래 수행했고 그의 글을 많이 인용한다고
해서 간디의『기타』번역과 해설을 무조건 옹호하거나 수용하
는 것은 아니다. 그는 간디의 번역이나 해설이 만족스럽지 않을
때에는 다른 번역자의 번역을 선택하기도 하고(12.12), 자기 번
역을 제시하기도 한다(9.15; 14.20). 그리고 간디가 하지 않는 새로
운 작업도 한다. 그것은『기타』시구와 뜻이 통한다고 생각하는
동서양의 경전과 고전을 풍부하게 인용하는 것이다. 이러한 점
에서 데사이 주석은 라다크리슈난 주석과 유사하다. 그리고『기
타』를 다른 종교, 철학과 하나로 읽는 작업은 데사이가『기
타』를 주석할 때 의도한 일이기도 하다. 그는『기타』주석서의
「서문」에서 다음과 같이 말한다.

또 나는『성서』,『코란』, 이 위대한 경전들에서 영감을 받은 위대
한 성자들의 구절들과 [『기타』의] 공통점을 비교하는 모험을 했다.
이러한 모험을 한 이유는, 진리를 이해하기 위해 노력해 온 힌두교
인과 이슬람교인과 그리스도교인, 인도인과 유럽인이 삶의 가장

에 관해서는『예라브다 만디르』9장을 보시오(For a discourse on Bread-labour see
Yeravda Mandir Ch. IX.)"라고 적었다. 아마도 이것을 함석헌은 인용된 간디 글의 출
전이『예라브다 사원으로부터』라고 생각한 듯하다. 필자의 조사에 의하면, 데사이
가 인용한 간디 글의 출처는『청년 인도』(1925.10.15)다.

깊은 점들에서는 사실 영적으로 매우 가깝다는 것을 보이기 위해
서다. 나는 이 모험이 "종교들이 더는 고립된 채로 있을 수 없는 상
황에서 종교들의 공통점을 공유하는 일"에 조금이라도 도움을 주
었다고 생각한다. 종교들의 공통점을 공유하는 일은, 힌두교인의
삶과 사상의 위대한 통역자인 라다크리슈난 박사가 그의 책 『동서
양의 종교』에서 역설한 점이기도 하다. [종교 간, 동서양 간의 이러
한] 공통점들은 내가 애써 찾아낸 것이 아니고 감옥에서 조용히 독
서하면서 자연스럽게 떠오른 것이다.[30]

종교들 간의 공통점, 동서양 간의 공통점을 보이기 위해 데사
이는 『기타』 주석을 하면서 동서양의 경전과 고전을 많이 인용
한다. 그리고 『기타 역주서』에서 함석헌은 데사이 주석에 있는
이러한 내용을 많이 인용한다.

4) 마헤슈

마헤슈 주석은 인용 횟수는 4위, 분량은 2위다. 인용 횟수의
순위가 낮은 이유는 그의 주석이 『기타 역주서』의 단 석 장(4~6

---

[30] Mahadev Desai, "My Submission", in *The Gospel of Selfless Action or the Gita according to Gandhi : Translation of the Original in Gujarati, with an Additional Introduction and Commentary*, Ahmedabad, India : Navajivan Publishing House, 1946, pp.4~5.

장)에만 인용되기 때문이다. 하지만 이 석 장에서 자주, 길게 인용되므로 인용 분량의 순위가 높다. 마헤슈 주석의 인용이 6장에서 끝나는 이유는 마헤슈의 역주서 자체가 『기타』 1~6장에 대한 역주기 때문이다. 마헤슈의 역주서는 『기타』 본문(데바나가리), 『기타』 본문의 영역, 주석으로 이루어졌고, 주석의 분량이 상당하다.

마하리시 마헤슈 요기Maharishi Mahesh Yogi(1917?~2008, 본명 Mahesh Prasad Varma)는 인도 마드야 프라데시Madhya Pradesh 주 자발푸르Jabalpur에서 태어났다고 알려졌다.[31] 대학에서 물리학을 전공한 후 히말라야에서 스승 브라흐마난다 사라스와티 Swami Brahmananda Saraswati[32]의 문하에서 수행했다. 마헤슈는 스승에게 배운 명상법을 '초월명상Transcendental Meditation'이라는 명상법으로 발전시키고, 인도와 세계를 다니며 이 명상법을 전파했다. 초월명상이란 "의식적 마음을 체계적으로 또 단계적으로 유도하여 초월 절대 〈존재〉를 직접 느끼게 하는 기술"[33]이다. 다시 말해, 의식을 발전시켜 신과 하나 되는 것을 목표로 한다.

이러한 내용이 마헤슈의 『기타』 역주서(1967)에도 실려 있다. 그는 『기타』를 "신과 하나 됨에 관한 경전"[34]이라고 정의한다. 그

---

31 https://www.britannica.com/biography/Maharishi-Mahesh-Yogi.
32 구루 데브(Guru Dev)라고도 불린다.
33 마하리시 마헤시 요기, 『초월의 길 완성의 길─존재의 과학과 생활의 기술』, 이병기 옮김, 범우사, [1983]1991, 61쪽.

리고 인간의 의식을 여섯 단계로 나눈다. 여섯 단계란 '깨어 있는 의식waking consciousness', '꿈꾸는 의식dreaming consciousness', '꿈 없이 자는 의식sleeping consciousness', '초월적 의식transcendental conscious- ness', '우주 의식cosmic consciousness', '신 의식God-consciousness[35]'이 다(4.17 마헤슈 주석). 앞의 세 의식은 자연 상태의 의식이고, 뒤의 세 의식은 명상 상태의 의식이다. '초월적 의식'은 마음과 감각기관 이 통제되어 고요한 상태고, '우주 의식'은 이 고요함이 부동不動 한 상태다. 우주 의식을 계속 발전시키면 이원성이 사라지고 마 침내 신과 하나 되는 '신 의식'에 이른다. 마헤슈 주석에서 초월적 의식, 우주 의식, 신 의식을 논하는 부분은 고도의 명상 단계를 설명하는 것이어서 이해하기가 쉽지 않은데, 함석헌은 이러한 내 용의 주석을 상세히 인용했다.

5) 틸라크

틸라크 주석은 인용 횟수는 5위, 분량은 4위다. 횟수와 분량 이 높은 순위는 아니지만 『기타 역주서』의 중후반 열두 장(7~18 장)에 빠짐없이 인용된다. 틸라크의 역주서는 『기타』 본문(데바

---

34 "The Bhagavad-Gita is the Scripture of Yoga, the Scripture of Divine Union." Maharishi Mahesh Yogi, "Introduction", in *Maharishi Mahesh Yogi on the Bhagavad-Gita : A New Translation and Commentary with Sanskrit Text, Chapters 1 to 6*, Harmond-sworth, England : Penguin Books, [1967]1969, p.20.

35 『기타 역주서』에는 "god-consciousness"로 표기되었지만, 여기에서는 마헤슈 주석 의 원어 "God-consciousness"로 표기한다.

나가리), 『기타』 본문의 영역, 주석으로 이루어졌다.

틸라크Bal Gangadhar Tilak(1856~1920)는 인도의 독립운동가, 민족주의 지도자, 철학자, 교육자다. 간디에 '마하트마mahātmā'('영혼이 위대한 자')라는 존칭이 붙듯이, 틸라크는 '로카만야lokamanya'[36]('민중의 존경을 받는 자')라는 존칭이 붙을 만큼 인도인의 존경을 받는 인물이다. 그는 인도의 현재 마하라슈트라Maharashtra 주 라트나기리Ratnagiri에서 태어났다. 대학에서 법학을 전공했고, 산스크리트어와 인도철학에도 정통했다. 독립운동을 하다 미얀마에 있는 만달레이 감옥Mandalay Central Jail에 수감(1908~1914)되어 있던 중 고향어인 마라티어Marathi로 『기타』 역주서를 썼다. 그의 역주서는 출감 후에 출판되었고(1915) 이후 영어로도 번역 출간되었다(1936). 영역된 『기타』 역주서의 제목은 『거룩한 『기타』의 비밀, 즉 행위의 요가 경전Śrīmad Bhagavadgītā Rahasya or Karma-Yoga-Śāstra』이다. 제목을 보면 『기타』를 행위의 요가에 초점을 두고 읽은 주석서라는 것을 알 수 있다. 틸라크는 『기타』에서 가르치는 해탈에 이르는 길들 중 지식의 요가와 믿음의 요가는 행위의 요가보다 낮은 길이고, 『기타』 열여덟 장의 모든 내용은 오직 행위의 요가를 설명하기 위한 것이라고 해석한다. 그리고 『기타』에서 가르치는 행위의 요가대로, 주석에서 그는 모든 행동을 결과에 대한 바람 없이 하

---

36 또는 로크만야(lokmanya).

고, 모든 행동을 신에게 바치는 마음으로 할 것을 강조한다.

6) 프라부파다

프라부파다 주석은 인용 횟수와 분량이 모두 6위다. 『기타 역주서』의 주석 출처에는 "스와미 프라부파다"라고도 나오고, 역주서의 제목인 "『바가바드기타 있는 그대로』"라고도 나온다. 그의 주석은 『기타 역주서』 여섯 장(7~10, 13, 18장)에 인용된다. 프라부파다의 역주서는 『기타』 각 시구에 대해, 『기타』 본문(산스크리트어의 로마자), 단어 뜻, 『기타』 본문의 영역, 주석으로 이루어졌다. 주석은 크리슈나에 대한 박티, 곧 정성된 믿음과 헌신에 초점이 있다.

프라부파다A. C. Bhaktivedanta Swami Prabhupāda(1896~1977)는 인도 벵골Bengal 주 콜카타Kolkata에서 태어났다. 37세(1933)에 스승 박티싯단타 사라스바티Bhaktisiddhānta Sarasvatī의 제자가 된다. 프라부파다의 스승은 비슈누 교파들 가운데, 차이탄야Caitanya(15~16세기)의 가르침을 따르는 가우디야 비슈누 교파Gauḍīya Vaiṣṇava(직역하면 '벵골의 비슈누 교파')에 속해 있었다. 이 교파는 비슈누의 화신 크리슈나를 숭배하는 교파로, 크리슈나에 대한 신도의 사랑과 헌신을 강조한다.[37] 프라부파다는 차이탄야의 가르침을 영어로 전파하

---

37 비슈누의 화신 크리슈나는 교파에 따라 여러 모습으로 숭배된다. 『기타』에 나타나

라는 임무를 스승에게 받고 평생 많은 글을 영어로 저술하고 번역하는 삶을 산다. 또 스승의 말에 따르기 위해 69세(1965)에는 미국에 건너가 이듬해에 크리슈나의식국제협회(ISKCON, The International Society for Krishna Consciousness)를 창립하고, 미국에서 저술과 번역 활동을 하며 이 협회를 꾸준히 성장시켰다.

프라부파다가 영어로 쓴 『바가바드기타 있는 그대로』는 판본이 셋이어서 함석헌이 참고한 판이 무엇인지 밝힐 필요가 있다. 프라부파다가 가장 처음에 출판한 책은 미국 뉴욕에 도착한 지 3년 만에 출판한 것이다. 원래 원고는 1,000여 쪽이 넘는 분량이었는데 출판사(the MacMillan Company)의 요구로 400쪽 이하로 대폭 줄여 출판되었다. 이것이 축약본abridged edition(1968)[38]이다. 그런데 이 책이 예상보다 잘 팔려 출판사가 원래 원고 분량인 1,000여 쪽으로 다시 출판할 것을 제안해, 완본unabridged edition(또는 complete edition, 1972)이 출간되었다. 프라부파다 사후에는, 그의 글을 관리하는 박티베단타출판부Bhaktivedanta Book Trust에 의해 개정확장본

는 크리슈나와 달리, 중세 비슈누 교파들 중에는 크리슈나를 소를 치는 청년 목동으로 숭배하는 교파들이 있다. 프라부파다가 속한 '가우디야 비슈누 교파'에서 크리슈나는 소를 치는 청년 목동이고, 그의 연인 라다(Rādhā)와 다른 목동들의 부인들은 크리슈나를 열렬히 사랑한다. 교리의 초점은 크리슈나(신을 상징)에 대한 라다(신자를 상징)의 사랑과 헌신이다.

38 A. C. Bhaktivedanta Swami Prabhupāda, *Bhagavad Gita As It Is : A New Translation, with Commentary*, New York : The Macmillan Company, 1968.

complete edition, revised and enlarged(1983)[39]이 출판되었다. 축약본, 완본, 개정확장본 가운데 함석헌이 참고한 판본은 완본이다.

7) 힐, 다카쿠스, 바넷, 쯔지

힐, 다카쿠스, 바넷, 쯔지의 주석은 인용 횟수와 분량의 순위가 낮다. 이들은 한자리에서 살펴보겠다. 첫째, 힐은 인용 횟수와 분량이 모두 7위다. 힐W. Douglas P. Hill(1884~1962)은 영국인 인도학자다.[40] 1928년에 출간된 그의 『기타』 역주서는 주가 풍부하고, 우수한 번역으로 평가받는다. 『기타』의 원전 역주자 길희성도 "지금까지 나온 영문 번역서 가운데 가장 철저하고 학구적인 번역서 3종"의 하나로 힐의 역주서를 꼽는다.[41] 『기타 역주서』의 주석 출처에 힐의 주석은 세 번 나온다.[42] 이외에도 『기타역주서』에서 힐의 이름을 더 볼 수 있는 이유는, 함석헌이 인용하는 데사이 주석에 힐이 자주 언급되기 때문이다.[43]

---

39 A. C. Bhaktivedanta Swami Prabhupāda, *Bhagavad-gītā As It Is,* complete edition, revised and enlarged, Los Angeles, CA : The Bhaktivedanta Book Trust, 1983.

40 힐의 약력을 찾기 어려워 소개가 짧은 점에 양해를 구한다.

41 길희성 역주, 「서문」, 『범한대역 바가바드기타』, 서울대출판문화원, 2010, vi쪽.

42 15.2; 17.2; 18.34.

43 2.66 단어 풀이("데이비스", "힐", "텔랑"의 번역은 함석헌이 데사이 주석에서 인용한 것); 3.39 단어 풀이(이 단어 풀이는 함석헌이 데사이 주석에서 인용한 것); 7.24 데사이 주석; 9.15 데사이 주석; 12.12 데사이 주석; 14.20 데사이 주석; 15.2 데사이 주석.

둘째, 다카쿠스는 인용 횟수는 공동 8위고 인용 분량은 8위다. 다카쿠스高楠 順次郎(1866~1945)는 일본의 1세대 인도학자이자 불교학자다. 영국에서 막스 뮐러Max Müller, 독일에서 헤르만 올덴베르크Hermann Oldenberg에게 인도학과 불교학을 배웠고, 귀국해 도쿄대학교東京大學에서 산스크리트어와 인도철학 등을 가르쳤다. 다카쿠스의『기타』역주서는『세계성전전집世界聖典全集』, 6권『印度古聖歌』(1930)의 일부다. 주석은 주로 짧은 단어 풀이고 일역日譯된『기타』본문 안에 들어가 있다. 번역의 맨 뒤에는 해제가 있다. 함석헌은 '요가' 개념을 처음 설명할 때 이 해제에 있는 요가 관련 부분[44]을 번역해 2장의 서론으로 만든다. 다카쿠스의 주석은『기타 역주서』의 주석 출처에는 "『세계성전전집』"으로 한 번 나오고(2.서론), 단어 풀이와 주석에는 "다카구스",[45] "『세계성전전집』",[46] "일본어 역"[47]으로 언급된다. 또 그의 역주서라는 출처 표기는 없어도 종종 단어 풀이에 인용되고『기타』마지막 장의 단어 풀이에도 인용된다.[48] 그래서 비록 다카쿠스는

---

44 高楠 順次郎,「聖婆伽梵神歌解題」,『世界聖典全集』, 前輯, 第6卷『印度古聖歌』, 世界聖典全集刊行会, 東京 : 改造社, 1930, pp.125~127.
45 8.4 함석헌 주석; 10.7 프라부파다 주석(실제로는 함석헌 주석으로 추정); 12.20 함석헌 주석.
46 2.39 단어 풀이; 2.41 단어 풀이; 2.66 단어 풀이.
47 2.39 단어 풀이.
48 18.18 단어 풀이 모두; 18.41 단어 풀이 모두.

라다크리슈난과 데사이만큼 자주 이름이 노출되지 않고 역주서의 제목도 자주 등장하지 않지만, 『기타 역주서』에서 적극적으로 활용된다고 말할 수 있다.

셋째, 바넷은 인용 횟수는 공동 8위고 인용 분량은 9위다. 바넷Lionel D. Barnett(1871~1960)은 영국인이고, 영국박물관The British Museum의 동양문헌실Department of Oriental Printed Books and Manuscripts 책임자를 지냈다. 대학에서 산스크리트어를 가르쳤고, 힌두교에 관해 쓴 저역서들 가운데 『기타』 역주서가 있다. 그의 『기타』 역주서는 『바가바드 기타—신의 노래Bhagavadgītā : or The Lord's Song』라는 제목의 단행본으로 1905년에 출판되었다.[49] 그리고 함석헌이 참고한 바넷의 『기타』 역주는 『힌두 경전Hindu Scriptures』(초판 1938)이라는 책에 실린 바넷의 역주로 추정된다. 이 책은 에브리맨스 문고Everyman's Library의 하나로, 힌두교 경전들 중 『리그 베다』 일부, 『우파니샤드』 일부, 『기타』 전체를 번역한 책이다. 그리고 여기에 실린 『기타』 번역이 1905년에 출판된 바넷의 번역이다. 함석헌은 피난 간 부산 헌책방에서 찾은 『기타』가 '에브리맨스 문고판의 『기타』'라고 말하는데,[50] 1950년대 초반 이전에 에브리맨

---

49 Lionel D. Barnett, *Bhagavadgītā : or The Lord's Song,* The Temple Classics, London : J. M. Dent and Co., 1905.

50 "6・25 전쟁에 쫓겨 부산 가 있는 동안 하루는 헌책 집을 슬슬 돌아보고 있었는데 우연히 어느 집 책 틈에 에브리맨스(Everyman's) 문고판의 『바가바드기타』가 한 권 끼

스 문고로 출간된 『기타』 번역은 이 책에 실린 바넷의 역주다. 그래서 함석헌이 부산 헌책방에서 발견해 처음 읽은 『기타』는 바넷의 역주로 추정된다. 바넷의 역주서는 주석이 드물고, 『기타 역주서』의 주석 출처에 한 번 언급된다(2.39 바넷 주석). 단어 풀이와 주석에는 "바넷"(3.30 단어 풀이), "에브리맨스 문고판"[51]으로 언급되고, 주로 번역을 참고하는 목적으로 사용된다.

넷째, 쯔지는 인용 횟수는 공동 8위고 인용 분량은 10위다. 쯔지辻 直四郎(1899~1979)는 일본인 인도학자고 다카쿠스의 제자다. 도쿄대학교 교수를 지냈고 『베다』, 『우파니샤드』, 『바가바드 기타』 등 고대 인도 경전을 번역하고 저술 활동을 활발히 했다. 쯔지의 『기타』 역주서는 두 종이 있는데, 초판(1950)[52]은 주가 없고 개역판改譯版(1980)[53]은 주가 많다. 함석헌이 참고한 주석은 개역판이다. 『기타 역주서』에서 쯔지의 주석은 단 한 번 인용된다(18.54).

여 있는 것을 보았습니다." 함석헌, 「『바가바드기타』를 읽는 독자들에게」, 함석헌 역주, 『바가바드 기타』, 한길사, 1996, 56쪽.

51 2.39 단어 풀이; 2.66 단어 풀이; 12.20 함석헌 주석. 초판에는 8.4 함석헌 주석에도 나온다.

52 辻 直四郎, 『バガヴァッド・ギーター』, 東京 : 刀江書院, 1950.

53 저자가 '개역판'이라는 단어를 사용하지는 않았다. 하지만 30년 전에 그가 번역한 『기타』가 있으므로, 이 책에서는 1980년 판본을 편의상 개역판이라고 부르겠다.

4. 질문들

지금까지 『기타』 주석자 열 명을 『기타 역주서』와 관련된 범위 안에서 간략하게 소개했다. 이제 함석헌의 『기타』 주석 인용에 관련해 몇 가지 질문을 던지고 그에 대한 대답을 추정해 보겠다.

1) 라다크리슈난과 데사이의 주석

함석헌은 열 명의 주석자 가운데 유독 라다크리슈난과 데사이의 주석을 자주, 다량 인용한다. 라다크리슈난의 주석은 『기타 역주서』 열여덟 장에 빠짐없이 인용했고, 인용 횟수와 분량이 압도적 1위다. 데사이의 주석은 『기타 역주서』의 한 장을 제외한 모든 장에 인용했고, 인용 횟수는 2위, 분량은 3위다. 함석헌은 왜 유독 두 주석을 많이 인용했을까? 이 질문에 대한 대답으로 두 가지를 생각해 볼 수 있다.

우선, 두 주석에 있는 '풍부한 단어 풀이'가 함석헌이 『기타』를 풀이하는 데에 실질적인 도움을 주었을 것으로 보인다. 단어 풀이는 『기타』 본문을 이해하기 위해 기본이 되는 중요한 정보고, 라다크리슈난과 데사이의 주석에는 단어 풀이가 많다. 함석헌은 두 주석의 단어 풀이를 『기타』의 첫 시구에 대해 인용하는 것을 시작으로『기타 역주서』전체에 걸쳐 활발하게 인용한다. 두 주석의 풍부한 단어 풀이는 인도철학을 전공하지 않은 함석헌이『기타』를 해설하는 데에 실질적인 도움을 주었으리라 짐작된다.

다음으로, 두 주석자가 '『기타』를 다른 종교 및 철학과 하나로 읽는 것'이 함석헌의 주석 방향과 잘 맞았을 것으로 보인다. 라다크리슈난은 비교종교에 관련해 저술했고,『기타』를 주석할 때에도 다른 종교, 철학과 비교하고 공통점을 자주 논한다. 데사이도 주석에서『기타』를 다른 종교, 철학과 함께 볼 때가 많고, 주석과 더불어 이러한 작업을 하겠다고 주석서의 서문에서 밝힌다. 두 주석자와 비슷하게, 함석헌도 동서양의 공통점을 말하고 종교들을 하나로 읽는 사상가고,『기타』를 주석할 때『성서』,『노자』를 비롯해 다른 종교, 철학의 경전을 인용하며 공통점을 논한다. 라다크리슈난과 데사이가『기타』를 다른 종교, 철학과 하나로 읽는 내용은『기타』본문 자체를 이해하는 것과는 직접적인 관련이 없다. 그런데도 이러한 내용을『기타 역주서』에서 많이 볼 수 있는 것은 함석헌이 의도적으로 빼놓지 않고 인용하기 때문이라고 이해할 수 있다.

그래서 라다크리슈난과 데사이의 주석은 단어 풀이가 충실하다는 점에서 함석헌의 주석 작업에 도움이 되고,『기타』를 다른 종교, 철학과 하나로 읽는다는 점에서 함석헌의 주석 방향과 잘 맞은 것으로 추정된다.

2) 어려운 질문

함석헌이 어떤 주석을 인용한다는 것은 그 주석에 동의한다는 뜻일까? 이것은 대답하기 어려운 질문이다. 동의하는 주석, 마음에 드는 주석을 인용했다고 생각하는 편이, 동의하지 않는 주석, 마음에 들지 않는 주석을 인용했다고 생각하는 편보다 자연스럽기 때문이다. 하지만 그가 주석을 인용하는 것이 반드시 그 주석에 동의하는 것을 의미한다고 단정하기는 조심스럽다. 이렇게 생각하는 이유는 다음과 같다. 틸라크는 『기타』가 '행위의 요가'를 가르친다고 주장하는 주석자고, 프라부파다는 『기타』가 '믿음의 요가'를 가르친다고 주장하는 주석자다. 두 주석자가 『기타』를 어떻게 이해하는지를 살펴보면 다음과 같다.

> 틸라크 : "이 모든 설명들은 카르마 요가를 설명하기 위한 한 부분이지 그 자체로 독립한 것은 아니다. 그러므로 『기타』를 세 편으로 나누어서 처음 여섯 장을 카르마에 관한 내용으로(倫理品), 다음 여섯 장을 신앙에 관한 내용으로(神理品), 그리고 나중 여섯 장을 지식에 관한 내용으로(心理品) 하는 것은 학문적으로 온당하지 못하다."[54]

프라부파다 : "모든 장에서 크리슈나는 인생의 구경의 목적이 지극히 높으신 신을 진심으로 예배하는 것이라고 강조했다. (…중략…) 처음 여섯 장에서는 진실한 예배를 강조한다. (…중략…) 다음 여섯 장에서는 순수한 예배와 그 성격과 활동이 어떤 것임을 설명했고, 그 다음 세 번째 여섯 장에서는 지식과 내버림, 물질적 성격의 활동과 초월적 성격의 활동, 신심 깊은 예배에 대해서 설명했다."[55]

위에서 보듯이, 틸라크는 『기타』의 강조점을 '행위'로 보고, 프라부파다는 '신앙'으로 본다. 그리고 함석헌은 해석이 다른 틸라크와 프라부파다의 주석을 모두 인용한다. 행위의 요가와 믿음의 요가는 분명히 교차점이 있지만,[56] 『기타』에서 '궁극적으로' 강조하는 것을 한쪽은 행위, 한쪽은 믿음이라고 주장하는 것은 하나의 경전에 대한 주석자의 다른 해석적 입장을 보여 주는 중요한 문제다. 그런데 함석헌이 두 입장을 모두 『기타 역주서』에서 인용하고 있으므로, 그가 어떤 주석을 인용한다는 것이 그 주석에 반드시 '동의'함을 뜻한다고 판단하는 것은 조심스럽다. 이러한 경우에는, 함석헌이 주석 내용에 '동의'하기 때문에

---

54 7.2 틸라크 주석.
55 18.1 프라부파다 주석.
56 이 점은 이 책의 6장 참고.

인용을 한다기보다, 『기타』 시구를 이해하는 데에 참고나 도움이 된다고 판단한 주석을 '소개'하기 위해 인용한다고 이해하는 것이 자연스럽다고 여겨진다.[57]

지금까지 두 질문을 던지고 답변을 추측해 보았다. 이외에 대답을 추측하기 어려운 질문도 많이 있다. 그중 한 예를 들면 다음과 같다. 함석헌은 몇 개 주석에만 초점을 맞추어 인용해도 되었을 텐데, 왜 열 개나 되는 주석을 인용했을까? 라다크리슈난, 간디, 데사이만 인용하며 주석서를 쓸 수도 있었을 텐데 그는 그렇게 하지 않았다. 이 질문은 대답하기 어렵다. 함석헌은 『간디자서전』을 번역하면서, 주를 많이 달려고 하는 이유가 "독자에게 도움이 되기 위해"[58]라고 말한 적이 있다. 이 점을 생각하면, 그가 『기타』에 주를 많이 단 이유도 어쩌면 독자에게 도움이 되기 위해서라고 이해할 수도 있을 것이다. 하지만 이것은 그가 어째서 '다량의' 주석을 인용하는지에 힌트는 줄 수 있을지 몰라도 어째서 열 개라는 '다양한' 주석을 인용하는지는 설명해 주지 못한다. 서너 주석서에서 주를 많이 인용할 수도 있었을 것이기 때문이다.

---

57 함석헌의 인용 모음 주석법이 독자의 『기타』 이해를 돕기 위해서라는 해석에 관해서는 나혜숙, 「함석헌의 『바가바드 기타』 주석에 나타나는 인용 모음 주석법의 재해석」, 『인도철학』 46, 2016, 75~100쪽 참고.
58 "독자에게 도움이 되기 위해 될수록이면 주를 많이 달려했으나". 함석헌, 「간디자서전을 옮기면서」, 『함석헌전집』 7권 『간디의 참모습 / 간디자서전』, 한길사, [1983]1987, 48쪽.

5. 맺음말

이 장에서는 『기타 역주서』의 '주석' 중 '『기타』 주석의 인용'을 주석의 출전과 주석자를 소개하는 데에 초점을 맞추어 살펴보았다. 먼저 『기타 역주서』에 인용된 『기타』 주석자 열 명과 주석서 아홉 종의 출전을 밝힌 후, 인용된 주석의 횟수와 분량을 계산해 순위를 알아보고, 주석자들을 『기타 역주서』와 관련된 범위 안에서 소개했다. 또 『기타』 주석 인용에 관해 몇 가지 질문을 던지고 대답을 추측해 보았다.

인용 횟수와 분량을 계산한 결과, 주석자 열 명, 곧 라다크리슈난, 간디, 데사이, 마헤슈, 틸라크, 프라부파다, 힐, 바넷, 다카쿠스, 쯔지 가운데, 함석헌이 자주, 다량 인용하는 주석자는 앞의 여섯 명이었다. 이 중 함석헌이 횟수와 분량 양면에서 가장 의지하는 주석은 라다크리슈난의 주석이다. 그리고 그는 데사이의 주석도 많이 인용한다. 두 주석은 단어 풀이가 충실하고 『기타』를 다른 종교, 철학과 하나로 읽는 공통점이 있다. 명상에 관해서는 명상가 마헤슈의 주석을 자세하게 인용하고, 『기타』의 중후반부에 대해서는 틸라크와 프라부파다의 주석을 많이 인용한다. 틸라크는 행위의 요가를 강조하고 프라부파다는 믿음의 요가를 강조하지만, 해석의 차이에 구애받지 않고 인용했다.

이 장에서는 주석의 출전과 주석자 소개라는, 함석헌의 『기타』 주석 인용을 다루고자 할 때 가장 기본적인 사항을 다루었다. 『기타』 주석의 인용에 관해서는 앞으로, 함석헌이 선택해 인용하는 주석 부분, 그 주석에 나타나는 해석, 주석들에 나타나는 해석끼리 비교, 주석 인용에 나타나는 특징 등을 고찰하는 다양한 연구가 나올 수 있으리라 여겨진다.

4장

자주 自註

앞장에서는『기타 역주서』의 '주석' 중 '『기타』주석의 인용'을 살펴보았고, 이 장에서는 '주석' 중 '자주自註'를 살펴보겠다. '자주'를 넓은 범위로 정의하면『기타 역주서』의 주석은 모두 자주가 될 것이다. 왜냐하면 주석자가 특정 문헌들을 선정하고, 내용을 발췌해 인용하는 일 자체가 자신의 주석 작업이기 때문이다. 그런데 그렇게 되면 '『기타』주석서에서 인용한 주석'까지 모두 함석헌의 자주가 되어 '자주'의 의미가 너무 광범위해진다. 그래서 이 책에서는 '자주'의 범위를 '함석헌이 쓰거나 썼다고 추정되는 주석, 그리고『기타』주석서 외 문헌에서 인용한 주석'으로 제한할 것이다. 그렇게 되면 자주는 주석 중 '『기타』주석의 인용'이 아닌 모든 주석이 된다. 이 장에서는 자주의 유형을 분류한 후, 자주에 나타나는 전체적인 특징을 살펴보겠다.

자주는 두 유형으로 나눌 수 있다. '글 방식 자주'와 '인용 방식 자주'다. '글 방식 자주'란 함석헌이 쓴 주석, 그리고 그가 썼다고 추정되는 주석이다. '인용 방식 자주'란 함석헌이『기타』주석서 '외' 문헌에서 인용한 주석이다. 자주의 두 유형을 차례로 살펴보겠다.

1. 글 방식 자주

1) 함석헌이 쓴 주석

주석 출처가 "함석헌"인 곳은 기본적으로 함석헌이 직접 쓴 주석이다. 여기에 두 가지 예외가 있다. 첫째, 주석 출처가 "함석헌"인 곳들 가운데, 함석헌 주석이 아닌 곳은 자주에서 제외한다. 이 경우는 열세 곳이다.[1] 둘째, 주석 출처가 "함석헌"인 곳들 가운데, 온전히 그리고 거의 인용으로 이루어진 두 곳은 '인용 방식 자주'에 넣는다. 2.47 함석헌 주석은 온전히[2] 인용문이고, 7.23 함석헌의 첫째 주석은 거의[3] 인용문이라서, 인용이 주된 특징인 인용 방식 자주로 고찰하는 것이 더 적절해 보이기 때문이다.

함석헌이 쓴 주석이라고 해서 순수하게 그가 서술하는 내용만 있는 것은 아니고 인용도 많이 포함되어 있다. 하지만 자신의 말을 위주로 하면서 인용하기 때문에 거의 순수한 인용으로 이루어진 '인용 방식 자주'와 구분할 수 있다.

---

1 이 책 38쪽 〈표 2〉 '주석 출처 오류' 참고.
2 2.47 함석헌 주석("제갈량(諸葛亮)의 후출사표(後出師表), (…중략…) 非臣之明 所能 逆覩也)")은 제갈량의 『후출사표』 인용으로만 되어 있다. 이어지는 두 단락("이것을 목적 (…중략…) 더욱더 확실해진다."")은 데사이의 주석이다.(이 책 38쪽 〈표 2〉 '주석 출처 오류' 참고)
3 7.23 함석헌의 첫째 주석은 『명심보감』의 인용이다. 인용문 뒤에 "라는 말이 있다"는 구절이 있지만 거의 인용으로 이루어졌다. 초판에는 출처 없이 인용문만 있고, 재판 1쇄에서 출처를 "함석헌"으로 표기하고 인용문 뒤에 "라는 말이 있다"를 삽입했다.

2) 함석헌이 썼다고 추정되는 주석

주석 출처가 "함석헌"은 아니지만 함석헌의 주석으로 추정할 수 있는 곳들이 있다. 주석에는, 초판에는 출처 표기가 없다가 재판 1쇄에『기타』주석자의 이름으로 표기된 곳들이 있다. 이곳들 중 주석서 원본을 확인한 결과 해당 주석자의 주석이 아닌 경우가 다섯 곳(4.22; 5.18; 10.7; 14.2; 18.16)이 있고, 이곳들은 함석헌이 썼으리라고 추정된다. 다섯 곳은 두 종류로 나눌 수 있다. '내용'으로 미루어 자주로 추정되는 것, 그리고 '상황'으로 미루어 자주로 추정되는 것이다.

우선, 세 곳은 주석의 '내용'으로 미루어 자주로 추정된다. 먼저, 4.22 라다크리슈난 주석에 있는 아래 단락은 초판에는 출처 표기가 없지만 재판 1쇄에서 라다크리슈난으로 표기되었다.

"상대로 보기를 넘어서서"란 상대 세계에 대한 것이다. 우리는 상대 없이는 감각하고 인식하고 생각할 수가 없다. 서로 반대되는 것이 서로 저쪽이 없이는 존재할 수 없기 때문에 참이 아니다. 그렇기 때문에 노자는 "천하가 다 아름다움의 아름다움 됨을 아나 그것은 미운 것뿐, 다 착함의 착함 됨을 아나 그것은 착하지 않은 것뿐"(天下皆知美之爲美 斯惡已 皆知善之爲善 斯不善已)이라고 한다. 그렇기 때문에 장자는 "지극한 즐거움은 즐거움 없음"(至樂無樂)이라고 한다.

라다크리슈난의 주석서와 대조한 결과 이 단락은 라다크리슈난 주석에도 없고 나머지 아홉 주석에도 없다. 그런데 노자와 장자를 나란히 놓는 모습은 함석헌이 인용하는『기타』주석서들이 아니라 함석헌 자신의『기타 역주서』에 종종 나타나므로[4] 이 단락이 함석헌의 자주라고 어렵지 않게 추정할 수 있다.

다음으로, 10.7 프라부파다 주석에 있는 아래 단락도 초판에는 출처 표기가 없지만 재판 1쇄에서 프라부파다로 표기되었다.

영광은 원어로는 비부티(vibhuti)인데 이를 라다크리슈난(glory), 간디(immanence), 틸라크와 마하데브 데자이(manifestation)는 각각 다르게 번역했다. 라다크리슈난의 경우는 무한히 나타내는 풍부의 영광을 뜻하는 것이고, 간디의 경우에는 그것이 무한히 내재하는 힘이라 해서 그 말을 택했으며, 틸라크와 마하데브 데자이는 그 나타난 것을 두고 그렇게 했다. 특히 마하데브 데자이는 비부티를 단수(power 혹은 immanence) 때와 복수(manifestation) 때를 각각 다르게 했다. 다카구스는 능력이라 번역하고 그 다음의 요가(다른 이들이 power라 번역하는 것)를 환력(幻力)이라 했다.

---

4 『기타 역주서』에서 노자와 장자가 나란히 나오는 곳은 다음과 같다. 2.27 주석 출처; 2.39 '카르마' 단어 풀이; 2.41 함석헌 주석; 5.7 주석 출처; 6.3 함석헌 주석; 11.4 주석 출처.

프라부파다의 주석서와 대조한 결과 이 단락은 프라부파다 주석에도 나오지 않고, 나머지 아홉 주석에도 나오지 않는다. 그런데 이 주석에 언급되는 『기타』 주석자들이 함석헌이 『기타』 역주에 참고하는 라다크리슈난, 간디, 틸라크, 데사이, 다카쿠스인 점을 미루어 볼 때 이 단락도 함석헌의 자주라고 어렵지 않게 추정할 수 있다.

마지막으로, 18.16 라다크리슈난 주석에 있는 아래 단락도 초판에 출처 표기가 없지만 재판 1쇄에서 라다크리슈난으로 표기되었다.

이 다섯 가지로 갈라서 하는 설명은 분명치 못하다. 그리고 여러 주석가들의 가지가지 설명이 도움이 되지도 못한다. 일반적으로 공통되는 점은 다만 이런 것들이다. 아디스다나(所依)는 몸을 의미하고, 카르타(karta, 能作)는 마음이며, 카라나(karanas, 作具)는 감각 기관이고, 체스타(cestas)는 들숨 날숨이고, 다이바(daiva)는 문제가 많다.

라다크리슈난의 주석서와 대조한 결과 이 단락도 라다크리슈난 주석을 비롯해 다른 아홉 주석에 나오지 않는다. 그리고 여러 주석이 도움이 되지 않는다는 내용으로 미루어 볼 때 이 단락은 함석헌의 자주라고 짐작할 수 있다. 지금까지 살펴본 세 주석은 내용상 함석헌의 주석으로 추정할 수 있으므로 자주에 포함시킨다.

다음으로, 두 곳은 '상황'상 함석헌의 주석으로 짐작된다. 주석 내용을 보아서는 함석헌의 주석인지 추측하기 어렵고, 주석이 이루어지는 상황을 살펴볼 때 함석헌의 주석이라고 추정할 수 있다. 5.18 라다크리슈난 주석(둘째 주석)에 있는 아래 단락은 초판에는 출처 표기가 없지만 재판 1쇄에서 라다크리슈난으로 표기되었다.

"개를 먹는 자"란 글자 그대로 직역한 것인데, 제 계급에서 내쫓음을 당한 자를 가리키는 말이다. 인간 중에서 가장 멸시를 받는 자다.

마찬가지로, 14.2 라다크리슈난 주석에 있는 아래 단락도 초판에는 출처 표기가 없지만 재판 1쇄에서 라다크리슈난으로 표기되었다.

힌두교의 신앙에서는 우주 만물이 제때가 오면 창조되었다가 또 제때가 오면 풀어져 없어져서, 그것이 무한히 반복된다고 믿는다. 그리고 이 인생에 고뇌가 있는 것은 전생의 업 때문이므로 이 생에서 해탈을 얻어 다시 이 고뇌의 생사유전의 길에 태어나지 않는 것이 인생의 이상이다.

라다크리슈난의 주석서와 대조한 결과 두 곳 모두 라다크리슈난 주석에도 없고, 나머지 아홉 주석에도 없다. 그런데 '내용' 상 함석헌의 주석이라고 추정할 수 있는 경우와는 달리, 두 곳은 내용에 함석헌의 주석이라고 추정할 만한 단서가 없다. 하지만 두 곳은 다음의 이유로 함석헌의 주석이라고 추정된다. 만일 함석헌의 주석으로 추정하지 않는다면 생각해 볼 수 있는 가능성은, 『기타 역주서』 전체에 한 번도 나오지 않은 『기타』 주석서들을 상정하고 위의 두 단락이 그 출처 미상인 『기타』 주석서들로부터 인용되었다고 추정하는 것이다. 그런데 『기타 역주서』 전체에서 『기타』 주석자 쯔지의 주석을 단 한 번, 단 한 문장으로 인용(18.54)할 때에도 주석자의 이름을 밝힌 함석헌이, '어떤 다른 『기타』 주석서들에서' 위의 두 단락을 인용하면서 주석자의 이름을 밝히지 않는다는 것은 의아하다. 다시 말해서, 두 단락을 함석헌 주석으로 추정할 수 있는 근거도 없지만, 다른 『기타』 주석서에서 인용되었다고 추정할 수 있는 근거도 없는 것이다. 그러므로 열 명의 『기타』 주석 외에 혹시 모를 다른 『기타』 주석서들로부터 이 두 단락이 인용되었다고 추정하고

'출처 미상'으로 처리하기보다는, 『기타 역주서』에 주석자 열명의 주석이 인용되었다는 분명한 사실에 무게를 두고, 두 곳은 함석헌의 주석으로 추정할 것이다.

이와 같이, 주석 출처가 "함석헌"은 아니지만 함석헌이 썼다고 추정되는 주석 다섯 곳은 자주에 포함시킨다. 종합하면, 글 방식 자주는 주석 출처가 "함석헌"인 곳(37곳)과 함석헌이 썼다고 추정되는 곳(5곳)을 합쳐 총 42곳이다. 이것을 『기타 역주서』의 장별로 표시하면 〈표 15〉와 같다.

〈표 15〉 글 방식 자주

장(障)	해당 시구
1장	1.10
2장	2.11; 2.41; 2.53; 2.66
3장	3.21; 3.35
4장	4.3(두 번)[5]; 4.6; 4.22(추정)
5장	5.8~5.9; 5.10; 5.11; 5.18(추정); 5.27~5.28
6장	6.3; 6.11~6.12; 6.24; 6.28; 6.32; 6.34; 6.41
7장	7.12; 7.21; 7.22; 7.23(둘째); 7.30
8장	8.2; 8.4; 8.22(두 번)
9장	9.6; 9.20
10장	10.7(추정); 10.11
11장	11.44
12장	12.20
13장	13.20
14장	14.2(추정)

장(障)	해당 시구
15장	15.1
16장	-
17장	-
18장	18.16(추정)

2. 인용 방식 자주

'인용 방식 자주'는 함석헌이 『기타』주석서 '외' 문헌에서 인용한 주석이다. 인용 방식 자주는 총 90곳이고 두 유형으로 나눌 수 있다. 첫째, 순수한 인용이다. 90곳 중 순수한 인용은 87곳[6]이다. 둘째, 함석헌의 말이 짧게 덧붙여진 곳이다. 90곳 중세 곳(3.14 열자; 3.28 『축덕론』; 7.23 함석헌의 첫째 주석)이다. 이 세 곳은 함석헌의 말이 짧게 덧붙여져[7] 있지만 인용이 주되므로 인용방식 자주에 포함시킨다.

---

5 하나의 『기타』 시구 아래 함석헌 주석이 두 번 달린 곳들이 있다.(4.3; 7.23; 8.22)
6 글 방식 자주에서 밝혔듯이, 2.47 함석헌 주석은 인용 방식 자주에 포함한다.
7 함석헌의 말이 짧게 덧붙여진 부분은 다음과 같다. "같은 뜻을 열자(列子)는 도둑질 이라는 말을 가지고 재미있는 이야기를 했다"(3.14 열자); "이 말을 받아서 석계도(席 啓圖)가 뒤집어서 말하기를"(3.28 『축덕록』); "라는 말이 있다"(7.23 함석헌의 첫째 주석). 3.14 열자와 3.28 『축덕록』은 함석헌의 말이 포함되기는 했지만 출처가 "열 자"와 "『축덕록』"으로 표기되어 있고 인용이 주되므로 인용 방식 자주에 포함한다. 7.23 함석헌의 첫째 주석은 글 방식 자주에서 밝힌 대로 인용 방식 자주에 포함한다.

인용 방식 자주의 출처는 다음과 같다. "장자", "노자", "맹자", "『중용』", "공자", "열자", "『명심보감』", "여숙간",[8] "『축덕록』", "나윤", "『대학』", "왕양명", "『논어』", "『주역』", "장재", "제갈량",[9] "예수", "「요한복음」", "「마태복음」", "「마가복음」", "「히브리」", "「로마서」", "「시편」", "「누가복음」", "『대영백과사전』", "조지 폭스"다. 『대영백과사전』을 제외하면 모두 동서양의 경전과 고전이다. 출처를 분류하면 도가사상,[10] 유교,[11] 기독교,[12] 동양 고전[13]이다.

인용 방식 자주는 주석 출처가 "함석헌"이 아니지만 함석헌이 직접 인용했다고 충분히 추정할 수 있다. 그 이유는 다음과 같다. 첫째, 위에서 밝혔듯이, 『기타 역주서』 전체에 한 번도 나오지 않은 혹시나 모를 다른 『기타』 주석서들을 상정하기보다는

---

8   여숙간은 저자지만 초판과 재판 1쇄의 주석 출처에서 겹낫표(『』)로 표기되었다. 잡지판에는 문장 부호가 없으므로 초판 편집 과정에서 문장 부호를 잘못 넣었다는 것을 알 수 있다. 이 책에서는 문장 부호를 빼고 적는다. 함석헌은 『기타』 3.28을 여숙간, 『축덕록』과 한자리에서 논하는데, 그의 다른 일차문헌에도 여숙간, 『축덕록』, 『기타』를 함께 논하는 곳이 있다. 함석헌, 「수선화에게 배우라」, 『함석헌전집』 8권 『씨올에게 보내는 편지』, 한길사, [1984]1989, 224~226쪽.

9   2.47 함석헌 주석을 인용 방식 자주에 포함시킴에 따라 여기에서는 "제갈량"을 주석 출처로 한다.

10   노자, 장자, 열자.

11   맹자, 『중용』, 공자, 『대학』, 『논어』, 『주역』, 왕양명, 장재.

12   『성서』(예수, 「요한복음」, 「마태복음」, 「마가복음」, 「히브리」, 「로마서」, 「시편」, 「누가복음」), 조지 폭스(퀘이커교).

13   『명심보감』, 여숙간, 『축덕록』, 나윤, 제갈량.

열 명의『기타』주석을 사용했다는 분명한 사실에 무게를 둘 때, 열 명의『기타』주석에 나오지 않는 인용은 함석헌의 주석이라고 생각할 수 있다. 둘째, 인용문이 실린 동서양의 문헌들은『대영백과사전』을 제외하면 모두 함석헌이 잘 알고 있는 경전과 고전이다. 그러므로 열 명의 주석이 아닌 어떤 숨은『기타』주석들로부터 함석헌이 이 인용문들을 재인용했다고 가정하기보다는, 함석헌이 글이 아닌 인용 방식으로 자기 주석을 달았다고 이해하는 편이 적절하다.

인용 방식 자주를 동양권과 서양권으로 나누고 인용 횟수가 많은 순서로 나열하면 〈표 16〉과 같이 도표화할 수 있다.

〈표 16〉 인용 방식 자주

분류	주석 출처	해당 시구
동양권	장자	2.27; 3.5; 3.30; 4.2; 4.21; 5.7; 5.12; 5.21; 6.4; 7.12; 7.15; 11.4; 14.12; 14.19; 18.16; 18.39
	노자	2.27; 4.18; 5.2; 5.7; 7.3; 7.6; 7.13; 9.29; 11.4; 13.27; 14.3; 14.6; 14.18; 18.41
	맹자	2.38; 3.21; 3.35; 4.18; 5.7; 6.1; 6.28[14]; 6.34; 12.19; 14.11
	『중용』	3.25; 6.16; 6.35; 10.7; 11.47; 12.9
	공자	5.3; 5.8~5.9; 6.28; 6.35; 12.9
	열자	3.14; 11.4
	『명심보감』	3.28; 7.23(첫째)
	여숙간	3.28

분류	주석 출처	해당 시구
	『축덕록』	3.28
	나윤	5.3
	『대학』	5.4
	왕양명	6.34
	『논어』	7.3
	『주역』	14.4
	장재	14.4
	제갈량	2.47
서양권	예수	5.7; 5.8-5.9; 12.19; 13.6; 14.12; 17.20
	「요한복음」[15]	3.22; 11.4; 12.5; 14.3
	「마태복음」	6.4; 6.28; 8.28; 9.1
	「마가복음」	11.55; 12.10
	「히브리」	6.38; 12.9
	「로마서」	3.29
	「시편」	11.34
	「누가복음」	12.10
	『대영백과사전』	7.8; 7.14; 8.4; 9.20
	조지 폭스	3.26

---

14 "길은 가까운 데 있다(道在邇)"는 주석 출처에 "공자"라고 표기되었지만 맹자가 올바른 출처이므로(이 책 38쪽 〈표 2〉 '주석 출처 오류' 참고) 이 표의 주석 출처에서 '맹자' 목록에 넣는다.

15 주석 출처가 「요한복음」"인 곳들 중 9.29는 제외한다. 왜냐하면 이 주석은 함석헌이 직접 인용한 것이 아니고, 데사이 주석에서 인용한 것이기 때문이다.(이 책 105쪽 〈표 9〉 '데사이 주석으로 계산한 곳' 참고)

3. 자주의 횟수와 분량

1) 자주의 순위

『기타 역주서』의 주석은 '『기타』 주석의 인용'과 '자주'로 이루어진다. 주석을 두 유형으로 나누어 횟수와 분량을 살펴보면 〈표 17〉과 같다.

〈표 17〉 주석의 횟수와 분량

주석	횟수	분량
『기타』 주석의 인용	528	6,901
자주	132	1,244
계	660	8,145

『기타 역주서』의 주석에서, 『기타』 주석의 인용은 자주보다 훨씬 많다. 횟수는 네 배, 분량은 여섯 배 가량 많다. 그런데 자주가 『기타』 주석의 인용보다 훨씬 적기 때문에, 함석헌 자주의 횟수와 분량이 각 『기타』 주석자와 비교해서도 아주 적다고 여겨질 수 있다. 그래서 자주의 순위를 각 『기타』 주석자의 순위와 나란히 놓고 살펴보겠다.(〈표 18〉)

각 『기타』 주석자와 비교할 때 함석헌의 자주는 횟수는 2위, 분량은 3위다. 『기타 역주서』의 주석 출처에서는 "함석헌"보다 『기타』 주석자들의 이름, 문헌 제목, 저자 이름을 훨씬 많이 볼 수 있

<표 18> 주석 횟수

순위	주석자	주석 횟수
1	라다크리슈난	234
2	함석헌	132
3	데사이	94
4	간디	64
5	마헤슈	60
6	틸라크	50
7	프라부파다	20
8	힐	3
9	다카쿠스	1
9	바넷	1
9	쯔지	1

주석 분량

순위	주석자	주석 분량
1	라다크리슈난	2,630
2	마헤슈	1,414
3	함석헌	1,244
4	데사이	1,014
5	틸라크	941
6	간디	425
7	프라부파다	350
8	힐	76
9	다카쿠스	44
10	바넷	6
11	쯔지	1

어 함석헌의 자주가 매우 적다고 여겨질 수 있다. 하지만 각 주석자와 비교할 때 함석헌의 자주는 횟수와 분량에서 모두 높은 순위인 것을 알 수 있다. 일견 생각했을 때보다는 예상 외로 자주가 빈번하고 다량으로 나온다.

2) 자주의 횟수와 분량

이번에는 자주만을 대상으로 살펴보겠다. 자주를 '글 방식 자주'와 '인용 방식 자주'로 나누어 횟수와 분량을 살펴보면 〈표 19〉와 같다.[16]

---

16 자주의 횟수와 분량의 상세한 출처는 이 책의 '부록', 3. 자주의 횟수와 분량 참고

〈표 19〉 자주의 횟수와 분량

자주	횟수	분량
글 방식 자주	42	691
인용 방식 자주	90	553
계	132	1,244

표를 보면, 인용 방식 자주는 글 방식 자주보다 횟수가 두 배 넘게 많다. 그리고 분량이 글 방식 자주보다 적기는 해도 현격한 차이는 나지 않는다. 이것은 다음과 같은 사실을 말해 준다. 첫째, 인용 방식 자주는 전체 자주에서 큰 위치를 차지한다. 그리고 여기에서 알 수 있는 것은, 함석헌이 『기타 역주서』의 주된 주석법으로 다른 『기타』 주석서들을 '인용'하는 방법을 택하는 것처럼, 자주의 주된 방법으로도 경전과 고전을 '인용'하는 방법을 택한다는 것이다. 둘째, 함석헌이 『기타』를 주석하면서 다른 종교, 철학의 경전과 고전을 자주 인용한다는 사실은, 그가 『기타』를 다른 종교, 철학과 연결해 읽으려고 한다는 것을 말해 준다. 즉, 『기타』의 사상과 다른 종교, 철학의 사상을 하나로 보려고 하는 것이다. 이러한 하나로 보기 작업은 글 방식 자주에도 나타나므로 글 방식 자주를 더 자세히 살펴보겠다.

4. 글 방식 자주의 유형

1) 유형

글 방식 자주는 크게 두 유형으로 나눌 수 있다. '간단한 자주'와 '의견을 피력한 자주'다. '간단한 자주'란 비교적 간단한 주석을 말한다. 함석헌의 의견이 포함되기는 하지만 번역, 본문, 다른 주석에 대한 간단하고 짧은 의견이고 그의 깊은 생각이나 사상까지 엿볼 수 있는 것은 아니다. 다음과 같은 세부 유형으로 나눌 수 있다. 『기타』본문에 대해 다른 번역들을 소개하는 곳, 다른 번역들을 소개한 후 의견을 간단히 밝히는 곳, 번역어를 선택한 배경과 그에 대한 의견을 밝히는 곳, 본문을 해설하는 곳, 본문의 단어나 구절을 풀이하는 곳, 본문과 주석들에 대해 의견을 말하는 곳, '바로 앞에 인용한 『기타』주석이나 경구'를 해설하고 의견을 말하는 곳[17]이다.

'의견을 피력한 자주'란 『기타』본문이나 바로 앞의 주석을 해설하고 의견을 피력한 곳이다. 함석헌이 『기타』본문에 관해 객관적 지식을 논하기보다는 자유롭게 자기 해석과 생각을 말하는

---

17 함석헌은 '『기타』본문'에만 주석을 하는 것이 아니고, 자신이 인용한 바로 '앞의 주석'이나 '앞의 경전 구절'에도 주석을 한다. 예를 들어, 6.28 주석은 바로 앞에 인용한 「마태복음」구절에 있는 '잠'에 대한 의견이다. 11.44 주석은 바로 앞에 인용한 틸라크의 주석을 해설한 것이다.

곳이다. 다른 종교 경전들을 많이 인용하고 자신의 경험도 여러 번 이야기한다. 다음과 같은 세부 유형으로 나눌 수 있다. '『기타』 본문'을 해설하고 의견을 말하는 곳, 그리고 '바로 앞에 인용한 『기타』 주석이나 경구'를 해설하고 의견을 말하는 곳[18]이다.

글 방식 자주의 유형을 정리하면 〈표 20〉과 같다.

〈표 20〉 글 방식 자주의 유형

유형	세부 유형	해당 시구
간단한 자주	번역 소개	2.11; 10.7; 12.20
	번역 소개와 의견	1.10; 8.4; 10.11; 13.20
	번역 배경과 의견	8.22(두 번)
	본문 해설	14.2
	단어나 구절의 풀이	4.6; 5.18; 9.20
	본문과 주석들에 대한 의견	18.16
	바로 앞 주석의 해설과 의견	6.28; 11.44
의견을 피력한 자주	본문 해설과 의견	2.41; 2.66; 3.35; 4.3(두 번); 4.22; 5.10; 5.11; 6.3; 6.11~6.12; 6.24; 6.32; 6.41; 7.12; 7.21; 7.22; 7.23(둘째); 7.30; 8.2; 9.6; 15.1
	바로 앞 주석의 해설과 의견	2.53; 3.21; 5.8~5.9; 5.27~5.28; 6.34

---

18 다음 다섯 곳은 함석헌이 '『기타』 본문'이 아니라 '앞의 주석이나 앞의 경구'를 논한 것으로 보인다. 2.53 주석은 바로 앞 라다크리슈난 주석에 있는 '행하되 행위의 결과에 집착하지 말고 평등한 마음으로 행하라'는 내용에 관련된 주석이다. 3.21 주석은 바로 앞 라다크리슈난 주석에 있는 '데모크라시는 위인에 대한 불신임 때문에 당황하고 있다'에 대한 의견이다. 5.8~5.9 주석은 바로 앞 간디 주석에 있는 '자기가 아니고 자기의 감각이 하는 것이라고 하는 그늘 밑에 자기를 숨겨서는 아니 된다'에 대한 의견이다. 5.27~5.28 주석은 바로 앞 간디 주석에 있는 '간디가 설명하는 요가'에 대한 의견이다. 6.34 주석은 바로 앞 마헤슈 주석에 있는 '신 의식'에 대해 다른 종교의 상응 개념을 말한 것이다.

2) 의견을 피력한 자주

글 방식 자주의 두 유형 가운데 '의견을 피력한 자주'에는 함석헌의 자유로운 의견이 포함되어 있다. 그리고 그의 자유로운 의견에 나타나는 가장 큰 특징은 힌두교, 인도철학이 아닌 다른 종교, 다른 철학을 언급한다는 것이다. 의견을 피력한 자주는 모두 26곳이고, 그중 다른 종교와 철학을 언급하는 곳은 22곳이다. 이때 인용을 포함하는 곳도 많다. 22곳은 〈표 21〉과 같다.

〈표 21〉 의견을 피력한 자주 중 다른 종교·철학이 언급된 곳

해당 시구	언급 내용
2.41	"중용", "공자", "노자", "장자", "불교", "유태교", "기독교"
2.53	"노자", "예수"
2.66	"『대학』"
3.21	"맹자", "노자"
3.35	기독교[19]
4.3(첫째)	"공자", "예수"
4.3(둘째)	"예수"
4.22	"노자", "장자"
5.8~5.9	"맹자", "예수"
5.10	"공자", "예수"
5.11	"예수"
6.3	"노자", "장자", "기독교", "유태인"
6.11~6.12	"기독교"
6.32	"장자"
6.34	"기독교", "불교", "유교"
6.41	맹자,[20] "예수"

해당 시구	언급 내용
7.12	"『중용』", "기독교"
7.21	"기독교", "장자"
7.23(둘째)	"예수"
7.30	"노자", "유교", "기독교"
8.2	"예수", "『좌씨전』"
9.6	기독교[21]

표에서 보듯이, 의견을 피력한 자주 26곳 중 22곳에 『기타』, 힌두교, 인도철학이 아닌 다른 종교, 다른 철학에 관련한 내용이 언급되었다. 함석헌은 『기타』에 대한 자기 해설과 해석만 말하지 않고 부지런히 다른 종교와 철학을 함께 말하는 것이다. 그가 '인용 방식 자주'에서 『기타』를 다른 종교, 철학과 하나로 읽는 작업을 하듯이, 글 방식 자주 중 '의견을 피력한 자주'에서도 다른 종교, 철학과 하나로 읽기를 하는 것을 알 수 있다. 그러므로 '하나로 보기'는 자주에 나타나는 가장 두드러진 특징이라고 할 수 있다.

---

19 '다르마'에 대한 주석에서 "십자가", "천당"을 언급한다.
20 "천하 만물의 이치가 내 마음속에 갖추어 있다"(萬物皆備於我); "돌이켜보아 정성되면 즐거움이 이에서 더한 것이 없다"(反身而誠樂莫大焉).
21 『성서』(「요한복음」, 「히브리서」)를 다룬다.

5. 맺음말

이 장에서는 『기타 역주서』의 '주석' 중 '자주'를 살펴보았다. 우선, 주석의 두 유형인 '『기타』 주석의 인용'과 '자주'를 횟수와 분량으로 비교했다. 그 결과, '자주'는 '『기타』 주석의 인용'보다 횟수와 분량이 훨씬 적지만, 『기타』 주석자 열 명과 비교할 때에는 횟수 2위, 분량 3위로 높은 순위였다. 그래서 주석 출처에서 "함석헌"이라는 이름을 자주 볼 수는 없어도 실제로는 그의 자주가 빈번하고 다량으로 나온다는 것을 알 수 있었다.

다음으로, 자주를 '글 방식 자주'와 '인용 방식 자주'로 분류하고 두 방식의 횟수와 분량을 계산했다. 그 결과, '인용 방식 자주'의 큰 특징은 함석헌이 『기타』를 다른 종교, 철학과 하나로 읽으려고 하는 것이었다. 그리고 이 특징은 인용 방식 자주에만 나타나지 않고, 글 방식 자주 중 '의견을 피력한 자주'에도 나타나는 주요한 특징이었다. 그래서 전체적으로, 자주에 나타나는 가장 두드러진 특징은 '하나로 보기'라고 말할 수 있다.

'자주'는 『기타』 주석의 인용에 비해 함석헌의 생각과 사상을 비교적 쉽게 파악할 수 있는 곳이다. 그중에서도 '의견을 피력한 자주'는 그의 생각과 사상을 직접적으로 알 수 있는 곳이다.

그래서 다음 장에서는 의견을 피력한 자주를 중심으로, 함석헌이 힌두교와 기독교를 하나로 읽는 모습을 살펴보겠다.

5장

하나 됨과 종교 다원주의

함석헌의 자주 가운데에는, 『기타 역주서』에 관한 선행 연구들이 많이 다루는 한 주석이 있다. 바로 『기타』 7.21에 대한 함석헌의 주석(이하 '7.21 주석'으로 약칭)이다. 7.21 주석은 그가 힌두교와 기독교의 신관神觀을 한자리에서 논하는 곳이다. 선행 연구들은 이 주석에 주목하고 종교 다원주의를 논했는데, 이 주석에 대한 논의가 간략하므로 더 구체적으로 살펴볼 필요가 있다. 한편, 『기타』 7.12에 대한 함석헌의 주석(이하 '7.12 주석'으로 약칭)은 그가 힌두교와 기독교의 우주발생관을 한자리에서 논하는 곳이다. 이 주석은 『기타 역주서』에서 종교 다원주의를 논하려면 반드시 다루어야 하는 주석이지만 아직 주목을 받지 못했다. 그래서 이 장에서는 7.21 주석과 7.12 주석을 대상으로, 함석헌이 힌두교와 기독교의 두 다른 교리를 하나로 이해하는 모습을 살펴보겠다.

1. 종교 다원주의

『기타 역주서』에 관한 선행 연구 여섯 편 가운데, 7.21 주석을 본문에서 직접인용하며 다룬 연구는 네 편이다.[1] 선행 연구

---

1   이거룡, 「거룩한 자의 노래 – 함석헌 선생 주석의 『바가바드기타』」, 『바가바드 기

들에서 이만큼 공통으로 다루는 주석은 없어 이 주석에 특별한 관심이 쏠려 있는 것을 알 수 있다. 우선 『기타』 7.21을 소개하면 다음과 같다.

7.21 어떠한 신자가 신앙을 가지고 어떤 형태의 신을 예배하기를 원하더라도 나는 그의 신앙을 튼튼케 해준다.[2]

이 시구는, 크리슈나가 그가 아닌 다른 신을 숭배하는 사람을 인정해 주고 그 사람의 신앙도 강하게 해 준다는 내용이다. 이 시구에 함석헌은 라다크리슈난의 주석을 인용하고 나서 자신의 주석을 한다. 함석헌의 주석은 두 부분으로 이루어졌다. 주석의 앞부분은 힌두교와 기독교를 함께 논하고, 뒷부분은 앞부분의 내용을 예시한다. 인용 분량에 차이는 있지만 선행 연구들이 직접인용하며 다룬 부분은 모두 앞부분이다. 이 앞부분을 편의상 'A'라고 부르겠다. A의 내용은 다음과 같다.

타』, 한길사, 1996, 51~52쪽; 김영호, 「함석헌과 인도 사상」, 함석헌기념사업회 엮음, 『함석헌 사상을 찾아서』, 삼인, 2001, 240~241쪽; 송현주, 「함석헌의 사유체계에서 『바가바드기타』와 불교의 위치」, 『종교문화비평』 17, 2010, 84쪽; 박홍규, 「함석헌과 간디의 종교관 비교―『바가바드기타』에 대한 해석을 중심으로」, 『석당논총』 56, 2013, 109~110쪽.

2   yo yo yāṃ yāṃ tanuṃ bhaktaḥ śraddhayārcitum icchati / tasya tasyācalāṃ śraddhāṃ tām eva vidadhāmy aham //

"나밖에 다른 신을 두지 말라"는 기독교 신관(神觀)을 가진 사람들에게는 이것이 아마 가장 이해하기 어려운 점일 것이다. 또 반대로 인도적인 생각을 가진 사람에게는 유일신의 배타적인 생각이 가장 견디기 어려울 것이다. 그러나 그러니 만큼 정말 긴요한 것은 그 사이에 이해가 어떻게 이루어지느냐 하는 데 있다. 기독교도는 사랑의 복음을 선포하는 자신들이 역사상 가장 잔혹한 전쟁들을 일으켰으며 가장 악랄한 제국주의를 행했다는 사실을 반성해 볼 필요가 있고, 아트만이 곧 브라만임을 믿는 인도 종교는 자기네가 세계에서 가장 부끄러운 계급주의를 유지해 왔으며 가장 비겁한 식민지 백성 노릇을 최근까지 했다는 사실을 생각할 필요가 있다. 이 대립은 사색과 행동이라는 두 쌍둥이 때문에 나오는 피치 못할 문제다. 그러나 그렇기 때문에 서로 부족을 보완해 줌으로써만 온전을 향해 나아갈 수 있다.[3]

A의 요지는, 기독교는 유일신관, 힌두교는 범신관[4]으로 두 종

---

3 이거룡, 송현주의 인용은 A 그대로고, 김영호의 인용은 A 끝에 한 문장이 더 있다. 박홍규의 인용은 A의 넷째 문장("기독교도는 사랑의"로 시작하는 문장)부터 시작한다.
4 "아트만이 곧 브라만임을 믿는 인도 종교"라고 말하는 데에서 A에서 함석헌이 생각한 힌두교의 신관을 범신관이라고 부를 수 있다. 함석헌이 A에서 말하는 힌두교의 신관을 '범신관'으로 부른 연구에 이거룡과 신재식의 연구가 있다. 이거룡, 「하나님의 발길에 채어 인도 사상까지」, 『민족의 큰 사상가 함석헌 선생』, 한길사, 2001, 155쪽; 신재식, 「함석헌과 종교다원주의 — 탈향(脫鄕)과 귀향(歸鄕)의 구도자」, 『종교문화비평』 17, 2010, 133쪽.

교의 신관이 다르지만, 두 다른 신관을 하나로 이해해야 한다는
것이다. A를 직접인용하며 다룬 네 선행 연구 중 세 연구[5]에는
공통점이 있다. A를 대상으로 종교 다원주의를 논하는 것이다.
종교 다원주의란 종교신학 이론의 하나로서, 종교들은 하나의
궁극적 실재 또는 진리로 나아가는 다양하고 동등한 길이라는
입장이다. 즉, 종교들의 다양성과 통일성을 모두 인정하는 입장
이다. 세 선행 연구는 A를 대상으로 다양성과 통일성을 논한다.
먼저, 다음과 같이 다양성을 논한다.

> 『바가바드기타』의 입장이 그렇듯이 선생은 전체성과 다면성에서
> 진리를 본다. 이 점에서는 오히려 선생이 『바가바드기타』보다 더
> 적극적인 듯싶다. 배타적인 종교관은 단호히 거부된다.(이거룡)[6]

> 『기타』 자체도 진리 독점론, 배타적 종교론보다는 공유론, 종교
> 다원성의 입장에 서 있다는 것이 명백하다. 그것이 함석헌과 처음

---

5 이거룡, 김영호, 송현주는 A를 종교 다원주의로 해석한다. 박홍규는 큰 틀에서 함석
   헌의 종교 다원주의를 다루고 A도 인용하기는 하지만, A를 종교 다원주의와 관련지
   어 해석하지는 않는다. 한편 박홍규는 A의 내용에 관해 구체적인 질문들을 던지는
   데, A는 짧지만 이해하기 쉽지 않으므로 그의 질문들은 A를 깊이 이해하려고 할 때
   물어야 하는 타당한 질문들이라고 여겨진다.
6 이거룡, 「거룩한 자의 노래─함석헌 선생 주석의 『바가바드기타』」, 『바가바드 기
   타』, 한길사, 1996, 51쪽.

부터 통하는 점일 것이다.(김영호)[7]

이거룡은 함석헌이 "배타적인 종교관은 단호히 거부"한다고
말하고, 김영호는 함석헌이 "종교 다원성의 입장에 서 있다"라
고 말한다. 즉, 함석헌이 진리의 관점에서 다양성을 인정한다고
해석한다. 또 다음과 같이 통일성도 논한다.

> 이례적으로 긴 이 주석은 유일신론과 범신론이라는, 어떻게 보면
> 가장 극명하게 대립되는 듯한 두 입장조차도 오히려 상호보완으로
> 꿰어질 수 있다는 것을 보여준다. 동색이 아니라 다양하기 때문에
> 조화의 아름다움을 얻을 수 있는 것과 마찬가지로, 서로 맞서 있기
> 때문에 서로의 부족을 채울 수 있다고 보는 것이다. 실로 '회통'의
> 참정신은 획일이 아니라 상호보완이라는 것을 분명하게 보여주는
> 대목이라 하지 않을 수 없다.(이거룡)[8]

이처럼 함석헌은 배타적으로 해석하기 쉬운 입장까지도 포용하
면서 '보완'적으로 회통하려는 관점을 보여준다.(김영호)[9]

---

7   김영호, 「함석헌과 인도 사상」, 함석헌기념사업회 엮음, 『함석헌 사상을 찾아서』, 삼
     인, 2001, 240쪽.
8   이거룡, 「거룩한 자의 노래—함석헌 선생 주석의 『바가바드기타』」, 『바가바드 기
     타』, 한길사, 1996, 51~52쪽.

수많은 모습의 신들의 존재는 기독교의 유일신 신앙과 충돌할 수밖에 없다. 이에 대해 함석헌은 다음과 같이 두 입장을 풀어 설명함으로써 화해시키고자 한다. (…중략…) 이와 같이 (…중략…) 종교적 다원주의 사상, 즉 모든 종교는 진리의 일부로서 서로 통한다는 것, '모든 종교는 하나'라고 하는 종교의 보편성에의 확신은 함석헌의 만년에 이르면 자연스럽게 체화되어 그의 많은 저술과 강연에서 찾아볼 수 있다.(송현주)[10]

이거룡과 김영호는 함석헌이 두 신관을 두고 취하는 입장을 "회통"이라고 표현하고, 송현주는 함석헌이 두 다른 신관을 "화해"시키고 "종교의 보편성"을 말한다고 본다. 즉, 함석헌이 두 종교의 통일성을 인정한다고 해석한다.

이와 같이 세 선행 연구는 A를 대상으로 종교 다원주의를 논하고, 함석헌이 두 종교의 다른 신관을 하나로 보려고 하는 입장을 '회통', '화해'로 표현했다. 하지만 여기까지 논하는 것으로는 A에 대한 이해가 불충분하다. 왜냐하면 함석헌이 주장하는 '두 신관을 하나로 이해해야 한다'는 것의 의미가 구체적으

9 김영호, 「함석헌과 인도 사상」, 함석헌기념사업회 엮음, 『함석헌 사상을 찾아서』, 삼인, 2001, 240~241쪽.
10 송현주, 「함석헌의 사유체계에서 『바가바드기타』와 불교의 위치」, 『종교문화비평』 17, 2010, 84쪽.

로 와 닿지 않기 때문이다. 그러므로 A와 관련해 함석헌이 말하는 바가 더 있는지 알아보고, 그럼으로써 두 신관을 하나로 이해해야 한다는 그의 주장을 더 깊이 이해할 수 있는지 알아볼 필요가 있다. 그리고 그렇게 하기 위해서는 A만이 아니라 그 '주변' 주석들을 살펴볼 필요가 있다. 그 주변 주석들은 7.21 주석의 나머지 주석, 7.22 주석, 7.23 둘째[11] 주석이다. 아래에서 차례로 살펴보겠다.

2. 신관

1) 하나 됨

7.21 주석은 A가 끝이 아니고 뒤에 주석이 이어진다. 이 뒷부분에 해당하는 7.21 주석을 편의상 'B'라고 지칭하겠다. B의 내용은 다음과 같다.

여기서 장자의 말을 빌려보자.

소지(小知, 적은 앎)가 대공조(大公調, 큰 하나 됨)에게 물었다.

"마을의 말씀(丘里之言)이란 무엇입니까?" 큰 하나 됨이 대답한다.

---

11 7.23 첫째 주석은 『명심보감』 구절의 인용이다.

"마을이란 열 가지 성과 백 가지 사람이 모여 한 풍속을 이룬 것이다. 다른 것을 모으면 한 가지가 되고, 한 가지를 흩으면 다른 것이 된다. 이제 말(馬)의 각 부분을 보면 말이란 것은 없어지지만, 그래도 내 앞에 선 것을 보고 말이라 할 때는 그 여러 부분을 하나로 세워놓고 보기 때문에 하는 말이다. 산이란 낮은 것이 쌓여서 높아진 것이고 강이란 작은 물방울이 모여서 커진 것이다. 큰 사람은 모두 한데 어울러서 하나 됨(公)을 하는 이(大人合併而爲公, 장자, 則陽)다."

A의 요지는 기독교와 힌두교의 두 다른 신관을 하나로 이해해야 한다는 것이었다. B는 A를 장자莊子의 구리지언丘里之言으로 예시하는 내용이고 요지는 다음과 같다. 하나로 보는 사람에게는 자연의 높고 낮음, 큼과 작음이 서로 대립하는 것이 아니고 하나의 여러 모습이듯이, 신관들을 하나로 보는 사람에게는 자기 종교의 신관과 다른 종교의 신관이 서로 대립하는 것이 아니고 하나의 여러 모습이라는 것이다. 하지만 이 예시는 하나 됨에 이른 사람이 사물을 어떻게 보는지에 관해 알려 주기는 하지만, 두 신관을 하나로 이해해야 한다는 함석헌의 주장을 더 구체적으로 이해하는 데에는 도움을 주지 못한다. 그러므로 B의 다음 주석을 살펴보겠다.

2) 믿음

『기타』 7.22는 다음과 같다.

> 7.22 그러한 신앙이 주어짐을 얻어 그는 특정한 신을 예배하기를
> 원하고, 그리 함으로 말미암아 제 원하는 바를 성취한다. 그러나 사
> 실은 그 이득은 나만이 주는 것이니라.[12]

이 시구는 크리슈나 외의 다른 신을 숭배하려는 욕망도, 다른
신의 숭배를 통해 얻는 이득도 다름 아닌 크리슈나가 준다는 내
용이다. 이 시구를 함석헌은 다음과 같이 해석한다.

> 스스로 하는 법칙으로 움직이는 현상계의 자리에서 보면 모든 것
> 은 원인과 결과의 관계고, 뜻의 세계에서 보면 하나도 하나님의 주
> 시는 것 아닌 것이 없고, 토론의 지경을 벗어나면 일신(一神)도 다
> 신(多神)도 범신(汎神)도 없는, 오직 믿음이 있을 뿐이다.

인용문에서 함석헌은 세계를 셋으로 분류한다. 첫째, '현상
계'는 인과관계에 의해 돌아가는 세계다. 법칙에 의해 스스로
움직이므로 신이 필요 없는 세계, 신이 없다고 믿는 세계를 말

---

12 sa tayā śraddhayā yuktas tasyārādhanam īhate / labhate ca tataḥ kāmān mayaiva vihitān
   hi tān //

한다. 둘째, '뜻의 세계'는 신의 뜻으로 이루어지는 세계다. 모든 것은 신이 준다고 믿는 세계를 말한다.[13] 셋째, '토론을 초월한 세계'는 신의 뜻으로 이루어지는 세계도 넘어선 초월적 세계다. 이 세계에는 신이 아니라 오직 믿음만 있고, 그렇기 때문에 유일신관이든, 다신관이든, 범신관이든, 신관이 상관없다.

지금까지 살펴본 7.21~7.22 주석을 정리해 보겠다. 함석헌은 7.21 주석에서 힌두교와 기독교의 다른 신관을 하나로 이해해야 한다고 말하고(A), 하나 됨을 이룬 사람에 대한 예시를 든다(B). 다음 7.22 주석에서는 신관의 문제를 계속 논하면서, 초월적 경지에서는 신관이 상관없고 오직 믿음만 있다고 말한다. 그런데

---

13 7.22 주석의 "현상계"와 "뜻의 세계"를 송현주는 다음과 같이 해석한다. "함석헌은 우주의 궁극적 실재인 신을 인과관계의 면에서 본다면 비인격적 법칙으로서, 그러나 뜻을 통해 파악하는 면에서 본다면 인격적 신으로서 볼 수 있다는 포괄적 안목을 제시하는 것이다."(송현주, 「함석헌의 사유체계에서 『바가바드기타』와 불교의 위치」, 『종교문화비평』 17, 2010, 82쪽) 이 해석에 따르면, 함석헌이 말하는 '모든 것을 인과관계로 보는 현상계의 자리'란 '궁극적 존재를 인정하고' 그 궁극적 존재가 비인격적 법칙이라는 것이다. 그러나 여기에서 함석헌이 말하는 '모든 것을 인과관계로 보는 현상계의 자리'란 '궁극적 존재를 부정하고(또는 모르고)' 모든 것이 인과법칙으로만 움직인다고 보는 것이라고 해석하는 것이 타당해 보인다. 왜냐하면 『기타 역주서』 외 함석헌의 일차문헌에서는 인과법칙으로만 세계를 이해하는 것을 극복하려는 모습을 자주 볼 수 있기 때문이다. 예를 들어, "하나님의 영은 절대 자유의 영인고로 인과의 법칙을 쓸 수 없다. (…중략…) 그러나 인격은 자유이기 때문에 그 인과의 법칙을 벗는 날이 오지 않으면 안된다. (…중략…) 인과율의 세계가 끝나고 자유의 세계가 온다. 하나님이 인간 속에 오시어 같이 계시는 시대."(「고아원으로 보내는 글」, 『함석헌전집』 10권 『달라지는 세계의 한길 위에서』, 한길사, 1984, 374쪽); "이제 정말 복음이 이루어집니다. 인과율의 종살이를 벗어났기 때문입니다. 일정한 원인에서 일정한 결과를 거두는 것은 복음이 아닙니다."(「공주로 보내는 글(2)」, 『함석헌전집』 10권 『달라지는 세계의 한길 위에서』, 한길사, 1984, 355쪽)

이 주석은 신관의 문제가 믿음과 관련이 있다는 것은 알려 주지만, 두 신관을 하나로 이해해야 한다는 주장을 더 깊이 이해하는 데에는 큰 도움이 되지 않는다. 그러므로 다음 주석을 계속 살펴보겠다. 우선 『기타』 7.23은 다음과 같다.

> 7.23 그러나 그러한 적은 지혜의 사람들이 얻은 결과는 유한하고 잠깐인 것이니라. 천신들을 공경하는 자들은 천신의 하늘로 갈 것이지만 나의 신자는 내게로 온다.[14]

이 시구에서 크리슈나는 그가 아닌 다른 신을 믿는 사람은 그를 믿는 사람보다 지혜가 적고 결과가 유한하다고 말한다. 즉, 크리슈나를 믿는 것은 다른 신들을 믿는 것보다 우월한 결과를 가져온다. 함석헌은 '천신들을 공경하는 자들은 천신의 하늘로 갈 것'이라는 구절을 다음과 같이 주석한다.

> 여러 신이요, 천신이요, 천신의 하늘이요 하는 것이 현실적으로 있는 우주의 어느 구석 어떤 존재를 말하는 것이 아니라 믿음으로 인해 자라는 정신 세계의 어느 지경을 말하는 것이다. 영을 받은 사람

---

14 antavat tu phalaṃ teṣāṃ tad bhavaty alpamedhasām / devān devayajo yānti madbhaktā yānti mām api //

이 아니고는 영의 말을 알아듣지 못하고 반드시 제 나름의 해석을 한다. 그렇게 해서 미신이 생긴다. 그러나 그럼 영은 어떻게 받나? 영의 말을 듣지 않고는 아니 된다. 그래서는 순환론에만 빠질 것 같다. 거기 기적을 일으키는 것이 믿음이다. 그래서 위에서 한 말에 "진지한 태도로 하기만 하면"이란 말이 있었다. 진지란 참인데, 참은 다른 것 아니고 자기와 자기의 모든 욕망을 전적으로 부정함이다. 그러면 지식이나 경험이 모자라 혹 마음에 가려진 바가 있어 잘못 알았던 것이 있다 해도 반드시 깨닫는 날이 오고야 만다. 그것이 "내가 그 믿음을 튼튼케 한다"는 것이다.

위 인용문을 보면, 7.23 주석에서 함석헌이 7.21 주석과 7.22 주석을 소급해 논하는 것을 알 수 있다. 우선, 그는 7.23 주석에서 7.21 시구와 주석을 언급한다. 위 인용문의 마지막 문장에 있는 "내가 그 믿음을 튼튼케 한다"라는 구절은 『기타』 7.21의 구절이다.[15] 또 인용문에 있는 "위에서 한 말에 "진지한 태도로 하기만 하면"이란 말이 있었다"라는 구절은 7.21 라다크리슈난 주석의 한 구절이다.[16] 다음으로, 그는 7.22 주석에서 언급만 했

15 『기타』 7.21의 이 구절은 '나는 그의 신앙을 튼튼케 해준다.'
16 7.21 라다크리슈난 주석은 7.21 함석헌 주석(A)의 바로 앞에 있다. 라다크리슈난 주석의 마지막 문장은 "우리가 존경하는 것이 무엇이었든 간, 그 존경이 진지한 것이기만 하다면 그로 인해 우리는 앞으로 나아갈 수 있다"다. 함석헌이 7.23 주석에서 "위

던 '믿음'을 7.23 주석에서 설명한다. 그는 힌두교의 많은 신은 우주에 있는 신들이 아니라 인간의 정신 수준을 가리키고, 인간의 정신을 자라게 하고 정신에 기적을 일으키는 것은 믿음이라고 주장한다. 그리고 믿음을 튼튼하게 하는 방법은 나와 나의 욕망을 완전히 부정하는 것이라고 주장한다. 이와 같이 7.23 주석에서 함석헌은 7.21 구절과 주석을 가져와 논하고, 7.22 주석을 부연한다. 그러므로 7.21~7.23 주석은 하나로 이어지는 주석임을 알 수 있다.

지금까지 살펴본 7.21~7.23 주석을 정리해 보겠다. 7.21 주석(A, B)에서는 두 신관을 하나로 이해해야 한다는 주제를 꺼냈다. 다음 7.22 주석에서는 앞에서 논한 신관의 문제를 잇고, 초월적 자리에는 신관이 상관없고 오직 믿음만 있다고 말했다. 다음 7.23 주석에서는 앞에서 논한 신관과 믿음의 문제를 잇고, 다신多神이란 정신의 여러 지경을 말하고, 정신을 자라게 하는 것은 믿음이며, 믿음을 튼튼하게 하는 것은 신이 아니라 인간의 자기 정화라고 주장했다. 이와 같이 7.21~7.23 주석을 하나로 이어서 살펴보면, 함석헌은 논의의 초점을 '신관'에서 '신앙관'으로, '신'에서 '인간'으로, '신에게 바라는 믿음'에서 '자기를

에서 한 말에 "진지한 태도로 하기만 하면"이란 말이 있었다"라는 구절은 7.21 라다크리슈난 주석의 마지막 문장에 있는 "진지한 것이기만 하다면"을 가리킨다.

정화하는 믿음'으로 옮기는 것을 볼 수 있다. 그래서 7.21 주석
의 A만 보면 '두 신관을 하나로 이해해야 한다'는 함석헌 주장
의 중심에 '신관'이 있지만, 7.21~7.23 주석을 이어서 보면 그
주장의 중심에는 '믿음'이 있다. 다시 말해, 다른 두 신관을 하
나로 이해하게 하는 것은 믿음이라는 것이다.

3) 믿음은 하나 됨을 하는 일

초판을 비롯한 『기타 역주서』의 모든 단행본에는 7.21 주석
이 B로 끝난다. 그런데 잡지판에는 B의 맨 끝에 한 문장이 더
있다. 다음은 잡지판의 B다.

장자의 말을 빌어 볼까?
소지(小知 ― 적은 앎이)[원문대로] 대공조(大公調 ― 큰 하나됨)에
게 물었다. 마을의 말씀(丘里之言)이란 무엇입니까? 큰 하나됨이
대답하기를 마을이란 것은 열 가지 성 백가지 사람이 모여 한 풍속
을 이룬 것이다. 다른 것을 모으면 한 가지가 되고, 한가지를 흩으
면 다른 것이 된다. 이제 말(馬)의 각 부분을 보면 말이란 것은 없
어지지만, 그래도 내 앞에 선 것을 보고 말이라 할 때는 그 여러 부
분을 하나로 세워놓고 보기 때문에 하는 말이다. 산이란 낮은 것이
쌓여서 높아진 것이고 강이란 물이 모여서 커진 것이다. 큰 사람은

모두 한데 아울러서 하나됨(公)을 하는 이라.(大人合倂而爲公) 믿음은 하나됨을 하는 일이다.[17]

단행본과 달리, 잡지판은 B의 맨 끝에 "믿음은 하나됨을 하는 일이다"라는 문장이 더 있다.[18] B가 속한 7.21 주석이 신관을 논하는 맥락임을 고려하면, 함석헌은 다른 신관들을 하나 되게 하는 것이 믿음이라고 말한다는 것을 알 수 있다.[19] 그리고 7.21 주석에 이 문장이 있는지 없는지의 여부는 이 주석을 이해하는 질質에 영향을 미치므로 중요하다. 잡지판으로 7.21 주석을 읽으면, 함석헌은 A에서 두 신관을 하나로 이해해야 한다고 주장

---

17 「바가받 기타」(17), 『씨ᄋᆞᆯ의 소리』 68호, 1977.10. 띄어쓰기는 원문대로.
18 이 문장은 초판을 만들 때 누락된 것으로 보인다. 이 문장이 잡지판을 초판으로 만들 때 누락되었는지, 편집자에 의해 삭제되었는지, 함석헌 자신에 의해 삭제되었는지 정확하게 알 수 없지만, 정황상 누락으로 추정된다. 그 이유는 다음과 같다. 첫째, 함석헌이 잡지판을 초판으로 만들 때 원고를 교정했는지 확실하지 않다. 만일 그가 교정을 했다고 해도, 7.21~7.23 주석이 '믿음'을 중심에 둔 내용이므로 중요한 이 문장을 삭제했을 가능성이 낮다. 둘째, 편집자의 의도적 삭제로 보기에는 이 문장을 삭제할 특별한 이유가 없어 보인다. 초판에는 이 경우 외에도 잡지판의 내용이 누락된 곳들이 더 있는데, 누락된 곳들의 내용을 보면 의도적 삭제라고 여길 만한 특별한 이유를 찾기 어렵다.
19 "믿음은 하나됨을 하는 일이다"라는 문장에 나오는 믿음 개념을 이해하는 데에 다음의 함석헌 글이 도움이 된다. "어데까지나 시간, 공간 할 것 없이 그 밑 혹은 그 속을 꿰뚫어 흐르는 하나되게 하는 어떤 힘이 있고, 물질, 정신 할 것 없이 생명의 바다을 흐르는 어떤 힘, 어떤 뜻이 있다. 그것을 사람에게 있어서는 믿음, 신념 혹 신앙이라 한다. 영어에 인테그레이트(Integrate), 번역해서 통전(統全), 곧 전체로 통일하는 말이 있지만, 믿음이야말로 인테그레이트하는 힘이다." 함석헌, 「우리 역사와 민족의 생활신념」, 『함석헌전집』 1권 『뜻으로 본 한국역사』, 한길사, [1983]1987, 375쪽.

하고, B에서 구리지언으로 다른 것들의 하나 됨에 관해 예시하고, B의 마지막에서 다른 것들을 하나 되게 하는 것, 곧 맥락상 두 신관을 하나 되게 하는 것이 믿음이라는 것을 명확하게 말한다. 다시 말해, 7.21 주석에서 일찍부터 신관의 문제를 믿음의 문제와 함께 논한 후, 7.22 주석과 7.23 주석에서 신관과 믿음의 관계를 더 부연하며 설명해 나간다.

그런데 이 문장이 없는 초판이나 재판으로 7.21 주석을 읽으면 이 주석을 이해하는 이해도에 차이가 생긴다. 위에서 살펴본 대로, 이 문장이 없다 해도 7.21~7.23 주석을 함께 읽으면 두 신관을 하나로 이해하게 하는 것이 믿음이라는 것을 '미루어' 알 수 있다. 하지만 7.23 주석까지 주의 깊게 읽은 후 7.21 주석의 핵심을 미루어 추정하는 것과, 7.21 주석에서 명확하게 제시된 이 문장을 읽고 나서 7.22~7.23 주석을 추가로 읽어나가며 이해를 깊이 하는 것에는, 7.21 주석을 이해하는 질에 차이가 있을 수밖에 없다.[20]

이상에서 살펴본 7.21 주석에 관한 논의를 이제 정리해 보겠다. 선행 연구들은 7.21 주석 가운데 A에 주목하고 종교 다원주의만을 간략하게 논했다. 이 장에서는 A에서 함석헌이 주장하

---

20 일차문헌을 제대로 구비하는 것이 얼마나 중요한지 여기에서 다시 한번 절감할 수 있다.

는 '두 신관을 하나로 이해해야 한다'는 것의 의미를 더 구체적으로 알고자 했다. 그리고 7.21~7.23 주석을 연결해 읽을 때, 함석헌이 두 종교의 다른 신관을 하나로 이해하게 하는 것으로 믿음을 말한다는 것을 알 수 있었다. 또 잡지판을 통해 이러한 이해에 이상이 없음을 확인했다. 그러므로 A에서 함석헌이 말하는 '두 신관을 하나로 이해해야 한다'는 주장에 관한 논의는 '믿음'의 문제까지 다룰 때 일단락된다고 할 수 있다.[21]

『기타 역주서』에서 함석헌이 말하는 '하나 됨'이라는 개념이 늘 믿음을 가지고 논의되는 것은 아니다. 그는 다른 소재에 대해서는 하나 됨을 다른 내용으로 논하므로 다음에는 이 점을 살펴보겠다.

3. 우주발생관

『기타 역주서』를 대상으로 종교 다원주의를 논하기 위해 빼놓지 않고 살펴보아야 하는 주석에 7.12 주석이 있다. 이 주석은 함석헌이 힌두교와 기독교의 두 다른 우주발생관을 하나로 보려고 하는 곳이다. 이거룡은 7.21 주석을 대상으로 '회통'에

---

21 함석헌의 믿음 개념은 '믿음의 요가'를 다루는 이 책의 다음 장에서 더 살펴보겠다.

관해 논하다가 논의의 끝을 7.12 주석의 일부를 인용하는 것으로 맺었다.[22] 인용 외에 다른 언급은 없지만, 이것은 7.21 주석과 7.12 주석을 '하나 됨'이라는 주제로 이어서 보았다는 것을 말해 준다. 두 주석을 함께 고려한 것은 그의 연구가 유일하고 이것은 올바른 접근이라고 여겨진다. 여기에서는 이 선행 연구를 확장해, 7.12 주석에서 함석헌이 논하는 하나 됨을 자세히 살펴보겠다. 우선 『기타』 7.12는 다음과 같다.

> 7.12 또 모든 착한 성질과 사나운 성질과 게으른 성질의 물건들은 다른 것 아니고 오직 내게서 나가는 것임을 알라. 내가 그것들 안에 있지는 않으나, 그것들은 내 안에 있느니라.[23]

이 시구는 크리슈나가 우주의 근원이고 그 안에 만물이 있다고 말하는 내용이다. 이 시구에 대한 주석에서 함석헌은 물질세계에 관해 힌두교와 기독교를 비교한다. 그는 다음과 같이 말한다.

> 힌두교에서 프라크리티니, 마야니, 구나니 하는 데 해당하는 말을

---

22 이거룡, 「거룩한 자의 노래─함석헌 선생 주석의 『바가바드기타』」, 『바가바드 기타』, 한길사, 1996, 52~53쪽.

23 ye caiva sāttvikā bhāvā rājasās tāmasāś ca ye / matta eveti tān viddhi na tv ahaṃ teṣu te mayi //

182　함석헌의 『바가바드 기타』 역주서 연구

기독교 신학에서 찾아본다면 사탄이니, 타락이니, 원죄니 하는 것들을 들 수 있을 터인데, 그 둘의 설명 방법에는 상당히 차이가 있다. (…중략…) 행동을 주로 하는 셈적인 자리에서 하면 하나님이 천지를 창조했고 자기 형상대로 사람을 만들었으며, 사탄이 유혹을 했고, 아담이 범죄해서 그것이 세상 모든 문제의 근원이 되는 원죄가 됐다. 그러나 명상을 주로 하고 이론적으로 이해하기를 목적하는 인도식으로 하면 맨 첨은 첨 없는 첨에서 누구라고 이름 할 수도 없는 영원의 진화하는 과정을 따라 물질이 나오고 생명이 나오고 사람이 나오고 선악이 나왔다. 거기에 어떤 법칙이 있는 것은 사실인데 그것을 일상에서 일어나는 현상을 설명하는 논법으로는 설명할 수 없어 카르마라 했을 터이고, 그것을 이기는 방법은 높은 차원의 정신으로 초월하는 것밖에 없다 해서 모크샤니 니르바나니 했을 것이다.

우선, 함석헌은 두 종교의 유사점을 말한다. 그는 힌두교의 '프라크리티, 구나, 마야'를 기독교의 '사탄, 타락, 원죄'에 대응시킨다. '프라크리티'란 모든 물질이 전개되어 나가는 근원이다. '구나'란 프라크리티와 그것에서 전개되는 물질세계를 이루는 요소들[24]이다. '마야maya'란 물질세계를 만들어 내는 신의 창

---

24 구나는 셋이다. 선하고 밝은 요소 '삿트바'(sattva, 『기타』 7.12 '착한 성질'), 움직이고 불안정한 요소 '라자스'(rajas, 『기타』 7.12 '사나운 성질'), 악하고 어두운 요소 '타마

조력이다. 그래서 '프라크리티, 구나, 마야'는 물질세계고, 선악 등의 상대相對가 있는 세속세계고, 순수 정신인 아트만과는 다른 세계다. 기독교의 '사탄, 타락, 원죄'도 절대적 정신, 영靈, 선善인 하나님과는 다른 세계다. 이와 같이 함석헌은 힌두교와 기독교의 '물질세계'에 해당하는 개념을 대응시키면서 두 종교의 유사점을 찾는다.

그러고 나서 그는 두 종교의 차이점을 말한다. 물질세계의 발생, 곧 우주의 발생에 관한 설명 방식이 다르다는 것이다. 그에 따르면, 기독교에서는 창조주가 우주와 인간을 창조하고, 사탄의 개입에 의해 인간이 타락하고 원죄가 생긴다. 힌두교에서는 시작도 없는 처음에서 우주, 생명, 인간, 선악이 전개되고 그 과정에 업의 법칙이 있다. 다시 말해, 그는 기독교는 창조론, 힌두교는 전개론으로 우주 발생 과정의 차이점을 설명한다.

이와 같이 차이점을 말한 후, 함석헌은 두 종교의 다른 우주 발생관을 하나로 보려고 한다. 그는 다음과 같이 말한다.

이 우주는 복잡하다. 우주 자체가 그런지는 알 수 없어도 적어도 이 생각하는 인간의 마음이나 정신은 그렇다. 그러므로 진리는 하나라지만, 하나를 위해 모든 것을 배타적으로 내쫓아서는 성질상 도

스'(tamas, 『기타』 7.12 '게으른 성질')다.

저히 불가능하고 다만 분별없이 옹근 채로 하는, 혼연일체하는, 통
전하는 태도로만 가능하다.

인용문에서 "옹근"의 형용사 '옹글다'란 "물건 따위가 조각나
거나 손상되지 아니하고 본디대로 있다"[25]라는 뜻이므로 부분적
이 아니라 전체적인 것을 뜻한다. "혼연일체"도 "생각, 행동, 의
지 따위가 완전히 하나가 됨"[26]이라는 뜻이다. "통전"은 한자로
'統全'[27]이고 "전체(全體)로 통일"[28]한다는 말이다. 그러므로 함
석헌이 말하는 '옹긂', '혼연일체', '통전'은 모두 '전체', '하나
됨'을 가리킨다. 함석헌은 이렇게 통전하는 태도로 보면, 다른
종교는 하나의 사실을 설명하는 방법이 내 종교와 다를 뿐이기
때문에 내 종교의 입장에 서 있으면서도 다른 종교를 이해할 수

---

25 국립국어원, 『표준국어대사전』, 개정판 웹사전, https://stdict.korean.go.kr/main/main.do,
    2008.
26 국립국어원, 『표준국어대사전』, 개정판 웹사전, https://stdict.korean.go.kr/main/main.do,
    2008.
27 '통전'의 한자로 함석헌은 대체로 '統全'을 쓰고 가끔 '通全'을 쓴다. 『기타 역주서』의
    경우 모두 '統全'이다. 『기타 역주서』에서 '통전'이 나오는 곳은 다섯 번이다(6.1 마헤
    슈 주석; 6.10 라다크리슈난 주석; 6.24 마헤슈 주석; 7.12 주석; 7.18 라다크리슈난
    주석). 재판 1쇄는 두 곳(6.1 마헤슈 주석; 6.10 라다크리슈난 주석)에 한자 '統全'이
    병기되었다. 초판은 한 곳(7.12 주석)을 제외하고 모두 한자가 병기되었고, 잡지판
    을 통해 그 한 곳도 "統全"인 줄 알 수 있다.
28 "영어에 인테그레이트(Integrate), 번역해서 통전(統全), 곧 전체(全體)로 통일하는
    말이 있지만". 함석헌, 「우리 역사와 민족의 생활신념」, 『함석헌전집』 1권 『뜻으로
    본 한국역사』, 한길사, [1983]1987, 375쪽.

있다고 주장한다. 그는 이것을 다음과 같이 말한다.

사탄이다 타락이다 원죄다 용서다 할 수 있다면, 또 프라크리티
다 자연이다 법칙이다 이해다 할 수도 있을 것이다. 농사꾼이 반드
시 먹어봄으로써만 이해하는 능금이지만 그가 시인이라면 왜 나무
에 달린 채 두고 무한히 바라봄으로써 못하겠는가. 만물을 엿새 동
안 다 창조하시고 이레 되는 날 안식에 드셨다는 하나님이 왜 [『기
타』 7.12에서 말하듯이] "그 착한 것, 사나운 것, 게으른 것이 다 내
게서 나갔느니라. 그러나 그들은 내 안에 있어도 나는 그들 안에 있
지 않으니라" 하지 못하겠는가.

여기에서 함석헌은 그의 종교인 기독교의 교리를 아는 것은
사과를 직접 먹어보는 '농부의 이해'로 표현하고, 타 종교인 힌
두교의 교리를 아는 것은 나무에 달린 사과를 따지 않고 그저
무한히 바라보는 '시인의 이해'로 표현한다. 농부의 이해는 '경
험'으로 아는 이해고, 시인의 이해는 경험하지 않고 '직관'으로
아는 이해다. 힌두교인이 되어 직접 경험하는 것은 아니지만,
통전하는 태도로 볼 때에는 기독교인이 힌두교 교리를 이해하
는 것이 충분히 가능하다는 것이다. 그래서 "사탄이다 타락이다
원죄다 용서다 할 수 있다면, 또 프라크리티다 자연이다 법칙이

다 이해다 할 수도 있"다는 것이다.

이상에서 7.12 주석을 살펴본 결과, 이 주석에서는 종교 다원주의를 발견할 수 있다. 힌두교와 기독교의 두 다른 우주발생관을 동등하게 인정하고 있어 다원성이 논해지고, 두 종교는 하나의 다른 설명 방식이라고 말해 통일성이 논해지기 때문이다. 이 주석에서 함석헌은 힌두교와 기독교의 우주발생관이 다름을 논하고 둘을 하나로 이해하는 데에 초점을 두었다. 그리고 두 우주발생관을 하나로 이해하는 방법으로 시인의 이해, 곧 직관으로 아는 이해를 말했다.

4. 7.12 주석과 7.21 주석의 구조

지금까지 『기타 역주서』에서 종교 다원주의를 논할 때 다루어야 할 대표적 주석인 7.12 주석과 7.21 주석을 살펴보았다. 그리고 두 주석을 비교하면, 구조가 유사하다는 흥미로운 점이 발견된다. 각 주석의 내용[29]은 공통으로 '현상', '문제 제기', '현상의 원인', '문제 해결의 방향', '문제 해결의 방법'이라는 다섯

---

[29] 7.12 주석은 '구나'를 설명하는 첫째 단락을 제외한, 둘째와 셋째 단락이다. 7.21 주석은 전문(全文)이고, 맨 끝에 누락된 문장 "믿음은 하나됨을 하는 일이다"를 되살린다.

항목으로 나눌 수 있다. 처음에는 두 종교의 교리에 차이가 있다는 '현상'[30]을 말하고 나서, 이러한 현상을 어떻게 이해할 것인가 하고 '문제 제기'[31]를 한다. 그러고 나서 교리의 차이라는 현상은 종교 자체에 기인하기보다는 종교가 속한 더 큰 범주인 문화권에 기인한다고 '현상의 원인'[32]을 생각한다. 다음으로, 교리 차이의 문제는 둘을 하나로 보려는 태도를 가지고 접근해야 한다고 '문제 해결의 방향'[33]을 제시한다. 마지막으로, 어떻게 둘을 하나로 볼 수 있는지 '문제 해결의 방법'[34]을 제시한다. 다섯 항목에 따라 두 주석의 구조를 도표화하면 〈표 22〉와 같다.

표를 보면 다음과 같은 점들을 간명하게 재확인할 수 있다. 첫째, 두 주석은 다루는 소재가 다르다. 7.12 주석은 우주발생관, 7.21 주석은 신관이다. 둘째, 소재는 다르지만 주제는 같다. 그것은 '하나로 이해하기'다. 두 종교의 다른 우주발생관을 하나로, 그리고 다른 신관을 하나로 이해하는 것이다. 셋째, 소재

---

30 현상: "힌두교에서 프라크리티니, (…중략…) 차이가 있다."(7.12 주석); ""나밖에 다른 (…중략…) 어려울 것이다."(7.21 주석)
31 문제 제기: "그러나 그런 (…중략…) 중요한 일이다."(7.12 주석); "그러나 그러니 (…중략…) 데 있다."(7.21 주석)
32 현상의 원인: "행동을 주로 (…중략…) 했을 것이다."(7.12 주석); "기독교도는 사랑의 (…중략…) 못할 문제다."(7.21 주석)
33 문제 해결의 방향: "이 우주는 (…중략…) 어짊이 있다."(7.12 주석); "그러나 그렇기 (…중략…) 이(大人合併而爲公, 장자, 則陽)다.""(7.21 주석)
34 문제 해결의 방법: "사탄이다 타락이다 (…중략…) 하지 못하겠는가."(7.12 주석); "믿음은 하나됨을 하는 일이다."(7.21 주석)

<표 22> 7.12 주석과 7.21 주석의 구조

항목	내용	7.12 주석	7.21 주석
현상	기독교와 힌두교의 입장이 다르다.	우주발생관 (기독교의 창조론, 힌두교의 전개론)	신관 (기독교의 유일신론, 힌두교의 범신론)
문제 제기	다른 입장을 어떻게 이해할 것인가?	하나로 통하게 하는 자리를 찾는 것이 중요하다.	둘 사이를 어떻게 이해하는가가 중요하다.
현상의 원인	문화권에 따른 피치 못할 현상이다.	행동과 명상 (기독교의 행동, 힌두교의 명상)	행동과 사색 (기독교의 행동, 힌두교의 사색)
문제 해결의 방향	두 입장을 하나로 보아야 한다.	통전하는 태도	온전(하나 됨)을 지향
문제 해결의 방법	어떻게 하나로 볼 것인가?	직관	믿음

에 따라 하나로 이해하는 방법이 다르다. 두 우주발생관을 대상으로는 직관을, 두 신관을 대상으로는 믿음을 제시한다. 이는, 우주의 창조와 출현에 관한 형이상학은 인간이 경험으로 알 수 없는 영역이므로 경험하지 않고 이해하는 직관을 논하고, 궁극적 실재는 인간이 체험으로 알거나 만나는 영역이므로 경험으로 이해하는 믿음을 논하는 것이라고 이해할 수 있다.

7.12 주석과 7.21 주석의 구조를 함석헌이 의도적으로 유사하게 만들었으리라고 생각되지는 않는다. 왜냐하면 자유롭게 자기 의견을 쓰는 것이 특징인 '의견을 피력한 자주'에서 그렇

게까지 계획적으로 썼으리라고 생각하기는 어렵기 때문이다. 다만 두 주석의 구조가 유사한 데에서, 그가 두 『기타』 시구를 주석하면서 힌두교와 기독교를 하나로 이해하려 한다는 것은 분명히 알 수 있다.

5. 질문들

마지막으로, 두 주석에 관해 두 가지 질문을 하고 답해 보고자 한다. 하나는 함석헌이 『기타』 열여덟 장 가운데 왜 7장을 주석할 때 힌두교와 기독교의 하나 됨을 논하는가에 관한 질문이다. 또 하나는 함석헌의 주석은 『기타』 시구들과 어떤 유사점과 차이점이 있는가에 관한 질문이다. 두 질문을 차례로 살펴보겠다.

1) 7장 주석에서 두 종교의 하나 됨을 논하는 배경

함석헌은 『기타』 열여덟 장 가운데 유독 7장을 주석할 때 힌두교와 기독교의 하나 됨을 논한다. 7장에 대한 주석 외에 그가 이 두 종교의 하나 됨을 이만큼 풍부하게 논하는 곳은 없다. 그 이유는 무엇일까? 이 질문에 대답하기 위해서는 『기타』 7장의 내용을 살펴볼 필요가 있다. 7장은 크리슈나가 '본격적으로'[35]

신으로서 모습을 나타내는 곳이다. 그리고 그 모습은 크게 둘로 나누어 설명된다. '만물의 창조자'와 '신앙의 대상'이다.

우선, 크리슈나는 만물의 창조자다. 그에게는 낮은 본성과 높은 본성이라는 두 가지 본성이 있다. 그의 '낮은 본성'이란 프라크리티와 그것에서 전개되는 모든 물질세계를 말하고(7.4~7.5), 그의 '높은 본성'이란 우주를 창조, 유지, 해체하는 초월적인 지고의 인격신을 말한다(7.5~7.11). 그는 모든 존재를 창조했고, 그러면서 모든 존재를 초월한다(7.12). 하지만 이 세계는 미혹되어 그를 알지 못하고 그에게 귀의하지 않는다(7.13~7.15).

다음으로, 크리슈나는 올바른 신앙의 대상이다. 세상에는 괴로운 자, 지혜를 구하는 자, 재물을 구하는 자, 지혜로운 자가 크리슈나를 신애한다(7.16). 네 부류 중 크리슈나는 '지혜로운 자'를 특히 사랑스러워한다. 왜냐하면 지혜로운 자는 다른 신이 아니라 크리슈나에 귀의하고 그만을 믿기 때문이다(7.17~7.19). 크리슈나는 그가 아닌 다른 신을 믿는 자의 믿음도 굳건하게 해주지만, 다른 신을 믿는 신자가 얻는 결과는 크리슈나를 믿는 신자가 얻는 결과에 미치지 못한다(7.20~7.23). 또한 무지한 자는 크리슈나의 높은 본성을 모르지만(7.24~7.27) 그를 믿는 자는 알

---

35 크리슈나의 창조주로서 모습은 4장(4.1~4.15)에 잠깐 나오지만 본격적으로 그려지는 것은 7장부터다.

수 있다(7.28~7.30).

『기타』1~6장은 초점이 지식의 요가와 행위의 요가고, 아직
인격신으로서 크리슈나와 그에 바치는 믿음이 아니다. 하지만 7
장은 크리슈나가 자신이 '우주의 창조자'고 '신앙의 대상'임을
본격적으로 드러내는 곳이다. 즉, 우주발생관과 신관이 7장의
주요 논점이다. 그리고 아마도 함석헌은 평소 힌두교와 기독교
의 교리들 가운데, 우주발생관과 신관의 차이가 크다고 생각한
듯하다.[36] 그래서『기타』7장의 우주발생관과 신관에 관련된 시
구들을 주석하면서, 차이가 크다고 생각한 두 종교의 교리를 하
나로 보려고 한 것이 아닐까 추정된다. 결론적으로, 함석헌이
유독『기타』7장을 주석하면서 힌두교와 기독교 간에 우주발생
관과 신관을 대상으로 하나 됨을 논한 것은『기타』7장 자체의
논점을 따른 것이라고 할 수 있다.

2)『기타』와 함석헌 해석의 비교

이 장에서는『기타』7장의 네 시구(7.12; 7.21~7.23)를 다루었고
이들에 대한 함석헌의 주석을 살펴보았다. 그런데 함석헌은 이

---

36 함석헌은 힌두교의 우주발생관과 신관을 대표적으로 각각 전개론과 범신론으로 이
해하고 있었던 듯하다. 이것은 그가『기타』7.12와 7.21을 실제 내용과는 다르게 해
석한 데에서 알 수 있다. 두 시구에 대한 그의 해석은 이어지는 '2)『기타』와 함석헌
해석의 비교' 참고

시구들을 어떻게 해석하고 있을까? 다시 말해, 그의 해석은 『기타』 시구들과 얼마나 유사하고 차이가 날까? 이 질문에 답하기 위해 다음에는 네 『기타』 시구와 함석헌의 해석을 비교해 보겠다. 함석헌이 7장의 『기타』 시구들을 주석하는 모습은 흥미롭다. 왜냐하면 그의 해석이 『기타』 시구와는 사뭇 다르기 때문이다.

먼저, 『기타』 7.12는 크리슈나에서 물질세계가 나간다고 말하는데, 7.12 이전 시구들을 보면 '나간다'는 의미가 '전개된다'는 의미가 아니라 크리슈나가 물질세계를 '창조한다'는 의미라는 것을 알 수 있다. 또한 7.12 시구에는 '그것들은 내 안에 있느니라'라고 해 크리슈나의 초월성이 잘 드러나 있다. 그렇지만 함석헌은 "맨 첨은 첨 없는 첨에서 누구라고 이름 할 수도 없는 영원의 진화하는 과정을 따라 물질이 나오고"라고 주석해서, 크리슈나를 물질세계의 창조자로 다루지 않고 어떤 근원에서 물질세계가 전개된 것으로 해석한다. 이는 『기타』 본문과는 다른 해석이다.

다음으로 『기타』 7.21을 보기 전에 7장에 나타나는 신관을 잠시 살펴보겠다. 7장에 나타나는 신관은 복합적이다. 7장에서 지고至高의 인격신인 크리슈나는 우주를 창조, 유지, 해체하는 자, 모든 만물의 근원, 만물에 내재하며 만물을 초월하는 자로 나온다. 다신들을 인정하므로 다신관多神觀이고, 다른 신들의 존재를 인정하면서도 그 신들은 크리슈나보다 낮고 오직 크리슈나만 유일한 지고의 인격신이므로 유일신관唯一神觀이다. 또 크리슈나는 만물에 내재하므로 범신관汎神觀이고, 만물에 내재하면서도 만물을 초월하므로 범재신관汎在神觀이다. 7장에는 이렇게 여러 신관이 복합적으로 나타나고 시구에 따라, 또 한 시구도 관점에 따라 판단이 달라질 수 있다.

『기타』 7.21은 크리슈나가 다른 신들을 배척하기는커녕 그 신들에 대한 신앙도 튼튼하게 해 준다고 말해 다신관과 유일신관을 읽을 수 있다. 이 중 크리슈나가 자신이 지고의 인격신임을 말하고 있는 7장의 전체 맥락을 감안하면 유일신관이 강하다고 할 수 있다. 함석헌은 주석에서 힌두교를 "아트만이 곧 브라만임을 믿는 인도 종교"라고 말해 범신관을 선택했다. 그러나 이것은 7.21 시구 내용에 합치하는 신관이 아니다.

『기타』 7.22는 크리슈나 외에 다른 신을 숭배하려는 욕망과 다른 신을 숭배해 얻는 이득도 모두 지고의 인격신 크리슈나에 의해 이루어진다는 내용이다. 본문에서는 인격신 크리슈나를 최고의 자리에 둔 반면, 함석헌은 인격신도 넘어선 지경을 말하고 그 지경에는 신도 없고 오직 믿음만 있다고 해석한다. 이것은 인격신 크리슈나를 지고의 자리에 놓는 『기타』 본문과는 다른 해석이다.

『기타』7.23은 다른 신들을 믿으면 낮은 결과를 얻고, 크리슈나를 믿으면 높은 결과를 얻는다고 하며 크리슈나에 대한 신앙을 강조한다. 『기타』에 나오는 다신多神[37]에 대한 신앙은 그 당시의 현실이었다. 하지만 함석헌은 다신을 정말 신이라고 곧이곧대로 해석한다면 잘못이라고 주장한다. 그는 다신을 당시에 신도들이 숭배하던 신들이 아니라 인간의 정신 수준으로 해석하고, 인간의 정신 수준을 고양하는 것이 믿음이라고 주장한다. 다시 말해서, 신 중심인 『기타』 시구를 인간 중심으로 해석한다. 그리고 신에게 간구하는 신앙보다, 인간이 자기와 자기의 욕망을 버림으로써 튼튼하게 하는 신앙을 중심으로 해석한다. 이는 『기타』 본문과는 다른 해석이다.

지금까지 네 시구에 대한 함석헌의 해석을 보면, 그가 『기타』 본문과 다르게 자유롭게 해석하고 있음을 알 수 있다. 하지만 이것을 『기타』 본문에 대한 왜곡이라고 생각할 필요는 없다. 왜냐하면 그는 『기타 역주서』의 전반적인 주석 전략으로 소위 투트랙two-track 전략을 사용하기 때문이다. 그것은 『기타』 주석서들을 인용함으로써는 시구에 대해 되도록 객관적 지식을 제공하고,

---

37 인드라(Indra) 등의 신(deva)들. Rāmānuja, *Śrī Rāmānuja Gītā Bhāṣya : With Text in Devanagari & English Rendering, and Index of First Lines of Verses*, trans., by Svāmī Ādidevānanda, Madras : Sri Ramakrishna Math, 2009, p.262.

자주를 씀으로써는 자신의 생각을 자유롭게 말하는 전략이다. 그래서 함석헌의 자주, 더 구체적으로는 '의견을 피력한 자주'는 『기타』 시구나 그가 바로 앞에 인용한 주석에 관해 자유롭게 자신의 의견을 밝히는 곳이고『기타』를 학문적, 객관적으로 주석하는 곳이 아니다. 이 특징을 이해한다면, 함석헌이『기타』본문의 내용 자체와 다른 내용으로 자기 생각을 말하는 데에 당황하거나『기타』의 내용을 왜곡한다고 말할 필요가 없을 것이다.

6. 맺음말

이 장에서는 함석헌이 힌두교와 기독교 간에 하나 됨을 논하는 모습을 살펴보았다. 살펴본 주석은 선행 연구들에서 종교 다원주의 논의로 크게 주목받은 7.21 주석과 그만큼 주목받지는 못한 7.12 주석이었다. 함석헌은 두 주석에서 각각 신관과 우주발생관이라는 다른 소재를 다루지만 같은 주제인 하나 됨을 일관되게 논한다. 7.21 주석에서는 힌두교와 기독교의 다른 신관(범신론과 유일신론)을 하나로 보려고 하고 그 방법으로 믿음을 말한다. 7.12 주석에서는 힌두교와 기독교의 다른 우주발생관(전개론과 창조론)을 하나로 보려고 하고 그 방법으로 직관으로 아는 이해를 말한다.

함석헌이 남긴 글은 방대하고, 그의 사상을 알기 위해서라면 『기타 역주서』 외에도 읽을 수 있는 그의 일차문헌은 많다. 그래서 어쩌면 혹자는 '함석헌의 책들 중 굳이 힌두 경전 『기타』에 대한 역주서까지 꼼꼼하게 읽을 필요가 어디 있는가?'라고 생각할 수도 있다. 하지만 노자, 장자의 사상들은 비교적 한국인에게 친숙한 데 비해, 『기타』에 나오는 크리슈나, 다신多神, 프라크리티, 구나, 마야 같은 개념은 낯선 편이다. 그리고 『기타 역주서』에는 그에게도 새로웠을 힌두교 개념들에 대한 그의 이해와 생각이 담겨 있고, 그가 힌두교와 기독교의 다른 개념들과 다른 교리들을 하나로 보기 위해 제시하는 방법이 담겨 있어, 『기타 역주서』는 함석헌의 종교 다원주의를 탐구하기에 더없이 좋은 자료다. 그리고 그의 종교 다원주의를 탐구하기 위해서는, 그가 다른 종교 개념을 어떻게 이해하는지, 또 다른 종교 개념을 자기 종교의 개념과 어떻게 하나로 이해하려고 하는지를 '구체적으로' 논할 필요가 있고, 이를 위해서는 무엇보다 주석을 더욱 자세히 들여다볼 필요가 있다. 이 장에서는 선행 연구에서 논한 종교 다원주의 논의를 확대, 보완해서 살펴보았다. 다음 장에서는 아직 논의된 적 없는 새로운 주제를 가지고 『기타 역주서』를 계속 탐구해 보겠다.

6장

지식의 요가, 행위의 요가, 믿음의 요가

『기타』에서 크리슈나가 가르치는 대표적 가르침 가운데 하나는 세 요가다. 곧, 지식의 요가, 행위의 요가, 믿음의 요가다.[1] 여기에서 '요가'란 해탈에 이르는 '방법', '길'을 뜻한다. '요가' 대신 '길märga'을 넣어 지식의 길jñāna-märga, 행위의 길karma-märga, 믿음의 길bhakti-märga이라고도 부른다. 전통적인 『기타』 주석자들은 『기타』의 세 요가를 해석하고 이들의 관계에 관해 해석을 내놓았다. 대표적으로, 샹카라(8세기)는 세 요가 중 지식의 요가를, 라마누자(11세기)는 믿음의 요가를, 틸라크(20세기)는 행위의 요가를 강조했다. 함석헌이 세 요가를 둘러싼 이러한 해석 전통을 알고 있었는지는 그의 주석을 보아서는 알 수 없다.[2] 또 그가 세 요가 중 어느 요가가 중요하다고 하며 세 요가의 관계에 관해 직접적으로 의견을 밝힌 적도 없다. 한마디로, 그는 세 요가를 한자리에 놓고 살피는 일에는 관심이 없어 보인다. 하지만 『기타』의 세 요가에 관해 오랜 주석·해석 전통이 있고 함석헌

---

1 이 책의 '들어가는 말', 2. 『기타』 참고

2 함석헌은 『기타』 주석자들 중 적어도 틸라크가 세 요가의 관계를 어떻게 해석했는지 알고 있었다. 왜냐하면 그는 "틸라크는 『기타』의 목적을 카르마 요가를 가르쳐주는 데 있다고 아주 잘라서 강조한다"고 말하기 때문이다.(7.2 틸라크 주석에 있는 함석헌의 삽입. 이 문장이 함석헌의 삽입이라는 것은 문맥으로도 알 수 있고, 잡지판으로도 알 수 있다.) 샹카라는 『기타』의 주제가 지식의 요가라고 주장하고, 틸라크는 자신의 『기타』 주석서에서 샹카라를 반박하기 때문에, 틸라크의 주석서를 읽고 인용한 함석헌은 세 요가의 관계를 둘러싼 해석 전통을 알고 있을 가능성이 있다. 하지만 함석헌이 세 요가의 관계에 대한 해석 전통을 알고 있었다고 말할 수 있을 만한 확실한 근거는 『기타 역주서』에는 없다.

이 『기타』 주석자이므로, 이 장에서는 『기타』의 세 요가에 대한 그의 해석을 살펴보고자 한다.

세 요가의 정의는 『기타』를 다루는 책들에서 거의 빠짐없이 논해지지만 세 요가를 정의하는 방식은 다루는 사람에 따라 조금씩 달라진다. 그래서 먼저 각 요가를 필자의 관점에서 되도록 간략하게 요약한 후 함석헌의 해석을 살펴보겠다. 그리고 『기타』의 세 요가에 관해서는 한글 번역서, 해설서, 학술서, 연구 논문 등 참고할 자료가 적지 않기 때문에, 이 장에서는 아직 다루어진 적이 없는, 세 요가에 대한 함석헌의 해석을 자세히 살펴보는 데에 초점을 두겠다. 살펴볼 주요 대상은 의견을 피력한 자주다. 의견을 피력한 자주는 함석헌이 자유롭게 자기 의견을 말하는 곳이어서, 세 요가에 관해서도 그의 생각을 가장 가까이 들을 수 있기 때문이다.

1. 지식의 요가

1) 『기타』

지식의 요가는 세 요가 중 크리슈나가 아르주나에게 처음 가르치는 요가다. 지식의 요가란 자아의 본성을 아는 것이다. 여기에서 '자아'란 참 나, 곧 아트만, 진아眞我, 대아大我를 가리킨다. 그리고 '아는 것', '지식'이란 정보로서 쌓이는 지식이 아니고 바른 인식, 통찰을 가리킨다. 그런데 '자아'의 본성을 아는 것이란 바꿔 말하면 '자아가 아닌 것'의 본성을 아는 것이기도 하므로, 지식의 요가란 '자아'와 '자아가 아닌 것'을 구별할 줄 아는 지식이기도 하다.

그리고 '자아의 본성'은 세 측면에서 살펴볼 수 있다. 첫째, 자아는 영원불멸하다. 육신은 죽으면 사라지지만, 자아는 존재하지 않았던 적이 없고, 태어난 적도 죽은 적도 없는, 영원하고 불멸한 것이다. 둘째, 자아는 정신이다. 육신은 물질을 구성하는 세 요소guna로 이루어지지만, 자아는 세 요소와는 아무 관련이 없는 순수한 정신이다. 셋째, 자아는 행위자가 아니다. 인간은 모든 행위를 '내가' 한다고 생각하고 그 '나'가 참 나인 줄 알지만, 그 나는 참 나가 아니라 경험적 자아인 개아個我다. 개아, 지성, 마음, 감각기관, 육신은 행위와 관련 있지만, 자아는 행위와는 아무 관련이 없고 오직 고요히 있다.

2) 함석헌의 해석

함석헌이 지식의 요가를 다룬 주석은 많지 않다. 『기타』 5.11은 '요가를 닦는 자는, 다만 몸으로, 마음으로, 이성으로, 혹은 정말 단순히 감관으로만, 자아의 정화를 위하여, 집착을 떠나 행동하느니라'³다. 요가 수행자가 몸, 마음, 이성, 감각기관으로만 행위한다고 말하는 이 시구에는 자아는 행위하지 않는다는 의미가 내포되어 있다. 이 시구에 함석헌은 다음과 같이 주석한다.

참 의미에서 하나님의 모습대로인 나의 자아가 그런 짓을 할 리 없지만 보통 믿음 없는 사람이 잘못하는 것은 '내'가 그럴 수 없는 것을 '내가' 하는 줄로 망상을 하는 데 있다. 한다면 몸이 했고 마음이 했고 이성이 했고 감각이 한 것인데 그것을 '나'로 아는 것이 망상이다. 무지다. 그러므로 자아 혹은 영혼, 즉 나의 참, 나의 불염성(不染性), 불멸성(不滅性), 불변성(不變性)을 믿는 것이 곧 하나님을 믿음이요 도(道)를 믿음이요 브라만을 믿음이다.

이 주석에서 함석헌은 지식의 요가를 다룬다. 우선, 자아의 영원불멸성을 말한다. 자아가 "하나님의 모습대로"라고 하고, "자아 혹은 영혼, 즉 나의 참, 나의 불염성(不染性), 불멸성(不滅性), 불변성(不變性)"을 말하는 것은 모두 자아의 영원불멸한 본성을 말하는 부분이다. 다음으로, 자아의 무행위성을 말한다.

---

3 kāyena manasā buddhyā kevalair indriyair api / yoginaḥ karma kurvanti saṅgaṃ tyakt-vātmaśuddhaye //

몸, 마음, 이성, 감각이 한 것인데 이것을 자아가 했다고 아는 것은 무지라고 말하기 때문이다. 그래서 여기에서 그가 지식의 요가의 첫째 측면(자아는 영원불멸)과 셋째 측면(자아는 행위자가 아님)을 다루고 있다는 것을 알 수 있다.

이 주석 밖에서도 함석헌은 자아의 본성을 여러 번 말한다. 자아를 두고 "우리 속에 있는 하나님의 모습"(5.10 주석), "하나님의 모습대로 지음을 받았다"(5.11 주석), "영원한 하나님의 모습"(5.11 주석), "내 속에 근본적으로 선의 씨가 있음"(6.24 주석)이라고 하는 구절들은 모두 자아의 본성을 말한다. 그리고 자아에 관한 함석헌 주장의 공통점은 자아의 본성은 신의 모습이라는 것이다. 하지만 그는 자아의 본성이 어째서 신의 모습인지 설명하지는 않는다. 자아는 "그 자체의 지혜로 인해 (…중략…) 영원한 하나님의 모습인 것을 안다"(5.11 주석)라고 말할 뿐이다.

한편, 자아의 본성이 신의 모습이라는 것은 달리 말하면 신이 내 안에 내재한다는 것이다. 그래서 함석헌 신학에서 자아의 본성은 신의 내재성과 바꿔 말할 수 있다. 자아의 본성, 바꿔 말해 신의 내재성은 한편으로는 '지식의 요가'에 속하고, 한편으로는 믿음의 대상이 되므로 '믿음의 요가'에도 속한다. 그래서 지식의 요가는 믿음의 요가와 불가분의 관계가 된다. 신의 내재성이 믿음의 대상이 되는 것은 아래에서 믿음의 요가를 다룰 때 살펴보겠다. 그리고 지식의 요가와 믿음의 요가의 관계는 아래에서 요가들의 관계를 다룰 때 살펴보겠다.

2. 행위의 요가

1) 『기타』

행위의 요가는 크리슈나가 지식의 요가에 이어 두 번째로 가르치는 요가다. 두 가지 측면에서 살펴보겠다. 첫째, 행위의 요가는 행위의 결과에 집착하지 않고 해야 할 일을 하는 것이다. '행위'는 물질(프라크리티)의 영역에 속하기 때문에 본성상 한계가 있다. '행위의 결과'도 마찬가지다. 행위의 결과는 성공과 실패, 즐거움과 괴로움, 칭찬과 비난 등과 같이 상대相對 세계에 속하므로 한계가 있다. 이와 같이 모든 행위가 근본적으로 한계가 있다면 어떻게 해야 할까? 행위를 아예 하지 말아야 할까? 크리슈나는 행위는 하되 행위의 결과에 집착하지 말아야 한다고 가르친다. 그에 따르면, 버려야 할 것은 '행위' 자체가 아니고 행위의 결과에 대한 '집착'이다. 왜냐하면 집착은 자기가 중심이 되는 이기적 욕망에서 일어나기 때문이다. 행위하되 이기적 욕망 없이 무사無私하게, 곧 집착 없이 행위하는 것은, 행위하되 행위하지 않는 것과 같다. 그러므로 행위는 하되 그 결과에 집착하지 말아야 한다.

그리고 행위의 결과에 집착하지 않고 해야 하는 '해야 할 일'이란 사회에서 해야 하는 '자기 의무sva-dharma'를 가리킨다. 『기타』에서 '자기 의무'란 자신이 속한 계급의 의무varṇa-dharma를 가리킨다. 여기에서 '계급'은 브라흐마나brāhmaṇa, 크샤트리야kṣatriya, 바이슈야vaiśya, 슈드라śūdra를 가리킨다.[4] 크리슈나는 아르주나에게 결과에 집착하지 말고 아르주나의 '자기 의무'인 크샤트리야 계급의 의무, 곧 전쟁에 나가 싸우는 의무를 다하라고 가르친다.

둘째, 행위의 요가는 모든 행위를 신에게 바치는 것이다.[5] 자신의 행위 일체를 신에게 바치는 것은 이기적 욕망과 그로 인해 일어나는 집착이 행위에 개입되는 것을 막아 준다. 이 행위의 요가는 초월적 신에게 자신의 행위를 바치는 것이므로 초월적

---

4 계급의 의무는 다음과 같다. 브라흐마나는 사제(司祭)와 학자로서 제사를 집전하고 『베다』를 가르친다. 크샤트리야는 무사(武士), 왕족으로 전쟁에 나가 싸우고 나라를 보호한다. 바이슈야는 농업과 상업 등 생산 활동을 한다. 슈드라는 노예로서 위의 세 계급에 봉사한다.

5 '네 모든 일을 내게 맡기고'(3.30); '자기의 모든 행위를 브라만에게 바치고'(5.10); '무슨 일을 하거나 (…중략…) 그것을 내게 희생하는 것으로 알고 하여라'(9.27); '모든 행동을 내게 맡기고'(12.6); '언제나 온가지 행작을 하면서도 (…중략…) 나를 의지하고'(18.56); '일체 행작을 내게 맡기고'(18.57). 여기에서 '일', '행위', '행동', '행작'은 행위를 가리킨다.

신을 대상으로 하는 믿음의 요가와도 연결된다.

2) 함석헌의 해석

(1) 행위하되 행위하지 않음

행위의 요가의 첫째 측면은 행위의 결과에 집착하지 않고 해야 할 일을 하는 것이다. 함석헌은 행위의 결과에 '집착하지 않음', 또는 행위의 결과를 '평등하게 봄'이라는 『기타』의 용어를 적극적으로 사용하지는 않는다. 하지만 이 행위의 요가를 '행위하되 행위하지 않음'이라는 개념으로 여러 번 주석한다. 그가 이 행위의 요가를 논하는 세 주석(2.53 주석; 4.13 주석; 6.3 주석)을 살펴보겠다.

첫째, 『기타』 2.53은 '네 이성이, 비록 많은 들음으로 인해 미혹되면서도 부동 불변으로 사마디에 머무른다면, 그때 너는 요가에 도달하게 될 것이다'[6]라는 내용이다. 함석헌의 주석은 『기타』 본문에 대한 주석이 아니고 라다크리슈난 주석에 관련한 주석이다. 라다크리슈난은 이 시구를, 행위하되 행위의 결과에 집착 없이 평등한 마음으로 해야 한다는 내용으로 주석한다. 함석헌은 이 내용을 이어받고 다음과 같이 주석한다.

---

6 śrutivipratipannā te yadā sthāsyati niścalā / samādhāv acalā buddhis tadā yogam avāpsyasi //

노자의 "함 없는 행위이며, 말씀 아닌 가르침"(無爲之行 不言之敎)이라든가 예수의 "오른손이 하는 것을 왼손이 모르게 한다"는 것도, 행동 아니하고 말 아니하는 것이 아니라 하되 '나'라는 의식을 초월해서 도(道) 자체, 성령 자체가 하게 되는 것이다.

함석헌은 행위를 아예 하지 않는 것이 아니라 행위를 하되 "'나'라는 의식을 초월해서" 해야 한다고 주석한다. 행위를 하되 나라는 의식 없이 행하는 것은 자기가 중심이 되지 않고 행하는 것이므로 행위의 요가를 가리킨다.

둘째, 『기타』 4.13은 '네 가지 계급은 특성과 업에 의하여 내가 만들어낸 것이니라. 그러나 알지어다, 나는 비록 그 창조자라도 무위요 불멸이니라'라는 내용이다. 여기에서 크리슈나는 자신을 행위자지만 무행위자라고 말한다. 왜냐하면 그는 세계를 창조하는 행위자지만, 행위의 결과에 어떤 바람도 없어 행위에 얽매이지 않기 때문이다. 함석헌은 크리슈나가 '무행위자'인 것을 다음과 같이 풀이한다.

무위(akartaram) : 무작(無作). 사실에 있어서 그는 모든 작위(作爲)의 보이지 않는 근본이지만 아무런 집착도 없이 하기 때문에 함이 없다고 한다. 노자가 말하는 "무위란 작위가 없는 경지"(無爲而

無不爲)이다. 「창세기」에는 하나님이 영원한 안식에 드셨다고 되어 있는데. 예수는 "내 아버지께서 언제나 일하고 계신다"고 했다.

함석헌은 크리슈나는 '행위를 하되 집착 없이 하기 때문에' 행위를 하더라도 무행위자라고 불린다고 풀이한다. 이것은 행위의 요가를 가리킨다. 그리고 그는 이 개념을 노자의 무위無爲 개념으로도 풀이하고, 『성서』의 하나님이 영원한 안식에 있으면서도 언제나 일한다고 하는 개념으로도 풀이한다. 그가 언급하는 하나님의 '안식과 일함' 개념은 아래에서 볼 6.3 주석에서 설명을 볼 수 있다.

셋째, 『기타』 6.3은 '요가의 경지에 오르고자 하는 성자에게는 행함이 그 방법이니라. 요가의 경지에 이미 올라 있다면 그 사람에게는 고요히 함이 그 방법이니라'[7]라는 내용이다. 이 시구에는 '요가 수행자'와 '요가 수행을 통해 최고 경지에 오른 자'의 대비, 그리고 '행위함'과 '고요히 함'의 대비가 그려져 있다. 이 시구를 함석헌은 다음과 같이 주석한다.

천지 창조를 말하는 「창세기」는 또 안식의 하나님을 말한다. 안식

---

7   ārurukṣor muner yogaṃ karma kāraṇam ucyate / yogārūḍhasya tasyaiva śamaḥ kāraṇam ucyate //

이 뭔가? 무위, 무언(無言) 아닌가? 창조를 상대적 차원에서 하는 말이라면 안식은 절대적 차원에서 하는 말이다. 그러므로 창조는 안식 정신으로 하고 안식은 창조 정신으로 해야 할 것이다. (…중략…)

상대, 절대 두 차원을 하나로 사는 것이 생명이요 사람인데, 상대에서는 일함이 길이요, 절대에서는 잠잠함, 고요함, 쉼이 길이란 말 그대로 살아야 할 것이다. 그러므로 일함으로써 쉬고 쉼으로써 일한다는 말이다. 그것을 어떤 특별한 도를 닦는 심정으로가 아니라, 일상 생활로 그것을 살아야 한다는 말이다. 천당엘 가기 위해서가 아니라 이제는 살기 위해 그것을 알아야 한다. 요가가 어디 따로 있는 것이 아니라 이 우주가 바로 요가 도장이다. 만물이 요기다. 이 병든 문명, 망할 인간에게 약이 있다면 단 한 마디 "잠잠하라!"뿐이다.

여기에서 함석헌은 '안식'은 절대 차원에서, '창조'는 상대 차원에서 부르는 말이고 두 차원을 동시에 살아야 한다고 말한다. 그리고 절대 차원과 상대 차원을 하나로 사는 것이 바로 요가고, 요가를 일상생활로 살아야 한다고 주장한다. 여기에서 말하는 요가란 행위하되 행위하지 않는 것인 행위의 요가를 가리킨다. 이와 비슷하게, 6.32 주석에서도 그는 절대 차원(시비론非를 초월한 평등의 자리)과 상대 차원(시비의 자리)이 떨어질 수 없고 상대 차

원의 자리에서 절대 차원을 실현해야 한다고 강조한다.[8]

종합하면, 무사한 행위를 핵심으로 하는 『기타』의 행위의 요가를 함석헌은 충실히 다룬다. '집착하지 않음', '평등하게 봄'이라는 『기타』의 용어를 적극적으로 사용하지는 않지만, '행위하되 나라는 의식 없이 행함'(2.53 주석), '행위하되 행위하지 않음'(4.13 단어 풀이), '상대 차원과 절대 차원을 하나로 삶'(6.3 주석; 6.32 주석)과 같이, '행위하되 행위하지 않음'이라는 개념을 중심에 두고 주석한다. 그리고 『기타』에서는 사회를 떠나서 수행하는 것이 아니라 '사회에서' 행위의 요가를 수행할 것을 강조하는데 함석헌도 이와 같은 입장이다. 그것은 그가 행위의 요가를 '일상 생활'(6.3 주석)로 살아야 한다고 말하고 '상대계'와 '속세'(6.32 주석)를 중시하는 데에서 알 수 있다.

다음으로, 함석헌은 행위의 결과에 집착하지 않고 해야 하는

---

8 『기타』 6.32는 '오, 아르주나야, 자아로써 봄으로 인하여 일체를 즐겁거나 괴롭거나, 평등으로 보는 이를 최고의 요기라 이르느니라'다. 행위의 요가를 가르치는 이 시구를 함석헌은 다음과 같이 주석한다. "장자의 「제물론」(齊物論)은 바로 이 뜻을 가르치자는 것이다. 제물론이라, 물론(物論)을 가까이 한다, 하나로 한다는 말이다. 천차만별의 상대 세계에 붙잡히기 때문에 시비를 따지려 하지만 시비를 따짐으로써 도에는 이르지 못한다는 것이 그의 주장이다. 평등관이란 시비를 초월한 자리다. 그렇기 때문에 그것을 얻은 사람은 최고의 요기라고 했다. 그렇지만 그렇다고 상대계를 버리라는 것은 아니다. 버리려 해도 버릴 수 없다. 그렇기 때문에 시비를 초월할 것을 주장하면서도 또 현실로 있는 시비를 인정한다. (…중략…) 정말 초월은 상대를 부정하면서도 살려두는 것이다. 그것이 참 초월이다. 『기타』의 태도도 마찬가지다. 절대에 서지만 또 상대를 인정한다. 그래서 일단 버리고는 또다시 속세로 돌아오려고 한다."(단락 띄기 생략)

'해야 할 일', 즉 '자기 의무'에 대해서도 주석을 한다. 『기타』 3.35는 '잘하지 못하면서라도 제 의무를 하는 것이 남의 의무를 잘하는 것보다 낫다. 제 의무를 다하다 죽는 것이 좋으니라. 남의 의무는 무섭기만 할 뿐이다'[9]라는 내용이다. 남의 의무를 잘하는 것보다 잘 못하더라도 자기 의무를 하는 것이 낫다는 말은 그만큼 자기 의무를 하는 것이 중요하다는 것을 말해 준다. 이 시구에 나오는 '제 의무' 즉 자기 의무를 함석헌은 다음과 같이 주석한다.

사람은 다 제 다르마가 있다. 제 의무, 제 법, 쉽게 말해서 제 종교가 있다. 그 제 일을 하는 것이 종교다. 그렇기 때문에 여기서는 그 '제 것'이라는 것을 강조한다. 그렇기 때문에 종교 도덕에서 가장 중요한 것은 자득(自得), 체험이다. 아무리 진리라도 제가 몸소 해서 얻지 못하고 남의 한 것을 모방만 해서는 참 자유하는 즐거운 지경에 이를 수 없다. 내가 참 하고 싶어서 하면 십자가를 져도 즐겁지만, 좋다고 하기 때문에 남을 따라서 하려면 마침내 천당엘 간다고 해도 무섭고 괴로울 것이다. 확신이 없으므로, 무엇이 어떻게 되나, 어디로 가는 건가, 그러다 잘못되면, 하는 불안이 늘 있기 때문이다.

---

9 śreyān svadharmo viguṇaḥ paradharmāt svanuṣṭhitāt / svadharme nidhanaṃ śreyaḥ para-dharmodayād api //

『기타』에서 '자기 의무'는 사회적 개념이다. 크샤트리야 계급에 속한 아르주나의 자기 의무는 전쟁에 나가 싸우는 것이다. 하지만 이와 달리, 함석헌은『기타』의 '자기 의무'를 오직 종교적으로 해석한다. 그는 '자기 의무'를 '자기 종교'로 해석하고, 남을 따라하지만 말고 스스로 자신의 종교 체험을 얻는 것을 강조한다.

(2) 모든 행위를 신에게 바침

행위의 요가의 둘째 측면은 모든 행위를 신에게 바치는 것이다. 이 행위의 요가에 대해 함석헌은 긴 주석을 쓴다.『기타』5.11은 '요가를 닦는 자는, 다만 몸으로, 마음으로, 이성으로, 혹은 정말 단순히 감관으로만, 자아의 정화를 위하여, 집착을 떠나 행동하느니라'[10]다. 여기에서 '자아의 정화를 위하여ātma-śuddhaye'라는 구절을 그는 다음과 같이 주석한다.

"자아의 정화를 위하여"란 모든 행동의 목적은 자아의 정화에 있기 때문이다. 초월적인 하나님의 은총에만 매달리려는 마음은 자아의 정화란 생각을 깊이 하지 않는 경향이 있고, 심하면 그것을 율

---

10 kāyena manasā buddhyā kevalair indriyair api / yoginaḥ karma kurvanti saṅgaṁ tyaktvātm
     aśuddhaye //

법주의적인 교만이라고 배척하기까지 하려는 사람이 있지만 이 점은 모든 문제를 자아(아트만)를 중심으로 생각하려는 인도식 사고 방식에서 배울 필요가 있다. 십계명은 말할 것도 없고 하늘나라의 헌법이라 할 만한 산상수훈(山上垂訓)에 있어서 예수도 분명히 마음의 정결을 강조했는데, 십자가의 은혜를 강조한 나머지 자아의 정화를 원수처럼 아는 열심당이 생긴 것은 참 이상한 일이다.

이 주석에서 함석헌은 모든 행위의 목적은 자아의 정화라고 주장한다. 그리고 산상수훈에서 예수도 마음의 정결을 강조한 것처럼, 초월적 신의 은총을 바라는 기독교 신자에게도 자아의 정화는 배척할 것이 아니라 오히려 힘써야 할 중요한 것이라고 말한다.

또 함석헌은 자아의 정화란 내 안에 있는 신의 모습을 실현하는 것이라고 주장한다. 그는 이 점을 다음과 같이 말한다.

하나님의 모습대로 지음을 받았다 하고, 전능한 하나님이라 하면 하나님도 인간 영혼도 기성품으로 되어 있는 것같이 생각하기 쉽지만 (…중략…) 우리 자아가 기성품이 아님은 조금 참되게 반성해보면 알 수 있고, 자아가 기성품일 수 없다면 하나님도 다 되어서 석상처럼 서 있는 하나님이 아닐 것이다. 우리 자아는 흙 속에 묻힌

골동품처럼 찾아만 내면 하루아침에 부자가 되는 그런 것이 아니다. 영원한 역사를 두고 실현해 내야 하는 자아다. 창조적 활동이야말로 자아의 본질적인 모습이다. 그리고 그 자체의 지혜로 인해 이것은 영원한 하나님의 모습인 것을 안다. 자아의 정화란 다른 것 아니고 자아를 통해 실현해 내는 하나님의 모습이다.

함석헌은 자아는 고정불변하지 않고 변화하므로, 자아를 통해 자기 안에 있는 신의 모습을 실현해 내야 한다고 말한다. 그리고 자아를 통해 신의 모습을 실현하는 것이 바로 자아의 정화라고 주장한다. 그렇다면 어떻게 하는 것이 자기 안에 있는 신의 모습을 실현하는 길인가? 그는 다음과 같이 말한다.

그렇기 때문에 [『기타』에서는] 처음부터 행위의 요가를 닦는 자는 자기의 모든 행위를 하나님께 바친다고 했다.[11] 잘되고 못 되고가 문제 아니라, 온통 다 하나님 앞에 바친 것이다. 그러한 태도에 의해서만 깨진 질그릇 같은 나를 가지고 하나님을 실현해 낼 수 있다. (…중략…)

이렇게 죄와 의를 구별할 것 없이 일체의 행동이 번제단(燔祭壇)에

---

11 "자기의 모든 행위를 하나님께 바친다"라는 구절은 5.11 시구의 바로 앞 5.10 시구의 구절 '자기의 모든 행위를 브라만에게 바치고'를 가리킨다.

서 타는 동물의 각 부분인 모양, 다 의미가 있어진다. 이것이 곧 행위 내버림의 지식이다.

함석헌은 자기 안에 있는 신의 모습을 실현하는 방법은 자기의 모든 행위를 신에게 바치는 것이라고 말한다. 모든 행위를 신에게 바치는 것은, 자신을 희생 제물로 온전히 신에게 바치는 것과 같다. 그리고 신에게 자기의 모든 행위를 바치는 일은 자기가 중심이 되는 이기적 욕망이 개입될 여지가 없으므로 자아를 정화하는 방법이고, 그래서 자기 안에 있는 신의 모습을 실현하는 방법이다.

이외에도, 모든 행위를 신에게 바치는 행위의 요가는 6.41 주석에서도 볼 수 있다. 함석헌은 "하나님께 전부를 온전히 돌릴 때, 말할 수 없는 즐거움이 있는 것은 그때 내가 낮은 것을 벗어버리고 좀더 하나님에 가까운 모습으로 나기 때문"이라고 말한다. 이것은 행위의 요가를 말하는 내용이라고 할 수 있다. "하나님께 전부를 온전히 돌릴 때" 즉 내 모든 행위를 신에게 바칠 때, "내가 낮은 것을 벗어버리고" 즉 자아가 정화되어, "하나님에 가까운 모습으로 나기 때문" 즉 신을 실현할 수 있기 때문이다.

『기타』의 행위의 요가에 대한 함석헌의 주석을 전체적으로 보면, 그는 행위의 요가의 두 측면을 모두 중시하고, 『기타』의 행위의 요가의 핵심인 '무사無私함'에 바탕을 두어 해석한다. 우선, '행위의 결과에 집착하지 않음'에 관해 주석할 때에는 행위하되 행위하지 않음에 중심을 두어 해석한다. 그리고 '자신의 모든 행위를 신에게 바치는 것'에 관해 주석할 때에는 자아의 정화를 중심에 두어 해석한다. 그래서 함석헌이 해석하는 행위의 요가는 『기타』의 행위의 요가와 마찬가지로 무사한 행위가 핵심이고, 무사한 행위를 그의 표현대로 한다면 '자아의 정화'라고 할 수 있다. 『기타』와 마찬가지로 그가 해석하는 행위의 요가의 둘째 측면은 믿음의 요가와 뗄 수 없는 관련이 있으므로, 행위의 요가는 믿음의 요가를 다룰 때 더 살펴보겠다.

3. 믿음의 요가

1) 『기타』

믿음의 요가는 세 요가 중 크리슈나가 가르치는 마지막 요가다. 믿음의 요가란 신을 믿고, 생각하고, 의지하는 것이다. 믿음의 대상은 크리슈나다. 크리슈나는 '가장 비밀스러운 지혜guhya-tama jñāna'라고 하며 아르주나에게 그의 초월성을 알려 주고(9장), 그가 우주의 근원임을 가르치고(10장), 그의 지고신으로서 경이로운 모습을 보여 준다(11장). 크리슈나는 아르주나의 부탁을 받고 다시 인간으로 모습을 바꾼 후, 오직 그를 생각하고, 그에게 마음을 다하고, 그를 믿고, 그를 의지하라고 가르친다(12장). 전심專心으로 그를 생각하고 의지하라는 가르침은 이후에도 반복된다. 그리고 크리슈나는 온 마음을 다해 그를 믿는 신자를 사랑하고 신자에게 은총을 준다. 해탈을 구할 자격이 없던 여성도, 슈드라(노예 계급)도, 큰 악행을 저지른 사람도 그를 믿으면 해탈할 수 있다(9.30~9.32). 크리슈나는 그가 만물에 내재함도 가르치지만,[12] 더 주되게 가르치는 것은 그가 만물을 초월해 있다는 초월성이다.

2) 함석헌의 해석

(1) 신의 초월성

『기타』에서 믿음의 요가는 신의 초월성에 초점이 맞추어져 있지만, 함석헌의 자주에는 신의 초월성을 '집중적으로' 다룬 주석이 없다. 여기에서 '집중적으로 다룬 주석'이란 신의 초월성을 단편적으로 언급만 하지 않고 구체적으로 논하는 것을 말한다.

12　예를 들어, '일체 산것 속에서 자아를 보고'(6.29); '나를 모든 곳에서 보고'(6.30); '만유 안에 들어 있는 나'(6.31); '나는 모든 산 물건들 피조물들의 속에 있는 자아'(10.20); '나는 모든 사람의 심장 속에 들어가 있으며'(15.15); '몸 안에 있는 나'(17.6); '자재주는 만물의 마음속에 계신다'(18.61).

전통적 해석[13]에 따르면 『기타』에서 믿음의 요가를 다루는 대표적인 부분은 7~12장이다. 그런데 『기타』 7~12장에 대한 함석헌의 주석 가운데 의견을 피력한 자주들을 보면 그는 초월적 신을 집중적으로 다루지 않는다.[14] 『기타』의 나머지 장들에도 마찬가지여서, 결국 『기타 역주서』 전체를 통틀어 함석헌이 신의 초월성을 집중적으로 다룬 주석은 없다고 할 수 있다.

여기에서 주의할 점이 두 가지 있다. 첫째, 함석헌이 신의 초월성을 집중적으로 다룬 주석을 쓰지 않았다고 해서, 신의 초월성에 관련한 『기타』 내용에 대해 주석 활동이 소홀한 것은 아니다. 이전 장들에서 그랬듯이, 그는 신의 초월성이 주된 7~12장에도 다른 『기타』 주석들을 계속 많이 인용하고 서론도 계속 만든다. 단지 이 주제를 '집중적으로' 다룬 자주를 따로 쓰지 않았을 뿐이다.

둘째, 그가 신의 초월성을 집중적으로 다룬 주석을 쓰지 않았

---

13 예를 들어, 『기타』 주석자 야무나(Yāmuna, 10세기)와 마두수다나 사라스바티(Madhusūdana Sarasvatī, 16세기). 김호성, 「『바가바드기따』에 보이는 지혜와 행위의 관련성-간디의 sthitaprajña 개념을 중심으로」, 『인도연구』 11.2, 2006, 104쪽.

14 『기타』 7~12장에 대한 함석헌 주석 중 의견을 피력한 자주는 7.12 주석, 7.21~7.23 주석, 7.30 주석, 8.2 주석, 9.6 주석이다. 7.12 주석과 7.21 주석에는 기독교의 초월적 신이 언급되지만, 두 주석은 힌두교와 기독교를 하나로 보는 데에 초점을 두었고 초월적 신을 집중적으로 다루지는 않는다. 7.22~7.23 주석과 9.6 주석에서는 믿음이 다루어지지만 초월적 신에 대한 믿음은 아니다. 7.30 주석과 8.2 주석은 신의 초월성이나 믿음과는 관련이 없다. 종합하면, 7~12장에 대한 함석헌 주석 중 의견을 피력한 자주에서 초월적 신은 집중적으로 다루어지지 않는다.

다고 해서, 신의 초월성을 전혀 다루지 않은 것은 아니다. 그는 신의 초월성을 단편적으로 언급한다. 이때 초월적 신은 우주적 인 신과 자비로운 신으로 나타난다. 우선, 그의 주석에서 초월 적 신은 우주적으로 표현된다. 함석헌은 신을 "생명의 근본이신 하나님"(6.41 주석), "생명의 주"(8.2 주석)라고 부른다. 또 윤회를 설명할 때에는, 인간은 "은혜와 노력의 한데 합함으로써 단번에 생사도(生死道)의 연옥을 탈출해 영원한 아버지 속으로 뛰어들 자"(6.41 주석)고 그러면서도 "[주가] 하나도 빠짐이 없이 이 만유 를 완성하기 위해서라면 또 몇 억억만만 번을 다시 여기로 내보 내신다 해도 한마디 투정도 앙탈도 말고 (…중략…) 고맙게 받 아들일 마음이 있어야 할 것이다"(6.41 주석)라고 말한다. 이러한 점들은 모두 신을 생명을 주관하는 우주적인 인격신으로 표현 한 것이다.

다음으로, 그의 주석에서 초월적 신은 자비로운 모습으로 표 현된다. 『기타』에서 아르주나는 '또 자기를 다스린 사람이 어떻 게 세상을 떠나는 순간 당신을 알게 되옵니까?'(8.2)[15]라고 크리 슈나에게 묻는다. 프라부파다는 '세상을 떠나는 순간'이라는 구 절을 주석하면서 '죽는 순간'에도 신을 잊지 말아야 한다고 주 석한다. 하지만 함석헌은 프라부파다와 다른 의견을 낸다.

---

15 prayāṇakāle ca kathaṃ jñeyo 'si niyatātmabhiḥ.

죽는 순간 주를 기억한다는 것은 그 가르침의 요점이 평시 언제나 주를 잊지 말라는 데 있다. 평시의 끊임없는 공부 없이는 그것은 될 수 없는 일이요, 평시의 성한 마음에 진정으로 믿었다면 설혹 죽는 순간 정신이 흐려서 분명히 입으로 부르지 못했다 하더라도 그 때문에 모른다 하실 생명의 주가 아니다.

여기에서 함석헌이 말하는 신은, 인간이 '죽는 순간에' 신을 기억하는지 여부가 아니라 '평상시에' 기울이는 노력을 보아 주는 자비로운 신이다. 또 그는 다음과 같이 말하기도 한다(5.10 주석).

[하나님이 인간을] 불쌍히 여기신다는 것은 죄 속에 있으면서도 거기서 **빠져나오려고** 애를 쓰는 [인간의] 그 마음을 불쌍히 여기시는 것이지 결코 덮어놓고 무조건 그러시는 것은 아니다. (…중략…) 그런 마음을 하나님은 불쌍히 여겨서 마침내 그 더러움이와 닿을 수 없는 자리로 올려놓아 주신다.

여기에서도 신은 인간이 열심히 노력하는 마음을 불쌍히 여기고 죄를 용서해 주는 자비로운 신으로 표현된다. 『기타』의 자비로운 신은 신을 열심히 신앙하는 자에게 은총을 내려주는 데에 초점이 있다면, 함석헌의 자비로운 신은 인간이 스스로 죄를 짓지 않으려고 애쓰고, 죄를 짓더라도 회개하려 애쓰는 노력을 불쌍히 여겨 은총을 내려주는 데에 초점이 있다.

이와 같이, 함석헌은 신의 초월성을 집중적으로 다루지는 않지만, 주석의 단편들에서 신의 초월성을 '자연스럽게' 언급한다. 신의 초월성은 『기타』 신학과 함석헌 신학에서 모두 중요한 교리인데, 함석헌은 왜 신의 초월성에 대해 주석하는 일에는 특별히 관심을 기울이지 않았을까? 그것은 『기타』와 함석헌의 '강조점'이 다르기 때문이라고 생각된다. 『기타』와 함석헌은 신의 초월성과 내재성을 모두 인정한다. 하지만 『기타』는 '신의 초월성'을 강조하고, 함석헌은 '신의 내재성'을 강조한다. 함석헌이 신의 초월성을 인정하면서도 특히 내재성을 강조하는 이유는, 당시 한국 기독교에서 두드러지게 나타나는, 초월적 신에게 무조건 은총만 바라는 신앙관을 비판하고, 다른 신앙관을 제안하기 위해서다. 다른 신앙관이란, 자아에 주의를 기울이고, 자아의 본성이 신의 모습임을 믿고, 자신에 내재한 신의 모습을 실현해 내려고 부단히 노력하자는 것이다. 그래야 신이 인간이 애쓰는 노력을 보고 은총을 주신다는 것이다. 그러므로 함석헌이 신의 초월성과 내재성을 모두 인정하면서도 내재성을 강조하는 입장을 고려할 때, 그가 신의 초월성에 관련한 『기타』 내용에 의도적으로 주석을 남기지 않았다고 이해할 수 있다. 다시 말해, 그가 신의 초월성에 대해 집중적으로 주석을 쓰지 않은 이유는 그에게 이 개념이 중요하지 않아서거나 이 개념을 인정하지 않아서가 아니라, 오히려 그가 신의 초월성을 '당연히' 인정하기 때문에, 그리고 그가 당시 한국 기독교에서 신의 초월성을 너무 강조하는 것을 비판하고 있기 때문이라고 이해할 수 있다.

(2) 신의 내재성

함석헌은 의견을 피력한 자주에서 신의 초월성은 단편적으로 언급하는 반면, 신의 내재성은 집중적으로 다룬다.[16] 그리고 신의 내재성을 다루는 주석들은 신의 내재성에 대한 개념 설명이 아니라 '인간의 노력'에 초점이 맞추어져 있다. 먼저 5.8~5.9 주석에는 다음과 같이 신의 내재성에 대한 간략한 언급이 있다.

절대의 영을 세상 밖에다가 두고 무조건 복종을 강조하는 정통주의적인 종교에서도 (…중략…) 협잡이 일어난다. 우리를 정말 자유롭게 하는 진리의 신은 초월적으로 계시는 동시에 반드시 또 내재하시는 이여야 한다. 무조건 복종을 강요하는 정치주의는 무조건 복종을 찬양하는 종교에서 나온다.

---

16 신의 내재성에 관한 논의를 포함한 주석은 5.8~5.9 주석; 5.10 주석; 5.11 주석; 6.24 주석; 6.41 주석; 9.6 주석.

함석헌은 "신은 초월적으로 계시는 동시에 반드시 또 내재하시는 이여야 한다"라고 하며 신의 내재성을 말한다. 그리고 이러한 신관을 가질 때 초월적 신에게 무조건 복종하는 신앙을 갖지 않게 된다고 말해, 신의 내재성이라는 신관을 신앙관에 관련지어 논한다. 그렇다면 신의 초월성만을 믿지 않고 신이 내 안에 내재함도 믿으면, 무조건 복종을 강조하는 신앙이 아닌 어떤 다른 모습의 신앙을 보일 수 있을까?

이에 대한 대답은 이어지는 5.10 주석에서 볼 수 있다. 우선, 『기타』 5.10은 '자기의 모든 행위를 브라만에게 바치고 집착을 떠나 행동하는 자는 죄에 물듦이 없나니, 마치 연잎이 물에 젖지 않음 같으니라'[17]라는 내용이다. 함석헌의 주석은 다음과 같다.

"아버지의 완전하심같이 완전한 데 가자"는 것이 우리 속에 있는 하나님의 모습인데, "사람인 이상 죄는 아니 지을 수 없다", 스스로 면허권을 내리고, 그 담은 그저 무조건 사죄만을 바라는 것은 교리의 말을 빌린 하나의 욕심에 지나지 않는다. 인간의 연약함을 안다는 것과 그것을 당연한 것으로 여기고 그저 주는 복만을 바라는 것은 결코 같은 말이 아니다. 불쌍히 여기신다는 것은 죄 속에 있으면

---

17 brahmaṇy ādhāya karmāṇi saṅgaṃ tyaktvā karoti yaḥ / lipyate na sa pāpena padmapatram ivāmbhasā //

서도 거기서 **빠**져나오려고 애를 쓰는 그 마음을 불쌍히 여기시는 것이지 결코 덮어놓고 무조건 그러시는 것은 아니다. 연잎이 물에 젖지 않는 것은 젖지 않는 성질을 제 속에 길러내어 가지고 있기 때문이지, 누가 거기 무슨 칠을 해주어서는 아니다. 하나님은 결코 **뺑**끼칠장이가 아니다. 그런 따위 그릇된 신앙이야말로 이 세상의 권세자와 야합하여 역사를 언제까지라도 구정물 속에 썩게 하는 것이다. (…중략…)

스스로 죄지은 줄을 알면서도 감히 '인간의 연약'으로 방패를 삼으려 하지 않고 심중에 아파하고 슬퍼하는 자는, 회개와 죄짓기를 번갈아 하는 데서 그 무조건 은혜 줌과 다름이 없는 듯하지만, 다르다. 그 아파하는 마음, 슬퍼하는 눈물이 그 영혼을 지켜 죄의 물이 들지 않게 한다. 그런 마음을 하나님은 불쌍히 여겨서 마침내는 그 더러움이 와 닿을 수 없는 자리로 올려놓아 주신다.

함석헌은『기타』본문의 '마치 연잎이 물에 젖지 않음 같으니 리lipyate na (…중략…) padma-patram ivāmbhasā'라는 구절을 신의 내재성과 연결해 주석한다. 그에 따르면, 연잎이 물에 젖지 않는 것은 연잎이 그 안에 물에 "젖지 않는 성질을 제 속에 길러내어 가지고 있기 때문"이지, 젖은 연잎의 물기를 신이 마르게 해 주거나 물기 위에 신이 페인트 덧칠을 해 주기 때문이 아니다. 마찬가지로, 인간의 행동이 죄가 되지 않는 것은 아무리 죄를 지어도 사죄만 하면 신이 없던 것으로 해 주기 때문이 아니다. 인간인 이상 회개와 죄짓기를 반복할 수밖에 없지만, 신은 인간이 회개하려고 노력할 때에만 그 애쓰는 마음을 불쌍히 여겨 도와준다. 그러므로 인간의 연약함에 핑계대고 무조건 신에게 은총과 죄 사함과 복만 구해서는 안 되고, 비록 내가 연약하지만 죄짓지 않도록 노력하고, 죄를 짓더라도 깊이 회개하면서 내 "속에 있는 하나님의 모습"을 실현하기 위해 노력해야 한다는 것이다. 이와 같이 신의 내재성이라는 신관은 내가 어떻게 믿어야 하는가 하는 신앙관과 직결되고, 신앙관의 핵심은 나의 노력이다. 그래서 함석헌 신학에서 '신의 내재성'은 신관, 신앙관, 수행관이 하나로 통하는 개념이라고 할 수 있다.

다음으로, 함석헌이 말하는 '믿음'이 무엇인지 살펴보겠다. 함석헌이 주장하는 믿음은 나 밖에 초월적 신이 있음과 내 안에 신의 모습이 있음을 모두 믿는 것이다. 즉, 신의 초월성과 내재성을 모두 믿는 것이다. 그리고 그는 신의 내재성을 믿는 것이 곧 신의 초월성을 믿는 것이고, 신의 초월성을 믿는 것이 곧 신의 내재성을 믿는 것이라고 주장한다. 그는 다음과 같이 말한다.

자아 혹은 영혼, 즉 나의 참, 나의 불염성(不染性), 불멸성(不滅性),

불변성(不變性)을 믿는 것이 곧 하나님을 믿음이요 도(道)를 믿음이요 브라만을 믿음이다.(5.11 주석)

브라만 혹은 하나님을 믿는다는 것은 또 내 속에 근본적으로 선의 씨가 있음을 믿는 것이다.(6.24 주석)

두 인용문에서 함석헌은 초월성과 내재성을 하나로 믿는 믿음을 말한다. 그리고 둘을 하나로 믿을 때 다음과 같은 일이 일어난다고 주장한다. 다음 인용문은 각각 위 인용문에 바로 이어지는 내용이다.

그럴 때 무한의 힘이 온다. 어디서? 저기서라면 저기요 이 속에서라면 이 속이다. 어디가 없다. 그것이 그때에 은총으로 복스러움으로 기쁨으로 느껴진다.(5.11 주석)

[초월적인] 지극히 선하신 이를 믿기를 결심할 때 [내] 마음속에 기쁨이 일어나는 것이 이것을 증명하고 있다.(6.24 주석)

함석헌은 신의 초월성만이 아니고 신의 내재성도 함께 믿을 때 비로소 은총, 복스러움, 기쁨이 일어난다고 주장한다. 그래서 그에게 '믿음'은 신의 초월성만 믿는 믿음이 아니고, 신의 초월성과 내재성을 하나로 믿는 믿음이어야 한다.

여기에서 함석헌이 신의 내재성에 대한 '믿음'을 말하는 것에 주목할 필요가 있다. 만약 그가 자신의 본성을 '앎', 신의 내재성을 '앎'만 말한다면 이것은 지식의 요가에만 속할 것이다. 그렇지만 그는 신의 내재성을 '앎'의 대상뿐 아니라 '믿음'의 대상으로도 다룬다. 그리고 신의 내재성에 대한 믿음이 초월성에 대한 믿음과 하나라고 주장한다. 그래서 신의 내재성은 자아의 본성이라는 점에서 지식의 요가에 속하고, 믿음의 대상이라는 점에서 믿음의 요가에도 속한다.

(3) 구원의 수단

믿음의 요가에서 믿음의 원어는 '박티^{bhakti}'다. 『기타 역주서』에서 '박티'는 단어 풀이에 한 번도 나오지 않는다. 이는 지식의 원어 '즈나나'와 행위의 원어 '카르마'가 예닐곱 번씩 나오는 것과는 대조된다.[18] 또 함석헌의 『기타』 번역에서 박티의 최다最多 번역어는

---

18 단어 풀이에 '즈나나'는 일곱 번 나온다(3.41; 5.15; 7.2; 7.20; 10.4; 12.12; 13.0). 즈나나는 풀이 대상으로는 나오지 않고, '지식', '지혜', '마음'의 풀이 내용으로만 등장한다. '카르마'는 단어 풀이에 여섯 번 나온다(2.39; 3장 서론; 4.13; 5.1; 8.1; 15.2). 카르마는 풀이 대상으로도 나오고, '업', '행위', '씨짓', '짓'의 풀이 내용으로도 등장한다. 이와 달리, 박티는 풀이 대상으로도, 풀이 내용으로도 나오지 않는다.

'믿음'[19]이다. 그런데 '믿음'에도 단어 풀이가 없다.[20] 이와 달리 '지식'과 '행위'에는 단어 풀이가 있다. 정리하면, '박티' 곧 '믿음'은 지식, 행위와 함께 『기타』의 핵심 개념 중 하나인데 함석헌은 단어 풀이에 등장도 시키지 않았다. 이것은 그가 박티를 중요하지 않게 생각했다는 뜻일까? 이 질문에 추정되는 대답을 먼저 하고 나서 그 근거를 제시해 보겠다.

함석헌이 『기타』의 핵심 개념인 '박티'를 단어 풀이조차 하지 않은 이유는, 아마도 그가 박티를 새로운 개념이 아니라 그에게 이미 익숙한 개념인 '믿음'으로 받아들였기 때문으로 추정된다. 다시 말해서, 박티가 중요하지 않아서가 아니라, 지식과 행위와는 달리 박티는 그가 기독교인으로서 이미 잘 알고 있는 '믿음'으로 쉽게 이해할 수 있었기 때문에 특별히 단어 풀이를 할 필요를 느끼지 못한 것으로 추정된다.

함석헌이 박티 곧 믿음을 중시했다는 것은 그가 구원의 수단

---

19 함석헌이 원전어를 번역한 것이 아니므로, 그가 자주 참고하는 라다크리슈난, 간디, 바넷, 틸라크, 프라부파다의 번역에서 '박티'의 영역어를 조사한 후 함석헌이 어떻게 한글로 번역했는지를 조사했다. 다섯 번역에서 박티의 영역어는 대부분 'devotion'이고, 함석헌이 'devotion'의 번역어로 가장 자주 사용하는 단어는 '믿음'이다(8.10; 8.22; 18.54~18.55; 18.68). 이외에 다음과 같은 번역어가 나온다. '믿는 마음'(9.26; 11.54), '믿는다'(7.17), '신념'(9.14), '사랑'(9.26), '신앙'(13.10), '박티'(14.26), '정성으로'(9.29).
20 박티의 번역어들 중 '신앙'이 단어 풀이의 대상으로 한 번 나온다. 그런데 믿음의 요가와 관련이 없는 『기타』 17장에 나오고, 풀이 내용도 박티가 아니다. "신앙: 슈라다 (shraddha)"(17.3 단어 풀이).

으로 믿음을 말하는[21] 데에서 잘 알 수 있다. 그는 구원의 수단
으로 지식과 행위는 직접적으로 언급하지 않지만 믿음은 언급
한다. 그리고 이것을 여러 번 말한다. 구원의 수단으로 어느 개
념을 지속적으로 언급한다는 사실은 중요하기 때문에, 그가 믿
음을 구원의 수단으로 말하는 곳들(6.41 주석; 6.24 주석; 7.23 주석)을
살펴보겠다.

첫째, 함석헌은 윤회할지, 해탈할지를 가리는 기준으로 믿음
을 말한다. 『기타』 6.41은 '요가를 하다가 떨어진 사람이면 선을
행한 사람들이 가 있는 세계에 가서 오랜 세월을 지내다가 청정
하고 길상(吉祥)스러운 집에 다시 태어나느니라'[22]라는 내용이
다. 요가 수행자들은 수행을 하다 해탈에 이르지 못하고 죽더라
도 내생에 좋은 가문에 태어난다는 것이다. 함석헌은 주석의 초
점을 '윤회'로 삼고 다음과 같이 말한다.

글자 그대로 하나님이라는 할아버지가 하늘 위에 앉았는 것을 믿

---

21 『기타 역주서』에서 함석헌이 '구원의 수단은 믿음'이라고 명확하게 명시한 적은 없
다. 하지만 본문에서 살펴볼 세 주석의 맥락에서 믿음은 '목표'에 이르는 수단으로
기술되므로 여기에서는 '구원의 수단'이라는 표현을 사용하겠다. 세 주석의 맥락은
다음과 같다. 6.41 주석에서 믿음은 해탈에 이르는 수단이다. 6.24 주석에서 믿음은
참(진리)에 이르는 수단이다. 7.23 주석에서 믿음은 하늘나라에 이르는 수단이다.
22 prāpya puṇyakṛtāṃl lokān uṣitvā śāśvatīḥ samāḥ / śucīnāṃ śrīmatāṃ gehe yogabhraṣṭo
'bhijāyate //

는 것이 반드시 인격신을 믿는 것이 아닌 것 같이, 반드시 소로 나고 버러지로 나는 것을 믿어서만 윤회전생(輪廻轉生)을 믿는 것이 아니다. 궁극에 있어 생명은 한생명이요, 그 생명이 무한히 진화하는 생명임을 알면 그것 때문에 싸울 필요는 없다. 그렇게 조급하게 생각할 게 아니라 곰곰이 오묘한 지경을 생각해 보면 나는 결코 한 번만 나고 한 번만 죽는 내가 아닌 것을 알 수 있다. 자기를 조금 들여다보는 사람이면 '나'라는 것은 연속이 아니고 불연속인 것을 알지 않나? 지금 일념(一念) 사이에, 믿으면 영으로 태어났다가, 금세 또 믿음을 잃고 구렁이로 여우로 승냥이로 태어나지 않는 사람이 누구일까?

힌두교에서 윤회는 사후死後의 문제고, 살아 있을 때 쌓은 업에 따라 사후에 다시 태어나는 것이다. 그러나 함석헌은 윤회는 생시生時의 문제고, 한 생각 사이에 믿으면 영으로 태어나고 믿지 않으면 동물로 태어나는 것이라고 해석한다. 이 해석에서 윤회를 할지, 해탈을 할지를 가리는 기준은 믿음의 유무다.

둘째, 함석헌은 참(진리)에 이르는 올바른 길로 믿음을 말한다. 『기타』6.24는 '하고자 하는 뜻을 일으키는 모든 욕망을 남김없이 내버리고 마음만으로 모든 감각의 무리를 샅샅이 정복하며'[23]라는 내용이다. 이 시구에서 크리슈나는 마음으로 감각기관들을 완전히 제어하라고 가르친다. 그런데 함석헌은 마음으로 감각기관들을 제어하는 것에 대해 다른 생각을 들려준다. 그는 다음과 같이 말한다.

내 마음을 참으로 높은 데 두면 감각은 쉽게 이겨진다는 말이다. 마음이 몸의 주인이기 때문이다. 악이 감각 그것 속에 있는 것이 아니라 참 나를 찾으려 하지 않는 마음에 있다. 그러므로 헤매는 마음을 그대로 두고 선을 행하려고 감각을 억지로 구속하고 강제하여도 소용이 없고, 반대로 마음을 올바른 길(道)에 놓기만 하면 감각은 자동적으로 거기 따라 참(眞理)에 이르게 된다. 그러면 그것이 곧 생명이다. 그렇기 때문에 믿으라는 것이다.

함석헌은 헤매는 마음을 그대로 둔 채 마음으로 그것보다 낮은 감각을 억제하기보다는, 마음을 참으로 높은 곳에 두는 것이 낫다고 한다. 왜냐하면 감각은 그보다 높은 기관인 마음을 저절로 따르기 때문이다. 그리고 그는 마음을 두어야 할 참으로 높은 곳, "올바른 길(道)"로 믿음을 제안한다. 위 인용문에 있는 '참(眞理)에 이름'을 종교적 목표에 이름이라고 이해할 때, 구원에 이르는 방법으로 그가 믿음을 말하고 있다고 이해할 수 있다.

---

23 saṃkalpaprabhavān kāmāṃs tyaktvā sarvān aśeṣataḥ / manasaivendriyagrāmaṃ vin-
iyamya samantataḥ //

셋째, 함석헌은 영의 세계에 기적을 일으키는 것으로 믿음을 말한다. 『기타』 7.23에서 크리슈나는 '천신들을 공경하는 자들은 천신의 하늘로 갈 것이지만 나의 신자는 내게로 온다'[24]라고 말한다. 다른 신이 아닌 크리슈나를 믿어야 해탈에 이를 수 있다는 것이다. 함석헌은 '천신들을 공경하는 자들은 천신의 하늘로 간다'는 내용을 다음과 같이 주석한다.

이런 설명은 반드시 오해받게 마련이다. 말하는 사람은, 그 말은 세상 말을 쓰지만 그 뜻은 자기가 체험한 정신 세계의 것인데, 듣는 사람은 보통의 의식을 가지고 듣기 때문이다. 의식 구조가 달라져야 한다. 그렇기 때문에 니고데모가 와서 말을 걸었을 때 예수께서는 그 벽두에 "새로 나지 않고는 하늘나라에 들어가지 못한다"고 했다. 여러 신이요, 천신이요, 천신의 하늘이요 하는 것이 현실적으로 있는 우주의 어느 구석 어떤 존재를 말하는 것이 아니라 믿음으로 인해 자라는 정신 세계의 어느 지경을 말하는 것이다. 영을 받은 사람이 아니고는 영의 말을 알아듣지 못하고 반드시 제 나름의 해석을 한다. 그렇게 해서 미신이 생긴다. 그러나 그럼 영은 어떻게 받나? 영의 말을 듣지 않고는 아니 된다. 그래서는 순환론에만 빠질 것 같다. 거기 기적을 일으키는 것이 믿음이다.

---

24 devān devayajo yānti madbhaktā yānti mām api.

함석헌은 '천신들'이란 인간 정신세계의 어느 지경이고, 인간의 정신세계는 믿음으로 자란다고 해석한다. 그리고 구원은 외부에서 영을 받음으로써만이 아니고 나의 믿음이 함께 있어야 가능하다고 말하고, 이에 그치지 않고 믿음은 영의 세계에 기적을 일으킨다고 말한다. 여기에서 그가 믿음을 구원의 수단으로 말하는 것을 볼 수 있다.

이와 같이 함석헌은 구원에 이르는 방법으로 믿음을 논한다. 자주에서 그가 구원의 수단으로 지식의 요가와 행위의 요가를 직접적으로 논하는 것은 볼 수 없다. 그래서 구원의 수단으로서 믿음을 직접적으로 말할 뿐 아니라 여러 번 말하는 것은 믿음의 요가에만 나타나는 중요한 특징이다.

(4) 행위의 요가와의 관계

위에서, 함석헌이 말하는 믿음은 신의 초월성에 대한 믿음만이 아니라 신의 내재성에 대한 믿음을 포함하고, 신의 내재성에 대한 믿음은 인간의 노력을 포함한다는 것을 살펴보았다. 그런데 믿음의 요가를 다룬 주석에 노력의 중요성은 잘 드러나지만 노력해야 할 행위가 무엇인지는 잘 드러나지 않는다. 주석에는 신은 인간이 죄짓지 않기 위해 노력하는 마음, 또 죄를 짓더라도 회개하려고 애쓰는 마음을 보아 주신다는 내용(5.10 주석)이 있지만, '죄짓지 않으려는 노력'과 '회개하는 노력'은 광범위한 개념이다. 그렇다면 인간이 노력해야 할 보다 구체적인 행위는 무엇일까? 바로 위에서, 함석헌이 구원에 이르는 수단으로 믿음을 말하는 세 주석을 살펴보았는데, 이 중 두 주석은 믿음에 바로 이어 인간의 노력을 논한다. 그래서 그 두 곳을 살펴보겠다.

우선, 그는 한 생각 사이에 믿으면 영으로 태어나고, 믿지 않으면 동물로 태어난다고 말한 직후 다음과 같이 『맹자』 구절을 인용한다(6.41 주석).

> 그래서 "천하 만물의 이치가 내 마음속에 갖추어 있다"(萬物皆備於我)라 하는 것이며, 그렇기 때문에 "돌이켜보아 정성되면 즐거움이 이에서 더한 것이 없다"(反身而誠樂莫大焉) 하는 것 아닌가? 성(誠)하는 데, 생명의 근본이신 하나님께 전부를 온전히 돌릴 때, 말할 수 없는 즐거움이 있는 것은 그때 내가 낮은 것을 벗어버리고 좀 더 하나님에 가까운 모습으로 나기 때문이다.

여기에서 "천하 만물의 이치가 내 마음속에 갖추어 있다"라는 구절은 신의 내재성과 관련 있고, "돌이켜보아 정성되면 즐거움이 이에서 더한 것이 없다"라는 구절은 인간의 노력과 관련 있다. 그리고 함석헌이 노력의 행위로 제시하는 '신에게 전부를 온전히 돌리는 것'은 행위의 요가의 둘째 측면이다. 자신의 모든 행위를 신에게 바칠 때("하나님께 전부를 온전히 돌릴 때") 자아가 정화되어("내가 낮은 것을 벗어버리고") 신을 실현할 수 있기("좀더 하나님에 가까운 모습으로 나기") 때문이다.

다음으로, 함석헌은 영의 세계에 기적을 일으키는 것이 믿음이라고 말하고 나서 다음과 같이 말한다(7.23 주석).

> 그럼 영은 어떻게 받나? 영의 말을 듣지 않고는 아니 된다. 그래서는 순환론에만 빠질 것 같다. 거기 기적을 일으키는 것이 믿음이다. 그래서 위에서 한 말에 "진지한 태도로 하기만 하면"이란 말이 있었다. 진지란 참인데, 참은 다른 것 아니고 자기와 자기의 모든 욕망을 전적으로 부정함이다. 그러면 지식이나 경험이 모자라 혹 마음에 가려진 바가 있어 잘못 알았던 것이 있다 해도 반드시 깨닫는 날이 오고야 만다. 그것이 "내가 그 믿음을 튼튼케 한다"는 것이다. 그래서 어떻게 하는 것이 참 예배냐 물었을 때 예수께서는 그 무식한 인간의 찌꺼기인 사마리아 윤락 여성보고 "하나님은 영이시기 때문에 영과 참으로 예배"해야 한다고 했다. 거기 참이란 말을 더 넣은 것이 중요하다.

여기에서 함석헌은 노력의 행위로 "자기와 자기의 모든 욕망을 전적으로 부정함"을 말한다. 이것을 다른 말로 하면 자아의 정화다. 그리고 하나님에게 받는 영보다도 참(여기에서는 자아의 정화)이 더 중요하다고까지 말하는 데에서 그가 자아의 정화를 매우 중시하는 것을 볼 수 있다.

두 주석에서 함석헌은 '믿음'에 관해 말한 직후 '인간의 노력'을 이야기한다. 그가 말하는 노력은 '신에게 전부를 온전히 돌림'(6.41 주석)과 '자기와 자기의 모든 욕망을 전적으로 부정함'(7.23 주석)이다. 이 개념들은 모두 자아의 정화를 가리킨다. 그리고 자아의 정화는 그가 해석하는 행위의 요가의 핵심이다. 그러므로 인간이 노력해야 할 행위는 행위의 요가라고 할 수 있다. 여기에서 함석헌의 해석에 나타나는 '믿음의 요가'와 '행위의 요가'의 관계를 알 수 있다. 함석헌이 말하는 믿음은 반드시 인간의 노력을 내포하고, 노력해야 할 구체적 행위는 자아의 정화를 핵심으로 하는 행위의 요가다. 그러므로 믿음의 요가는 행위의 요가를 내포한다고 말할 수 있다. 따라서 믿음의 요가와 행위의 요가는 떼려야 뗄 수 없는 관계다.

함석헌은 구원의 방법으로 '은혜와 노력'을 한자리에서 말하기도 한다. 그는 "우리의 희망은 이제 이 순간에라도 은혜와 노력의 한데 합함으로써 단번에 생사도(生死道)의 연옥을 탈출해 영원한 아버지 속으로 뛰어들 자인 것이다"(6.41 주석)라고 말한

다. 여기에서 "은혜와 노력의 한데 합함"이라는 함석헌의 말을
『기타』의 용어로 말한다면 두 가지가 가능할 것이다. 우선, '믿
음의 요가'가 될 것이다. 왜냐하면 함석헌에게 믿음의 요가는
은혜(신의 초월성에 대한 믿음의 결과)와 노력(신의 내재성에 대한 믿음의
결과)이 합한 개념이기 때문이다. 또는 '믿음의 요가와 행위의
요가'가 될 것이다. 이때에는 은혜는 믿음의 요가에, 노력은 행
위의 요가에 속한 것으로 해석하는 것이 될 것이다.

4. 『기타』와 함석헌 해석의 비교

지금까지 『기타』의 세 요가와 이에 대한 함석헌의 해석을 살
펴보았다. 이제 『기타』와 함석헌의 해석을 비교함으로써, 둘을
더 선명하게 나누어 살펴보겠다.

1) 지식의 요가

『기타』에서 지식의 요가는 자아의 본성을 아는 것이고, 자아
와 자아가 아닌 것을 구별하는 것이다. 자아는 영원불멸한 정신
이지만, 육신은 사라지는 물질이다. 또 자아는 행위와 관련이
없지만, 육신, 감각기관, 마음, 지성, 경험적 자아는 행위와 관련

된다. 『기타』와 마찬가지로, 함석헌에게도 지식의 요가는 자아의 본성을 아는 것이고, 자아는 더럽혀지지 않고, 불멸하고, 불변하고, 행위하지 않는다. 하지만 함석헌이 해석하는 지식의 요가가 『기타』에서 가르치는 지식의 요가와 똑같은 것은 아니다.

첫째, 『기타』에서 지식의 요가는 '자아는 이러하고 자아가 아닌 것은 저러하다'는 구별지의 틀에서 다루어진다. 하지만 함석헌은 구별에는 초점을 두지 않고 '자아는 이러하다'고만 말한다. 둘째, 『기타』에서 자아의 본성은 '앎'의 대상이다. 하지만 함석헌은 자아의 본성을 '아는 것'을 말하면서도 '믿는 것'을 말한다. 함석헌 신학에서 자아의 본성은 바꿔 말하면 신의 내재성이므로, 지식의 요가와 믿음의 요가는 동전의 양면처럼 관계가 밀접하다. 그런데 그가 자아의 본성을 논할 때 지식보다는 믿음과 관련지어 논하는 모습을 더 자주 볼 수 있다. 우선, 그는 자아의 본성에 대한 '믿음'이 없는 사람이 자아와 자아가 아닌 것을 구별하지 못하는 '무지'를 범한다고 말한다(5.11 주석). 이 말에서 그가 자아의 본성을 지식과 믿음 양쪽에 연결시키면서도, 지식보다 믿음에 더 가깝게 관련짓는 것을 볼 수 있다. 또 나의 불염성, 불멸성, 불변성을 '믿는 것'이 곧 초월적 신을 믿는 것이라고 해, 자아의 본성을 '믿음'의 대상으로 다룬다(5.11 주석).

2) 행위의 요가

행위의 결과에 '집착하지 않음', 행위의 결과를 '평등하게 봄'
은 『기타』에서 행위의 요가를 설명할 때 반복해 나오는 중요한
개념이다. 함석헌은 '집착하지 않음'이나 '평등하게 봄'이라는
『기타』의 단어를 그대로 사용하는 일은 적지만, '행위하되 행위
하지 않음'이라는 개념으로 여러 번 주석한다. 그리고 행위의
요가의 또 다른 개념인, 모든 행위를 신에게 바치는 것도 『기
타』의 뜻과 다르지 않은 범위에서 주석한다.

『기타』와 함석헌 해석 사이에는 차이도 있다. 첫째, 『기타』에서
'자기 의무'는 사회적 개념인데 반해, 함석헌은 종교적으로 해석
한다. 그는 '자기 의무'를 자기 종교라고 해석하고, 남을 따라하
지만 말고 스스로 종교 체험을 얻는 자득自得의 자리로 나아가야 한
다고 해석한다. 둘째, 함석헌은 '지식의 요가'를 주석할 때에는 자
아는 불변한다고 말한다. 그런데 '행위의 요가'를 주석할 때에는
자아가 변화한다고 말한다(5.11 주석). 자아가 불변하면서도 변화
한다고 하는 함석헌의 자아관은, 자아가 늘 영원불멸하고 불변한
다고 하는 『기타』의 자아관과는 다르다.

3) 믿음의 요가

『기타』 신학과 함석헌 신학의 대표적 공통점은 신의 초월성

과 내재성을 모두 인정한다는 점이다. 그리고 두 신학의 차이점
은 세 가지로 살펴볼 수 있다. 첫째, 『기타』에서는 크리슈나의
초월성과 내재성을 모두 인정하지만 둘 중 신의 '초월성'에 대
한 믿음을 강조한다. 반면에, 『기타 역주서』에서 함석헌은 신의
초월성과 내재성을 모두 인정하지만, 둘 중 신의 '내재성'에 대
한 믿음을 강조한다.

둘째, 『기타』에서는 '신의 초월성'에 대한 믿음에 인간의 노
력이 포함된다.[25] 인간의 노력이란, 초월적 신에게 은총을 받기
위해 온 마음을 다해 신에 집중하고, 신을 생각하고, 믿고, 신에
의지하는 것이다. 『기타』에서 믿음의 요가가 신의 초월성을 기
반으로 하기 때문에, 신도가 스스로 아무런 노력을 하지 않아도
신의 초월성에만 의지하면 은총을 받을 수 있다고 생각할지도
모른다. 하지만 크리슈나가 자신에게 전심을 다하라고 곳곳에
서 반복해 가르친다는 사실은 그만큼 인간의 노력이 중요하다
는 것을 말해 준다.

---

25 김호성은 『기타』의 믿음의 요가에 포함된 인간의 노력을 잘 말해 준다. "종래, 박티를
    절대적 귀의나 의존으로 이해하는 경향이 없지 않았으나 스스로의 자력을 다 내다버
    리고 절대타력에 의존하는 개념은 아니다. 그런 측면을 보다 정확하게 이해하기 위해
    서 共觀이 요청되는 대상은 일본 정토진종의 개조 신란(親鸞, 1173~1262)의 절대타
    력신앙이다. 그러니까 『기타』의 박티는 신란 보다[원문대로] 훨씬 더 자력성이 강한
    개념이다. 지혜와 붙어있기 때문이다". 김호성, 「『바가바드기타』에 보이는 믿음과
    행위의 관련성 - 간디의 해석을 중심으로」, 『남아시아연구』 13.1, 2007, 89쪽.

반면에, 함석헌의 경우에는 '신의 내재성'에 대한 믿음에 인간의 노력이 포함된다. 나의 본성이 신의 모습이므로, 내가 나를 정화하는 노력을 함으로써 내 안의 신을 실현하도록 노력해야 한다. 이때 노력은 신에게 죄 사함과 복을 받기 위한 목적으로 열성적으로 기도하는 노력이 아니고, 나를 비우고 나의 욕망을 비우는 자기 정화의 노력이다. 다시 말해서, 함석헌의 경우 '초월적 신에 대한 믿음'은 신에게 받는 은총과 관련되고, '내재적 신에 대한 믿음'은 인간이 애쓰는 노력과 관련된다. 그리고 그는 둘을 모두 인정하면서 후자를 강조한다. 하지만 그가 '초월적 신에 대한 믿음'과 '내재적 신에 대한 믿음'을 모두 말하기 때문에 그에게도 은총과 노력은 떼려야 뗄 수 없다. 신은 인간이 스스로 애쓰는 노력을 불쌍히 여겨 은총을 주기 때문이다.

셋째, 『기타』에서 신은 자신을 믿는 신자에게 은총을 내려 준다. 함석헌의 경우에도 신은 자신을 믿는 신자에게 은총을 내려 준다. 두 경우 모두 믿는 자는 노력하는 자다. 하지만 『기타』는 심한 악행을 한 자라도 신을 믿으면 구원 받는다[26]고 말해 온전한 타력도 인정하는 반면에, 함석헌은 타력을 통한 급진적 구원이 가능함을 말하지는 않는다. 그에게는 내가 애쓰는 노력 없이 구원은 말해지지 않는다.

---

26 『기타』 9.30~9.31.

이상으로『기타』의 세 요가와 함석헌의 해석을 비교해 보았다. 각 요가마다『기타』와 함석헌 해석에 공통점과 차이점이 발견된다. 차이점 면에서,『기타』와 함석헌 해석의 차이가 가장 적은 것은 행위의 요가고, 가장 큰 것은 믿음의 요가라고 할 수 있다.

5. 함석헌이 각 요가에 부여한 중요성

이제 함석헌이 각 요가에 부여한 중요성을 살펴보겠다. 여기에서는 그가 세 요가를『기타 역주서』외 일차문헌에서 언급하는 모습도 함께 살펴보겠다.

1) 지식의 요가

『기타 역주서』에서 지식의 요가를 다룬 주석은 다른 두 요가를 다룬 주석보다 분량이 적다. 또 자아의 본성이 어째서 신의 모습인지는 설명도 없다시피 하다. 하지만 함석헌이 자아의 본성을 아는 것을 매우 중시한다는 것은 다음의 세 가지 점에서 알 수 있다.

첫째, 자아의 본성이 신의 모습이라는 것을 '반복해' 말한다.

"우리 속에 있는 하나님의 모습"(5.10 주석), "하나님의 모습대로 인 나의 자아"(5.11 주석), "자아 혹은 영혼, 즉 나의 참, 나의 불염성(不染性), 불멸성(不滅性), 불변성(不變性)"(5.11 주석), "[자아는] 하나님의 모습대로 지음을 받았다"(5.11 주석), "이것(즉, 자아)은 영원한 하나님의 모습"(5.11 주석), "내 속에 근본적으로 선의 씨가 있음"(6.24 주석)은 모두 자아의 본성이 신의 모습이라는 것을 말하는 구절들이다.

또한 '자아의 바탈'을 여러 번 단어 풀이한다. '자아의 바탈'의 원어는 아드야트마adhyātma다. 함석헌은 '아드야트마'를 '자아의 바탈'로 번역하고,[27] 그렇게 번역한 세 곳에서 한 번도 빠짐없이 단어 풀이를 한다. 세 곳의 단어 풀이는 다음과 같다.

자아의 바탈(adhyatmam) : 개개 자아의 밑바닥이 되는 것이기 때문에 동양의 말로 하면 성(性) 곧 바탈, 그 바탈의 전체라고 하면 『역』(易)에서 말하는 "이치를 다하고 바탈까지껏 하여 그로써 말씀에 이른다"(窮理盡性 以至於命)에 해당할 것이다.(7.29 단어 풀이)

---

27 『기타』에 '아드야트마'는 여덟 번 나온다.(3.30; 7.29; 8.1; 8.3; 10.32; 11.1; 13.11; 15.5) 함석헌은 이 단어가 복합어가 아닌 단독으로 나오는 세 곳(7.29; 8.1; 8.3)에서 '자아의 바탈'로 번역한다.

아쟈트마. 아지(adhi)와 아트만(atman)의 합한 것, 아지는 위에, 위로, 높이, 속에…… 으로부터, 따위 말로 번역되는 말. 아트만은 자아, 영혼. 그러므로 아쟈트마는 천명지위성(天命之謂性)이라 할 때의 성, 곧 바탈에 해당한다고 할까, 그렇지 않으면 사람을 하나님 의 모습대로 지었다 할 때의 모습이라 할까?(8.1 단어 풀이)

아쟈트마, 어떤 물체나 그 자체의 본질적인 성격. 몸의 주인이요, 그것을 누리는 이, 개인적인 자아를 이루어 가지고 있는 거룩한 이 의 모습이다.(8.3 단어 풀이)

함석헌에 따르면 '아드야트마' 곧 '자아의 바탈'이란, "개개 자아의 밑바닥"(7.29)이고, "사람을 하나님의 모습대로 지었다 할 때의 모습"(8.1)이고, "개인적인 자아를 이루어 가지고 있는 거룩한 이의 모습"(8.3)이다. 이와 같이, 자아의 바탈이 신의 모습이라는 내용으로 빠짐없이 그리고 반복해 단어 풀이를 했다는 것은 그가 자아의 본성을 설명하는 일에 특별한 주의를 기울였다는 것을 말해 준다.

둘째, 지식의 요가를 다른 두 요가의 토대 원리로 해석한다. 우선, 지식의 요가는 믿음의 요가를 행하기 위한 원리다. 함석 헌이 말하는 믿음은 '신의 초월성에 대한 믿음'이자 '신의 내재성에 대한 믿음'이다. 그리고 신의 내재성에 대한 믿음이란, 자아의 본성이 신의 모습임을 믿는 것이다. 자아의 본성도 믿음의 대상이기 때문에 지식의 요가는 믿음의 요가를 행하기 위해 필요불가결하다.

또 지식의 요가는 행위의 요가를 행하기 위한 원리다. 자아의 본성이 신의 모습이라는 것을 알기 때문에 자아를 통해 신을 실현해 내려고 노력하는 것이지, 자아의 본성을 모른다면 자아를 실현시키려고 노력할 원리가 없기 때문이다. 그러므로 지식의 요가는 행위의 요가를 하기 위해 필요불가결하다. 이와 같이, 함석헌의 해석에서 지식의 요가는 다른 두 요가를 행하는 토대 원리로서 중요하다.

셋째, 『기타 역주서』외 일차문헌에서 『기타』를 언급할 때, 지식의 요가를 여러 번 언급한다. 먼저, 함석헌은 자아의 영원불멸성을 언급한다.

이 사람은 몸 속에 있으면서도 절대의 정신에 들어간 혼이다. 그러므로 무슨 일이 있어도 외물(外物)의 영향을 받아 변함이 있을 리 없다. 『바가바드기타』에도 있듯이 그들은 불에 들어가도 타지도 않고, 물에 들어가도 빠지지도 않고, 바람에 놓아도 마르지도 않고, 칼로 찍어도 찍히지도 않는 불사신이다. 불염체(不染體)다.[28]

바가바드 기타에서 말하는 자아 곧 아트만이 그것이다. 거기는 사람의 참 자아는 물에 들어가도 빠지지도 않고 불에 들어가도 타지도 않고 바람 속에 내놔도 마르지도 않고 칼로 찍어도 찍어지지도 않는다고 했다. 사람들이 이것을 깨닫지 못하므로 근심하고 걱정하고 죽어버린다. 보통 나라 생각하는 것이 '나'가 아니고 내 속에 있는 이 불멸체 불염체(不染體)가 '참 나'인 줄 깨달으면 모든 죄에서 벗어나고 죽음을 이기고 영원한 생명이 될 수 있다.[29]

여기에서 함석헌은 『기타』를 언급하고 불멸성, 불염성이라는 자아의 본성을 말한다. 또 그는 자아는 행위와 관계없다는 내용도 언급한다.

내 속에 있는 나보다도 깊은 것이 하는데, 그 깊은 게 반드시 다 옳은 거냐? 그대로만 하면 되느냐? 그렇지 않아요. 심리학에서 잠재의식이라고 그러고 무의식이라 그러고 그럽니다. 인도에서 말한다면 그걸 '프라크리티'라고 그러고 '구나스'라고 요새 『바가바드 기

28 함석헌, 「요가 천하를 허유에게 밀면서-『장자』, 「소요유」」, 『함석헌전집』 20권 『씨울의 옛글풀이』, 한길사, [1988]1989, 99쪽. 함석헌이 언급하는 『기타』 시구는 2.23이다. '칼이 그것을 찍을 수 없고, 불이 그것을 태울 수 없고, 물도 그것을 적실 수 없으며, 바람도 그것을 말릴 수 없다.'
29 함석헌, 「인간혁명」, 『함석헌전집』 2권 『인간혁명의 철학』, 한길사, [1983]1984, 91~92쪽.

타』에서 하는 얘깁니다마는, 내가 한 거 아니오. 내가 한 거 아닌 줄을 알면, 그때 비로소 지혜가 조금 생기기 시작해요.[30]

여기에서 함석헌은 자아가 행위자가 아님을 아는 지혜를 언급한다. 그리고 함석헌이 언급하는 자아의 '영원불멸성'과 '무행위성'은 모두 지식의 요가를 가리킨다.

이와 같이 자아의 본성이 신의 모습이라는 것을 '반복해' 말하는 점, 지식의 요가를 다른 두 요가를 행하는 토대 원리로 해석하는 점, 『기타 역주서』 외 일차문헌에서 지식의 요가를 여러 번 언급하는 점을 고려할 때, 함석헌이 지식의 요가를 중시한다는 것을 알 수 있다.

2) 행위의 요가

함석헌이 행위의 요가를 매우 중시한다는 것은 다음의 네 가지 점에서 알 수 있다. 첫째, 세 요가 중 '행위'에 가장 활발하게 단어 풀이를 한다. '즈나나', '지식'은 단어 풀이가 간단하고, '박티', '믿음'은 단어 풀이가 아예 없다. 하지만 '카르마', '행위'는 단어 풀이의 분량이 제일 많고, 순우리말 번역어도 만든다.

---

30 함석헌, 「두려워 말고 외치라-「이사야서」를 중심으로 · II」, 『함석헌전집』 11권 『두려워 말고 외치라』, 한길사, [1984]1988, 38쪽.

그래서 지식과 믿음보다는 행위를 설명하는 데 치중한다고 말할 수 있다.

둘째, 행위의 요가를 다른 두 요가를 실행하는 방법으로 해석한다. 함석헌이 해석하는 행위의 요가의 요체는 자아의 정화다. 그리고 자아의 정화는 자아의 본성을 실현하는 길이다. 또 자아의 정화는 믿음을 튼튼하게 하는 길이다. 그러므로 함석헌의 해석에서 행위의 요가는 지식의 요가와 믿음의 요가를 실현시키는 방법으로서 중요하다.

셋째, 힌두교에서 배울 점으로 행위의 요가를 든다. 『기타 역주서』를 통틀어, 함석헌이 "인도식 사고 방식에서 배울 필요가 있다"(5.11 주석)라고 하면서 힌두교에서 배울 점을 직접 명시한 적이 단 한 번 있다. 배워야 할 인도식 사고방식이란 "모든 문제를 자아(아트만)를 중심으로 생각하려는" 사고방식이다. 이 구절은 자아가 언급되었으므로 얼핏 보면 지식의 요가와 관련 있어 보이지만, 맥락을 살펴보면 행위의 요가와 관련 있다. 그가 말하는 '자아를 중심에 둔 사고방식'은 '자아의 본성'이 아니라 '자아의 정화'를 논하는 과정에서 다루어지므로, 그가 언급하는 배워야 할 인도식 사고방식이란 '자아의 정화'를 중심에 두는 사고방식을 말한다. 그리고 자아의 정화는 행위의 요가의 핵심이므로, 그가 힌두교에서 배울 점이라고 명시한 것이 행위의 요가에 관련된다고 이해할 수 있다.

넷째, 『기타』를 『기타 역주서』 외 일차문헌에서 언급할 때 행위의 요가를 가장 많이 언급한다. 『기타』를 행위의 요가와 함께 언급한 곳은 모두 일곱 곳이다. 우선, 행위의 결과에 집착하지 않음을 말하는 내용이 제일 많다.

바가받 기타에서 자기 행동의 결과에 집착치 말라는 교훈을 배웠읍니다. 서둘려는 마음은 결과에 집착하는 데서 생깁니다. (…중략…) 이런 집착에서 해방되면 정신적인 힘은 생기는 것입니다.[31]

나는 기독교 성경을 어려서부터 보고 그랬지만 그러면서도 잘 알지 못했읍니다. 물론 성경에 그 진리가 있지, 없진 않아요. 그렇지만 그리 분명하게 되어 있지 않습니다. 그런데 『바가바드 기타』를 보다가 아주 쑥 깊이 알았어. 결과주의에 빠지지 말아야 해.[32]

종교야말로 보수를 기다리는 생각을 가지면 안 될 거예요. 그건 『바가바드 기타』엔 아주 분명히 말이 돼있습니다. 결과 생각하지

---

31 함석헌, 「퀘이커 잡지와의 회견기」, 『씨올의 소리』 91호, 1980.1~2, 97~98쪽.
32 함석헌, 「이제, 죽어도 좋다-「이사야서」풀이·III」, 『함석헌전집』 11권 『두려워 말고 외치라』, 한길사, [1984]1988, 111쪽.

말아야 돼![33]

사람이 밖의 물건과 전연 아무 관계 없이 살 수는 없으나, 그 관계
에 종이 되어서는 아니된다. 올바르게 한다는 것은, 하면서도 거기
잡히지 않음을 이름이다. 잡히지 않는다는 것은, 『바가바드기
타』의 말대로 하면, 결과에 마음을 두지 말고 하란 말이다. 어떤 일
을 하는데 그 결과를 먼저 바라고 거기 마음이 달라붙게 하는 것은
우리의 욕심인데 욕심이 작용을 하여 우리 마음을 그 결과에서 오
는 즐거움 슬픔에 한번 매어 놓으면 마음은 그만 자유를 잃어서 바
른 판단을 할 수 없이 되어버린다. 그러면 혼은 전혀 용기를 잃고
아무것도 하지 못하게 된다.[34]

그런 사람은 바가받 기타에도 그렇지만 성공 실패 생각 안해요. 그
거 문제 삼지 않아요. 자기 자신이 그거 없는 세계에 살고 있으니
까.[35]

33 함석헌, 「말씀－요한복음 강의 7(글+음성)」, 1969, 웹사이트 〈바보새함석헌〉,
   http://ssialsori.net/bbs/board.php?bo_table=0102&wr_id=15&page=3.
34 함석헌, 「옷을 팔아 칼을 사라」, 『함석헌전집』 5권 『서풍의 노래』, 한길사,
   [1983]1986, 101~102쪽.
35 함석헌, 「좌담회－「씨올」의 의미와 민중운동」, 『씨올의 소리』 76호, 1978.9, 46쪽.

위의 다섯 곳에서 함석헌은 『기타』를 결과에 집착하지 않음과 관련지어 말한다. 다음으로, 그는 『기타』를 이기적 욕망이 없는 무사無私한 행위와 함께 언급한다.

아마 『바가바드 기타』에서 우리 소견으로 얼핏 보기에도 잘못이게 크리슈나 신이 고민하는 아르쥬나에게 도리어 걱정 말고 내 의무인 전쟁을 하라 한 것은 이 때문일 것입니다. 사람을 죽이나 아니 죽이나가 문제이기 전에 내가 무사한 마음으로 섰나 사사 욕심의 포로가 되어 섰나가 문제입니다. 예수께서 악을 대적치 말라 한 것도 이런 뜻에서가 아닐까?[36]

거기 지혜가 있고 신비가 있다. 예수는 믿음이라 했고, 노자는 무위라 했고, 『바가바드 기타』는 무사(無私)라 했다.[37]

두 곳에서 함석헌은 『기타』를 무사한 행위와 연결해 언급한다. 행위의 결과에 집착하지 않음과 무사한 행위는 모두 행위의 요가이므로, 그가 『기타 역주서』 외 일차문헌에서 『기타』를 언

---

36 함석헌, 「수선화에게 배우라」, 『함석헌전집』 8권 『씨올에게 보내는 편지』, 한길사, [1984] 1989, 226쪽.
37 함석헌, 「지배자와 피지배자」, 『함석헌저작집』 2권 『인간혁명』, 한길사, 2009, 106쪽.

급할 때 행위의 요가를 가장 자주 언급했다고 볼 수 있다.

이와 같이 세 요가 중 '행위'에 단어 풀이가 가장 활발한 점, 행위의 요가를 다른 두 요가의 실행 방법으로 해석하는 점, 힌두교에서 배울 점으로 행위의 요가를 드는 점, 『기타 역주서』외 일차문헌에서 행위의 요가를 가장 자주 언급하는 점을 고려할 때, 함석헌이 행위의 요가를 중시한다는 것을 알 수 있다.

3) 믿음의 요가

함석헌은 '박티', '믿음'을 단어 풀이에 한 번도 등장시키지 않는다. 또 『기타』를 『기타 역주서』외 일차문헌에서 언급할 때 믿음의 요가는 거론하지 않는다. 이 두 가지를 보면 세 요가 중 믿음의 요가의 중요도가 가장 떨어져 보인다. 하지만 그가 믿음의 요가를 매우 중시한다는 것을 다음의 두 가지 점에서 알 수 있다.

첫째, 믿음의 요가를 다른 두 요가를 내포하는 것으로서 해석한다. 지식의 요가와 행위의 요가가 아무리 중요하다고 해도 그 자체에만 머무르면 안 되고 믿음의 요가로까지 연결되어야 한다. 다시 말해, 자아의 본성은 아는 것만으로는 부족하고 믿어야 한다. 그리고 행위의 요가는 믿음을 튼튼하게 하는 수단이다. 그러므로 믿음의 요가는 지식의 요가와 행위의 요가를 내포한다고 말할 수 있다.

둘째, 함석헌이 구원의 방법으로서 직접 기술한 것은 믿음뿐이다. 그의 해석에서 믿음은, 윤회할지 해탈할지를 가리는 기준이고, 참(진리)에 이르는 올바른 길이고, 영적 세계에 기적을 일으키는 것이다. 구원의 수단으로 믿음만을 말하고, 지식과 행위는 구원과 직접 연결해 기술한 적이 없다는 데에서, 그가 믿음에 부여한 중요성을 잘 알 수 있다.

여기에서 그가 믿음을 구원의 수단으로 말한다는 것은 다른 두 요가를 배제한 채 믿음만 중요하다고 말한다는 뜻이 아니다. 믿음은 지식과 행위를 내포하는 개념이기 때문이다. 하지만 믿음에 지식과 행위가 내포되었다 해도, 그가 구원의 수단으로 '지식', 또는 '행위', 또는 '지식과 행위'를 말한 적이 없고, 여러 곳에서 일관되게 '믿음'만을 말한다는 사실은 여전히 중요하다. 그리고 그가 구원의 수단으로서 믿음만을 말한 것은 기독교인으로서 정체성을 보여 주는 해석이라고 이해할 수 있을 것이다.

이와 같이 믿음의 요가가 다른 두 요가를 내포한다고 해석하는 점, 그리고 구원의 수단으로 일관되게 믿음을 언급하는 점을 고려할 때, 함석헌이 믿음의 요가를 중시한다는 것을 알 수 있다.

6. 맺음말

이 장에서는 『기타』의 세 요가에 대한 함석헌의 해석을 살펴보았다. 그리고 『기타』와 함석헌 해석을 비교하고, 함석헌이 각요가에 부여한 중요성을 살펴보았다. 이제 마지막으로, 함석헌의 해석에 나타나는 '세 요가의 관계'를 생각해 보겠다. 우선, 『기타』 자체에서 세 요가가 긴밀하게 연결되어 기술되기 때문에 『기타』는 독자에 따라 해석의 차이가 큰 경전이다. 독자는 『기타』를 '지식의 요가', 또는 '행위의 요가', 또는 '믿음의 요가'를 강조한 경전으로 읽을 수도 있고, 또 세 요가가 얽혀 있어 특별히 어느 것을 강조했다고 말할 수 없다고 읽을 수도 있고, 또다른 방식으로 읽을 수도 있다. 그리고 '『기타』'에서 세 요가의 관계를 독자가 다양하게 해석할 수 있듯이, 함석헌이 해석하는 세 요가의 관계도 독자에 따라 다르게 읽을 수 있을 것이다. 필자는 함석헌이 세 요가 중 어느 한 요가를 특별히 강조하기보다세 요가를 고루 중시한다고 생각한다. 왜냐하면 세 요가가 떼려야 뗄 수 없고, 셋 중 어느 하나가 빠져서는 안 되기 때문이다. 그의 해석에서 세 요가의 관계는 다음과 같이 긴밀하다.

첫째, 지식의 요가가 아무리 중요해도 그것만으로는 부족하다. 자아는 발견하기만 하면, 즉 알기만 하면 되는 것이 아니고 실현해 내야 한다. 다시 말해, 지식의 요가는 앎으로 끝나면 안되고 행위의 요가로 이어져야 한다. 또한 자아의 본성은 알기만 하면 되는 것이 아니고 믿어야 한다. 그래서 지식의 요가는 믿음의 요가로도 이어져야 한다.

둘째, 행위의 요가가 아무리 중요해도 그것만으로는 부족하다. 행위의 요가는 지식의 요가에 의해 뒷받침되어야 자기 정화를 통해 내 안에 있는 신을 실현해야 하는 원리가 마련된다. 또한 행위의 요가는 믿음이라는 범주 안에 내포된 것이어야 의미가 있고, 단지 자아를 정화하는 노력만 하는 것은 의미가 없다.

셋째, 믿음의 요가가 아무리 중요해도 그것만으로는 부족하다. 지식의 요가라는 원리를 알지 못하고 신의 초월성만 믿는 것은 완성된 믿음이 아니다. 또한 신에게 열성을 다해 기도하는 믿음은, 자아를 정화하는 행위의 요가 없이는 완성된 믿음이 아니다.

이와 같이 함석헌의 해석에서 세 요가는 불가분의 관계이므로, 세 요가 중 그가 특별히 강조한 요가를 말하기 어렵고 세 요가를 고루 중시한다고 말할 수 있다. 이 장에서는 『기타』의 주요 가르침인 세 요가에 대한 함석헌의 해석을 살펴보았다. 다음 장에서는 세 요가에 이어 명상의 요가에 대한 그의 해석을 살펴보겠다.

7장

명상의 요가

명상의 요가dhyāna-yoga는 『기타』에서 해탈에 이르는 요가를 셋이 아니라 넷을 꼽을 때 넷째 요가로 꼽힌다. 세 요가의 보조 수단이라고도 말해진다.[1] 명상의 요가란 한 대상에 정신을 집중하는 수행법으로, 크리슈나는 아르주나에게 자아의 정화를 위해, 홀로 깨끗한 곳에 자리를 잡고 앉아, 호흡을 제어하고, 감각기관을 제어하고, 마음을 한 대상에 집중하라고 가르친다. 명상의 요가는 주로 『기타』 6장에 나오고, 6장은 '명상의 요가'라는 제목이 붙어 있다. 한편 함석헌은, 인간이기 때문에 믿음이 흔들리는 것은 어쩔 수 없지만 "신앙의 인생에서 항상 부동의 자세"[2]가 중요하다고 말한다. 그렇다면 믿음이 꾸준하기 위해 그가 제시하는 '구체적인'[3] 수행 방법이 있을까? 『기타』에서는 구체적

---

1 문을식, 『바가바드 기따 - 비움과 채움의 미학』, 서강대출판부, 2012, 293쪽.

2 "나의 참(…중략…)을 믿는 것이 곧 하나님을 믿음이요(…중략…)그때에 은총으로 복스러움으로 기쁨으로 느껴진다. 순간적으로 이런 명상에 들어가는 것은 조금 믿는 사람은 체험하는 일이지만, 그렇게 죄와 은혜가 번갈아 출입을 해서는 참으로 구원된 상태가 아니다. 물론 구원을 바라는 마음 그 일념 속에 이미 구원이 있지만, 그렇게 들고나고 함이 있어서는 아니 된다. 풍랑 없는 배질은 있을 수 없지만 배가 대기권 밖으로 나가서는 안 되는 것과 같다. 그것이 신앙의 인생에서 항상 부동의 자세를 말하는 까닭이다."(5.11 주석)

3 앞장에서 함석헌이 행위의 요가를 '믿음을 튼튼하게 하는 수단'으로 해석하는 것을 보았다. 그런데 『기타』에서 가르치는 행위의 요가는 해탈에 이르는 방법이라는 점에서 수행이지만 철학과 신학을 중심에 둔 수행이다. 자기 중심성을 내려놓는 무사(無私)의 행위고, 나의 모든 행위를 신에게 바치는 것이기 때문이다. 반면에 『기타』에서 가르치는 명상의 요가는 철학과 신학에 중심을 둔 수행이라기보다 구체적인 실수(實修)다. 어디에 어떻게 앉고, 호흡을 어떻게 하며, 어떻게 명상하는지 하는 명상의 기술(技術)에 관련되기 때문이다. 이 장에서 살펴보려고 하는 함석헌이 제시

수행법으로 명상의 요가를 가르치고, 함석헌은 비록 『기타』에서 가르치는 명상과 다른 개념이기는 하지만 평소 명상을 중시한다.[4] 그러므로 이 장에서는 『기타』의 명상의 요가에 대한 함석헌의 주석을 대상으로, 그가 명상의 요가를 어떻게 다루는지, 그리고 그가 제시하는 수행법이 있다면 무엇인지 살펴보고자 한다. 살펴볼 주석은 명상의 요가에 대한 그의 세 주석(5.27~5.28 주석; 6.11~6.12 주석; 6.24 주석)이다.

1. 마음의 정화

우선, 『기타』 5.27~5.28은 다음과 같다.

5.27 모든 외계와의 접촉을 끊고, 시력을 미간에 모으고 앉아, 날숨과 들숨을 고르게 하여 콧구멍으로만 통하게 하며,[5]

5.28 감각과 의식과 이성을 제어하여 해탈을 목적하고 욕망과 공

하는 '구체적인 수행'이란 행위의 요가보다 더 기술적이고 구체적인 수행 방법을 뜻한다.

4 함석헌은 '기도와 명상'을 함께 할 것을 강조하는데 그가 말하는 명상은 힌두교의 명상에 제한되지 않는 더 일반적인 개념이다.

5 sparśān kṛtvā bahir bāhyāṃś cakṣuś caivāntare bhruvoḥ / prāṇāpānau samau kṛtvā nāsā-bhyantaracāriṇau //

포와 분노를 내버리는 성자는 이미 해탈을 얻었느니라.[6]

두 시구에서 크리슈나는 구체적 명상법을 가르친다. 감각대상
과 접촉을 끊고, 눈은 미간에 집중하고, 호흡을 고르게 하고, 감
각기관과 마음과 지성을 제어하라는 내용이다. 함석헌의 주석은
『기타』본문에 대한 주석이 아니고 바로 앞에 인용한 간디의 주
석을 지지하고 자기 경험을 덧붙인 것이다. 간디 주석의 핵심은
'몸과 마음의 정결'이다. 간디는 몸과 마음을 정결히 하는 것은
"절대 필요 조건"이고 이 선행 단계 없이 요가를 수행하면 "잘못
되어서 아주 깊은 미망에 빠지기 쉽다"라고 말한다.[7] 함석헌은 간

----

6 yatendriyamanobuddhir munir mokṣaparāyaṇaḥ / vigatecchābhayakrodho yaḥ sadā muk-
   ta eva saḥ //
7 "몸과 마음, 둘 다 정결할 것이 절대 필요 조건이다. 그렇지 못하면 오히려 잘못되어서 아
   주 깊은 미망에 빠지기 쉽다. 이런 일이 있다는 것을 실지 경험에 의해서 아는 사람이 많다.
   그렇기 때문에 요가의 왕이라 할 파탄잘리(Patanjali)가 야마(yama, 기본 맹세)와 니야마
   (niyama, 보조 맹세)를 첫머리에 세워서 오직 준비 훈련을 통과한 사람에게만 요가 기술
   을 닦는 자격을 준 것이다. 다섯 기본 맹세란 비폭력, 참, 도둑질 아니함, 동정(童貞), 아무
   것도 가지지 않으며, 다섯 보조 맹세는 신체적 정결, 족한 줄을 앎, 경전 공부, 극기, 하나
   님에 대한 명상이다."(5.27~5.28 간디 주석. 단락 띄기 생략)
   파탄잘리(Patañjali, 기원전 100년~기원후 500년 사이 추정)는 『요가 수트라』(Yoga-
   Sūtra)의 저자로 알려졌다. 이 경전에 담긴 요가 수행법은 여덟 단계로 이루어져 '팔지(八
   支) 요가'(aṣṭāṅga-yoga)라 불린다. 각 단계는 간략하게 다음과 같다. 첫째, 금계(禁戒, ya-
   ma)는 요가 수행을 위한 다섯 가지 필수 사항이다. 둘째, 권계(勸戒, niyama)는 요가 수행
   을 위한 다섯 가지 권장 사항이다. 금계와 권계가 간디가 『기타』 5.27~5.28 주석에서 언
   급한 야마(기본 맹세)와 니야마(보조 맹세)다. 셋째, 좌법(坐法, āsana)은 명상하기 위해
   안정되게 앉는 것이다. 넷째, 조식(調息, prāṇāyāma)은 호흡을 제어하는 것이다. 다섯째,
   제감(制感, pratyāhāra)은 감각기관들을 제어하는 것이다. 여섯째, 응념(凝念, dhāraṇā) 또

디의 말에 동의하고 나서 다음과 같이 말한다.

간디의 이 경고의 말은 명심해서 들을 필요가 있다. 내 경험으로
도 증거할 수 있다. 1942년 성서조선사건으로 서대문 감옥에 있을
때 그 안에서 우연히 정신 통일법을 안다는 사람을 만나 시작해 본
일이 있었는데, 어느 정도의 체험도 했다고 할 수 있었지만 그후 또
만난 어떤 다른 노인으로부터 잘못하면 그런 것 하다가 미친 사람
이 되고 만다는 경고를 들었고, 그후 다른 글들을 통해서 동기가 순
수해야, 호기심이나 야심(비록 정신적이라 하더라도)이 터럭만큼도
있어서는 아니 된다는 것, 또 타고난 천품을 따라 그런 것은 누구나
다 할 수도, 또 할 필요가 반드시 있는 것도 아니라는 사실을 알게
되어 중지하고 말았다. 또 기독교계에서 성신 받는다, 방언한다 하
는 현상에서 그 실지 증거를 보는 것 아닌가? 나도 파탄잘리의 책을
읽어보았으나 혼자서는 도저히 이해하고 실행할 수가 없었다. 그렇
기 때문에 예로부터 그것은 위대한 스승(그루) 밑에서 해야 한다고
일러온다. 그러므로 믿을 만한 스승이 없는 경우는 경솔하게 제나
름으로 하지 말 것이요, 다만 우리 마음을 깨끗이 하여 내게 필요한

는 집지(執持)는 한 대상에 의식적으로 집중하는 것이다. 일곱째, 정려(靜慮, dhyāna)는
한 대상에 대한 집중이 끊어지지 않고 지속되는 것이다. 여덟째, 삼매(三昧, samādhi)는
집중하는 주체와 집중되는 대상이 하나가 되고 마음이 평정된 상태다.

것이면 하나님이 적당한 때에 적당한 방법으로 주시리라 믿고, 신통한 결과가 보이지 않더라도 쉬이 낙심하지 말고, 끝까지 믿고 기도하며 기다림이 옳은 길일 것이다.

이 주석에서 함석헌은 일명 성서조선 사건[8]으로 서대문형무소에 투옥되었을 때 다른 수감자에게 정신 통일법[9]을 배워 보았다고 말한다. 그는 정신 수행을 해 본 경험을 바탕으로, 정신 통일법은 욕심으로 해서는 안 되고, 누구나 반드시 해야 하는 것도 아니고, 혼자서 함부로 수행해서도 안 된다고 말한다. 그리고 수행을 지도해 줄 스승이 없을 때 다음의 방법을 제안한다.

---

8 '성서조선 사건'이란 계간지 『성서조선』이 1942년에 강제로 폐간되면서 김교신, 함석헌을 비롯한 관련자들이 1년 동안 서대문형무소에 투옥된 사건을 일컫는다.

9 함석헌이 서대문형무소에서 체험한 정신 통일법은 명상의 요가와는 관련이 없는 듯하다. 함석헌은 훗날 어느 대담에서 이 정신 통일법을 훨씬 자세하게 말한 적이 있는데, 정신 통일법을 알려 준 사람의 종교가 무엇인지 질문 받았을 때 "천도교, 보천교 이런 데는 많이 해요."라고 대답한다.(김영호, 함석헌, 「대담 − 새종교가 나와야 한다」, 『씨올의 소리』 98호, 1989.2, 172쪽) 한편 함석헌이 서대문형무소에서 체험한 정신 통일법을 두고 김건우는 "이때 이미 함석헌은 도교적 양생 수행에서 경지에 들어가 있었던 듯하다. 함석헌의 수행법은 류영모에게서 온 것으로 보인다"라고 말한다.(김건우, 「대한민국 설계자들14 − 국가주의에 맞선 류영모와 함석헌」, 『주간동아』 1016호, 2015.12.9, 69쪽) 『기타 역주서』 5.27∼5.28 주석에 따르면, 함석헌은 정신 통일법을 감옥에서 우연히 만난 사람에게 배웠다. 함석헌이 서대문형무소에서 체험한 정신 통일법의 자세한 내용은 위에 언급한 대담에서 찾아볼 수 있고, 당시 함께 투옥되었던 류달영의 글에서도 관련 내용을 찾을 수 있다. 류달영, 「『성서조선』사건 − 옥중생활」, 『소중한 만남 − 나의 인생 노트』, 솔출판사, 1998, 147∼149쪽.

잘 모르는 상태에서 나름대로 하지 말고, 마음을 깨끗이 하면서 내게 필요한 것이면 신이 주시리라 믿고, 쉽게 낙심하지 말고, 믿고 기도하고, 기다리라는 것이다.

함석헌이 제안하는 내용은 '마음의 정화'와 '믿음'으로 요약된다. 우선, 나열한 항목들 가운데 핵심은 마음을 깨끗이 하는 것이다. 여기에서 마음을 깨끗이 하는 것 곧 '마음의 정화'는 '자아의 정화'와 바꿔 말할 수 있다. 왜냐하면 그가 '마음의 정결'을 자아의 정화로도 표현[10]하기 때문이다. 또 '마음의 정결'은 '마음의 정화'와 다르지 않으므로, 자아의 정화, 마음의 정결, 마음의 정화는 모두 한 범주에 속하는 개념이라고 이해할 수 있다. 그리고 함석헌이 자아의 정화를 논하는 모습은 『기타 역주서』의 여러 곳에서 볼 수 있어 그가 이를 중시한다는 것을 알 수 있다.

첫째, 앞장에서 보았듯이, 함석헌은 행위의 요가의 핵심에 자아의 정화를 두었다. 그의 해석에서 믿음의 요가는 행위의 요가를 내포하므로, 그에게 자아의 정화는 믿음 생활의 근간이다. 둘째, 함석헌은 7.23 주석에서 '자아를 정화하면서' 기다리면 비록 잘못 알았던 것이 있어도 반드시 알게 된다고 말한다. 이것은 위

---

10 "십계명은 말할 것도 없고 하늘나라의 헌법이라 할 만한 산상수훈(山上垂訓)에 있어서 예수도 분명히 마음의 정결을 강조했는데, 십자가의 은혜를 강조한 나머지 자아의 정화를 원수처럼 아는 열심당이 생긴 것은 참 이상한 일이다."(5.11 주석)

의 5.27~5.28 주석에서 '마음을 깨끗이 하면서' 내게 필요한 것이면 신이 주시리라 믿고 기다리라는 내용과 일맥상통한다. 셋째, 함석헌은 마음의 정화에 관련해 『장자』의 같은 구절을 두 번 인용한다(5.21 주석; 14.19 주석).[11] 인용된 구절의 요지는, 마음의 정화란 "비게 함", "비게 하여 가지고 무엇을 기다림"을 뜻한다는 것이다. 이와 같이 마음의 정화, 곧 자아의 정화를 자주 말하는 데에서 함석헌이 이를 중시한다는 것을 알 수 있다.

다음으로, 수행을 지도해 줄 스승이 없을 때 함석헌이 마음의 정화와 함께 제안하는 또 다른 중요한 방법은 믿음이다. 마음을 깨끗이 하면서 '내게 필요한 것이면 신이 주시리라 믿고, 기도하고, 낙심하지 말고 기다리라'는 것이다. 그래서 명상의 요가에 대해 주석하면서 그가 중점에 둔 것은 마음의 정화와 믿음이라고 할 수 있다. 이것을 『기타』의 용어로 표현한다면, 명상의 요가에 대한 주석에서 함석헌은 명상의 요가 자체보다는 행위의 요가와 믿음의 요가를 논한다고 말할 수 있다.

---

11 5.21 장자 인용과 14.19 장자 인용 중 중복되는 내용은 다음과 같다. 5.21 장자 인용으로 싣는다. "회(回)가 묻는다. "감히 묻잡습니다. 마음의 깨끗이란 것이 어떤 것입니까?" 중니(仲尼)가 답한다. "네 뜻을 하나로 모아서 귀로 듣지 말고 마음으로 들으며, 마음으로도 듣지 말고 기(氣)로 들어라. 듣는다는 것은 귀에 그치는 것이요, 마음은 바탈에 그칠 뿐이다. 기란 것은 비게 하여 가지고 무엇을 기다림을 말하는 것이다. 도는 빔에 모인다. 비게 함이 마음을 깨끗이 함이다.""

2. 이성적 태도

다음으로, 『기타』 6.11~6.12도 구체적 명상법을 다룬다.

6.11 깨끗한 곳에 자기를 위하여 자리를 꽉 잡으라. 너무 높지도 않게, 너무 낮지도 않게. 그 위에 거룩한 풀, 사슴 가죽, 그리고 옷을 겹쳐 깔아라.[12]

6.12 그 자리에 올라앉아, 마음을 한 점에 집중하고, 사념과 감각을 제어하여, 자기 혼을 정결케 하기 위하여 요가를 닦을지어다.[13]

위에서 본 『기타』 5.27~5.28이 이미 앉은 상태에서 수행하는 방법을 다룬다면, 『기타』 6.11~6.12는 어디에, 어떻게 자리를 잡고 앉아, 어떻게 집중하면 좋은지에 관한 수행 방법을 다룬다. 명상의 요가 수행자는 깨끗하고 너무 높지도 낮지도 않은 곳에, 사슴 가죽이나 옷이나 신성한 풀[14]을 깔고 앉아, 마음을 한 곳에 집중하고, 생각과 감각을 제어해야 한다. 그런데 함석

---

12 śucau deśe pratiṣṭhāpya sthiram āsanam ātmanaḥ / nātyucchritaṃ nātinīcaṃ cailājina-kuśottaram //
13 tatraikāgraṃ manaḥ kṛtvā yatacittendriyakriyaḥ / upaviśyāsane yuñjyād yogam ātmavi-śuddhaye //
14 쿠샤(kuśa) 풀은 종교 의식에 사용되는 신성한 풀이다.

헌은 명상의 요가 자체보다는 명상의 요가에서 이루어지는 '이성적 태도'에 관심을 기울인다. 그는 다음과 같이 말한다.

> 장소나 자리에 대해 주의할 요점은 장시간 동안 밖에서 오는 여러 가지가 있을 수 있는 방해를 받음이 없이, 그리고 사람의 몸이 피로해짐이 없이 견디어갈 수 있도록 하며, 마음의 활동이 깊은 정신적 체험에 들어갈 수 있도록 순조롭게 되어가도록 하자는 데 있다. 정신일도 하사불성(精神一到 何事不成)이라는 말을 많이 쓰지만 그런 지경에 가려면 많은 훈련을 쌓은 후에야 이루어지고, 처음에는 인간은 어쩔 수 없이 육신 속에 있는 것이므로 생리적인 법칙을 무시하지 말고, 서두르지 말고, 침착한 마음으로 지킬 것을 지켜가며, 불급불완(不急不緩)의 겸손한 태도로, 단계적으로, 제 분에 맞는 대로 한다는 것을 잊어서는 아니 된다.

함석헌은 명상의 요가에서 앉을 곳과 자리 상태에 주의를 기울이는 이유는, 외부 방해와 몸의 피로함을 줄임으로써 깊은 정신 체험을 수월하게 하기 위한 것이라고 해석한다. 그리고 깊은 정신 상태에 이르기 위해서는 정신에만 집중하는 것이 아니라 몸의 생리적 법칙을 무시하지 말고, 조급해하지 말고, 침착하게, 겸손하게, 단계적으로, 분수에 맞게 해야 한다고 주장한다. 그가 명상의 요가를 주석하면서 이성적 태도를 중시하는 것을 볼수 있다.

또 함석헌은 열정적 신앙만 강조하는 한국 기독교의 수행 문화를 비판하고 원래 기독교에도 이성적인 수행 전통이 있음을 상기시킨다. 그는 다음과 같이 말한다.

특히 기독교 개신교 사람들이 주의할 것은 개신교에서는 신앙을 강조하는 나머지 개인 자질에 생리적 심리적 차이가 있다는 점을 생각 않고, 아직도 욕심을 제어하지 못한 사람들까지도 제멋대로 열심을 내어 구하기만 하면 된다 하기 때문에 잘못되는 일이 많다. 초심자는 반드시 신뢰할 수 있는, 체험 있는 이의 지도를 받는 것이 필요하다. 예수께서 제자들에게 하신 것을 보면 주의 깊게 그 사람과 경우를 생각하여서 지도하신 것을 알 수 있고, 바울도 처음에는 어떻게 했는지 모르나 일단 폐단이 생긴 후는 그것을 바로 지도하기 위해 애쓴 것을 알 수 있다. 정신에라고 결코 법칙도, 원리도, 순서도 없는 것은 아니다. 한국의 기독교가 아직 샤머니즘을 탈피하지 못했다는 데는, 다른 여러 가지 이유도 있겠지만 이 점도 확실히 그 하나임을 생각할 필요가 있다.

여기에서 함석헌은 욕심을 제어하지 않고 무조건 열심히 구하기만 하는 기독교인의 모습을 비판한다. 그리고 예수도 제자의 상태를 생각하며 지도했고 바울도 폐단이 생겼을 때에는 바르게 지도했다는 예시를 들며, 기독교에서도 원래 이성적으로 지도했다는 것을 상기시킨다. 이와 같이 명상의 요가를 다루면서 함석헌은 이성적 태도를 중시한다.

6.11~6.12 주석과 위에서 본 5.27~5.28 주석에는 반복되는 점이 보인다. 6.11~6.12 주석에서 개인의 차이를 고려하면서 훈련해야 한다고 말하는 점, 스승의 지도를 받으며 수행해야 한다고 말하는 점은, 위에서 본 5.27~5.28 주석에서 정신 수행은 개인에 따라 맞을 수도 있고 맞지 않을 수도 있다고 말하는 점, 스승이 없을 때 혼자 나름대로 하지 말라고 말하는 점과 일맥상통한다.

3. 믿음

마지막으로, 『기타』 6.24는 다음과 같다.

6.24 하고자 하는 뜻을 일으키는 모든 욕망을 남김없이 내버리고 마음만으로 모든 감각의 무리를 샅샅이 정복하며,[15]

이 시구에서 '감각의 무리'란 인드리야indriya들을 말한다. '인드리야'란 감각기관[16] 또는 감각[17]이라는 뜻이고, 함석헌은 여기에서 '감각'으로 번역한다. 또 시구에 나오는 '마음manas'이란 감각기관들(또는 감각들)을 통제하는 기관이다. 크리슈나는 마음으로 감각기관들을 완전히 제어하라고 가르치고, 이것은 『기타』 전반에 걸쳐 반복되는 중요한 가르침이다. 그런데 함석헌은 감각기관들을 제어하는 것에 대해 다른 생각을 들려준다. 그는 이 시구 가운데 '마음만으로'라는 단어에 대한 간디와 마헤슈의 번역을 "극기나 고행으로 감각을 억지로 눌러버리거나 없애버리려 해서는 안 된다"라고 해석한다. 그리고 그 해석을 다음과 같이 풀이한다.

[이 말은] 내 마음을 참으로 높은 데 두면 감각은 쉽게 이겨진다는 말이다. 마음이 몸의 주인이기 때문이다. 악이 감각 그것 속에 있는 것이 아니라 참 나를 찾으려 하지 않는 마음에 있다. 그러므로 헤매는 마음을 그대로 두고 선을 행하려고 감각을 억지로 구속하고 강제하여도 소용이 없고, 반대로 마음을 올바른 길(道)에 놓기만 하

---

15 saṃkalpaprabhavān kāmāṃs tyaktvā sarvān aśeṣataḥ / manasaivendriyagrāmaṃ viniyamya samantataḥ //
16 감각을 인식하는 기관들. 곧, 눈, 귀, 코, 혀, 피부.
17 시각, 청각, 후각, 미각, 촉각.

면 감각은 자동적으로 거기 따라 참(眞理)에 이르게 된다. (…중략…) 그렇기 때문에 믿으라는 것이다. 브라만 혹은 하나님을 믿는다는 것은 또 내 속에 근본적으로 선의 씨가 있음을 믿는 것이다.

함석헌은 헤매는 마음은 그대로 두면서 마음으로 그보다 낮은 감각기관을 억제하기보다는, 마음을 그보다 높은 "참으로 높은 데"에 두는 것이 낫다고 말한다. 그리고 "참(眞理)"에 이르는 "올바른 길(道)"로 믿음을 제시한다. 『기타』에서는 마음으로 감각기관을 제어하는 것이 중요한 수행법인데, 함석헌은 감각기관을 제어하는 대신 마음을 믿음의 길에 놓으라고 제안하는 것이다. 이 말은 함석헌이 제어에 무조건 반대한다는 뜻이 아니므로 주의할 필요가 있다. 그는 마음으로 감각기관을 제어하는 것 자체를 반대하는 것이 아니라, '헤매는 마음은 그대로 둔 채' 억지로 감각만 구속하고 강제하는 것을 반대한다. 그리고 헤매는 마음으로 감각기관을 제어하기보다는, 마음을 믿음이라는 하나의 높은 길에 두고 낮은 감각기관이 높은 마음을 '자동으로' 따라가게 하는 방법을 제안한다.[18] 『기타』에서 마음으로 감각기관을 제어

---

18 '마음으로 낮은 것을 억지로 억제하는 대신 마음을 높은 곳에 두어야 한다'는 주장을 함석헌은 '가정과 사회'로도 확장한다(6.24 주석). 그는 다음과 같이 주장한다. 가정교육에서는, 부모와 어른들이 억압으로써가 아니라 "스스로 선으로 가는 길을 보여" 줌으로써 아이의 도덕 능력이 자동으로 높아진다. 또 사회에서는, 강제, 폭력, 규칙,

하는 것이 중요한 수행법임을 생각하면, 마음을 믿음에 두라는 함석헌의 해석은『기타』와는 다른 해석이라고 할 수 있다.

4. 맺음말

이 장에서는 '믿음이 꾸준하기 위해 함석헌이 제시하는 '구체적' 수행 방법이 있는가?'라는 질문에 대답하고자 했다. 이를 위해,『기타』에서 구체적 수행법으로 명상의 요가를 가르치므로, 명상의 요가에 달린 함석헌의 세 주석을 살피고 그가 제시하는 수행 방법이 있는지 알아보았다. 그리고 그가 마음의 정화, 이성적 태도, 믿음을 제시한다는 것을 알 수 있었다.

첫째, 마음의 정화를 제시한다. 간디는 파탄잘리의 요가 수행법을 소개하면서 몸과 마음을 정화하는 기초 단계를 중시하는데, 함석헌은 간디의 말을 명심해야 한다고 말한다. 그리고 정신 수행을 지도해 줄 스승이 없을 때에는 혼자 나름대로 하지말고, '마음을 깨끗이 하면서' 믿고, 기도하고, 기다리기를 제안

단속, 형무소, 정치, 조직, 간섭과 같은 구속적 수단으로는 종교, 교육, 예술, 풍속을 향상시킬 수 없고, "고등한 종교 활동", "선한 풍속", "고상한 예술"과 같이 높은 것에 의해서 낮은 것을 향상시킬 수 있다.

한다.

둘째, 이성적 태도를 제시한다. 함석헌은『기타』의 명상의 요가에서 본격적으로 정신을 수련하기 전에 육체가 쉽게 피로해지지 않도록 앉을 장소와 자리를 고르는 것처럼, 정신에만 집중하는 것이 아니라 몸의 생리적 법칙을 무시하지 말고, 서두르지 말고, 단계적으로, 자기 분수에 맞게 해나가기를 권한다.

셋째, 믿음을 제시한다.『기타』에서는 마음으로 감각기관들을 제어하는 것이 중요한 수행 방법이다. 하지만 함석헌은 헤매는 마음은 그대로 둔 채 그 마음으로 감각기관만 억지로 제어하기보다는, 마음을 참으로 높은 곳이자 올바른 길인 믿음에 둠으로써 아래 있는 감각기관이 높은 마음을 자동으로 따라가는 방법을 선호한다. 또 스승의 지도 없이 정신 수행을 할 때에는 마음을 정화하면서 '내게 필요하면 신이 주시리라 믿고, 기도하며 기다리라'고 말한다.

이 세 요소 중 마음의 정화와 믿음은 낯설지 않다. 왜냐하면 함석헌의 해석에서 '마음의 정화'는 행위의 요가에 속하고, '믿음'은 믿음의 요가에 속하기 때문이다. 또는 믿음의 요가는 행위의 요가를 내포하므로 '마음의 정화와 믿음'이 합해 믿음의 요가에 속하기 때문이다. 그래서 세 요소 중 새로운 요소는 '이성적 태도'라고 할 수 있다. 하지만 이것은 특별한 수련 방법이 아니라 상식적 태도라고 할 수 있다. 그러므로 신앙이 꾸준하기 위해 함석헌이 어떤 구체적 수행 방법을 제안한다고 볼 수 없고, 마음의 정화와 믿음과 같이 기본적인 요소, 또 이성적 태도와 같이 상식적인 요소를 중시한다고 결론지을 수 있다.

함석헌은 정신 통일법을 수행해 본 적이 있고 어느 정도 깊이 있는 체험도 했다. 하지만 그가 힌두교 전통의 명상을 체험해 본 적이 있다고 말하지 않는 것으로 보아 명상의 요가를 직접 체험해 본 적은 없는 듯하다. 그리고 명상의 요가에 대한 자주에서, 그는 힌두교의 명상 자체를 적극적으로 말하기보다는 마음의 정화, 믿음, 이성적 태도와 같이 기본적이고 상식적인 요소를 말한다. 이것을 보면 그가 힌두교의 명상에 관심이 없다고 생각할 수도 있을 것이다. 하지만 그렇지는 않은 듯하다. 함석헌은 『기타』 4~6장에 대해 명상가 마헤슈의 주석을 많이 인용한다. 마헤슈의 주석에는 고도의 명상 단계(초월적 의식, 우주 의식, 신 의식)를 담은 내용이 많은데 함석헌은 이러한 내용을 빼기보다는 오히려 많이 인용한다. 또 마헤슈는 명상과는 관련 없는 『기타』 시구에 명상을 내용으로 주석을 단 곳이 많은데, 함석헌은 이러한 마헤슈의 주석도 많이 인용한다.[19] 이것을 볼 때, 함석헌은 힌두교의 명상에 관심이 컸던 것으로 보인다. 또 파탄잘

19 대표적으로 4.17 마헤슈 주석; 4.31 마헤슈 주석; 5.5 마헤슈 주석; 5.6 마헤슈 주석.

리의 『요가 수트라』를 읽어 보았다고 말하는(5.27~5.28 주석) 데에서도 그가 힌두교의 명상에 관심이 있었음을 알 수 있다. 하지만 『기타』와 달리, 그는 구체적인 명상법을 논하기보다, 마음의 정화와 믿음이라는 그의 신학에서 기본적 요소, 그리고 이성적 태도라는 상식적 요소를 논하는 데에 더 충실했다고 볼 수 있다.

나가는 말

　이제 본문에서 말하지 않은 몇 가지 점을 논하면서 책을 마칠
까 한다. 첫째, 『기타 역주서』는 함석헌이 노년에 쓴 작품이다.
『씨올의 소리』에 실린 『기타』 역주는 74~79세에 연재한 것이
고, 『기타 역주서』의 첫 단행본(초판)은 84세에 출판한 것이다.
그래서인지 『기타 역주서』에서는 그가 자신의 중요한 개념들을
자세히 설명하는 모습을 찾아보기 어렵다. 예를 들어, 자아, 신,
하나, 믿음, 정화 등은 그의 다른 일차문헌들과 비교할 때 설명
이 적고, 설명이 있어도 압축적이다. 아마도 그 이유는, 그가 인
생에 걸쳐 이 개념들을 이미 많이 설명해 왔고, 힌두 경전을 주
석하고 있기 때문에 자신의 사상을 자세히 말하는 것을 자제했
기 때문이라고 생각된다. 『기타 역주서』는 아직 활발하게 연구
되지 않은 문헌이므로 이 책에서는 '『기타』에 대한 함석헌의 생
각과 해석'을 듣는 일에 집중하고자 했다. 그래서 꼭 필요하지
않는 한, 함석헌의 사상을 분량 있게 소개하거나, 『기타 역주
서』외 함석헌의 일차문헌과 그에 관한 이차문헌을 사용하는 일
을 의도적으로 자제했다. 그러므로 이 책에서 논해진 그의 주요
개념과 사상에 관심이 있는 독자는 일차문헌과 이차문헌을 찾

아봄으로써 이해를 깊이 할 수 있을 것이다.

둘째, 힌두교에 관해 많은 사람이 카스트 제도에 관심을 표한다. 『기타』는 카스트 제도를 옹호하는 경전이므로 함석헌이 어떠한 반응을 보였는지 궁금할 수 있을 것이다. 그가 『기타 역주서』에서 카스트 제도에 침묵했다고 그를 비판한 의견도 이미 있다.[1] 그래서 이에 대해 의견을 말해 보겠다. 함석헌은 카스트 제도는 "세계에서 가장 부끄러운 계급주의"(7.21 주석)라고 비판한다. 이 구절이 짧기 때문에 비판의 정도가 약하게 다가올 수도 있겠지만, 『기타 역주서』의 전체 분위기를 생각하면 그렇지 않다. 그는 『기타』를 역주하면서 힌두교에 대한 비판을 삼간다. 그리고 힌두 경전 『기타』를 존중하고, 다른 종교들과 하나로 읽는다. 특히, 『기타』를 자신의 종교인 기독교와 하나로 읽는 것에 관심을 두었고, 기독교가 힌두 경전에서 배우면 좋을 점도 논한다. 그런데 『기타 역주서』에서 그는 당시의 한국 기독교는 자주 비판하지만 힌두교는 단 한 번 비판한다. 그곳이 바로 카스트 제도를 "세계에서 가장 부끄러운 계급주의"라고 말하는 곳이다. 그러므로 『기타』를 역주하면서 힌두교에 대해 비판을 삼

---

1 "함석헌의 카스트 제도에 대한 무비판"; "함석헌의 카스트 제도에 대한 침묵"; "바가바드기타의 카스트 제도 옹호에 대한 [함석헌의] 무비판은 허용하기 어렵다." 정대현, 「유영모·함석헌의 씨올 방법론—동양적 학문의 한 유형」, 『씨올의 소리』198호, 2007.11~12, 67쪽(앞의 두 인용); 76쪽.

가고, 힌두교와 다른 종교들을 하나로 읽으려고 하고, 기독교가 힌두교에서 배울 점을 언급하는 전체적 분위기를 고려하면, 그가 단 한 번 남긴 비판은 의미 있게 받아들일 만하다. 특히 이 비판이 있는 7.21 주석은 그가 기독교와 힌두교가 비판받을 점을 각각 기술하고 있는 곳이다. 그러므로 함석헌이 카스트 제도에 침묵했다고 이해하기보다는, 카스트 제도를 비판했다고 이해하는 편이 적절하다.

셋째, 『기타 역주서』의 연구서인 이 책에 관한 이야기를 할까 한다. 이 책은 2016년에 『기타 역주서』에 관한 첫 논문을 쓰고 나서부터 기획하게 되었다. 후속 논문을 준비하던 중에, 연속적으로 논문을 출판하기보다는 연결된 글들을 독자가 한자리에서 읽을 수 있도록 책으로 준비하게 되었다. 『기타 역주서』에서 들을 수 있는 이야기에 귀 기울이기 위해서는 이 문헌을 거듭 정독하고 분석하는 일에 가장 기댈 수밖에 없었다. 오랫동안 『기타 역주서』 안팎에서 헤매기와 길 찾기를 반복하던 끝에 책을 마치면서, 한 가지 확신이 드는 점이 있다. 그것은 이 책은 아직 『기타 역주서』 연구의 출발점에 놓여 있다는 것이다. 왜냐하면 『기타 역주서』에 관해 일부분을 다루기 때문이다. 이 책에서 시도한 『기타 역주서』의 분류 체계는 가능한 여러 분류 방식 중의 하나고, 각 장은 해당 주제를 부분적으로 다룬 것이다. 예를 들어, '『기타』의 번역'은 네 가지 특징을 중심으로 보았고, '『기타』주석의 인용'도 주석 출전과 주석자 소개에 초점을 맞추었으며, 주제 연구도 세 가지 주제(하나 됨, 세 요가, 명상의 요가)에 초점을 두었다. 그래서 이 책은『기타 역주서』를 온전히 중심에 둔 첫 단행본이지만, 이 문헌에 관해 일부분을 다루었을 뿐이다. 그럼에도,『기타 역주서』를 체계적으로 이해하고 싶은 독자, 또는 인도 사상과『기타』에 대한 함석헌의 해석을 알고 싶은 독자에게 이 책이 조금이라도 도움이 되면 좋겠다.

마지막으로, 감사의 말씀을 전하고 싶다. 우선,『기타 역주서』의 선행 연구자들께 감사드린다.『기타 역주서』가 아직 활발히 연구되지 않은 문헌이다 보니 참고할 수 있는 선행 연구가 적었다. 적은 수지만 선행 연구들은 분명히 도움이 되었고 참구參究의 든든한 발판이 되어 주었다. 다음으로, 웹사이트 〈바보새 함석헌〉에 공개된 함석헌의 일차문헌과 그에 관한 이차문헌을 통해, 자료를 일일이 타이핑하는 시간을 단축하고 자료를 손쉽게 찾아볼 수 있었다. 자료의 디지털화가 사회적, 학문적으로 공헌하는 바를 재확인하며, 웹사이트를 운영 관리해 오신 분들과 보이지 않는 곳에서 함석헌 자료의 디지털화에 힘써 주신 분들께 감사드린다. 다음으로, 원고를 쓰는 동안, 대학원 석사 논문을 지도해 주신 이지수 교수님이 별세하셨다. 교수님께 배울 수 있었던 감사한 마음과 자주 찾아뵙지 못했던 죄송한 마음으로, 탁월한 학문을 갖추시고 다른 종교들에 열려 계셨던 교수님을 기린다. 마지막으로, 책을 쓰는 과정 내내 어머니는 함께 해 주시고, 이야기를 들어 주시고, 늘 따뜻하게 격려해 주셨다. 사랑하고 존경하는 어머니께 이 작은 책을 바친다.

〈부록〉

1. 주석의 위치

〈표 23〉 주석의 위치

	유형	주석 출처	실제
1	앞 시구의 주석을 뒤 시구의 주석에 포함시키는 경우	1.47 라다크리슈난	1.46 라다크리슈난 포함(첫 단락 "아르주나의 말은 (…중략…) 있다고 한다.")
2		2.44 라다크리슈난	2.42~2.43 라다크리슈난 포함(첫 주석 "스승은 여기서 (…중략…) 바치라고 한다.")
3		6.1 간디	6장에 대한 간디의 서론 포함(첫 단락 "이 장에서는 (…중략…) 그 목적이다.")
4		6.23 마헤슈	6.20 마헤슈, 6.21 마헤슈 포함(첫째와 둘째 단락 "위 19절까지에서 (…중략…) 평화를 얻는다."는 6.20 마헤슈; 셋째와 넷째 단락 "감각으로는 왜 (…중략…) 감성으로는 불가능하다."는 6.21 마헤슈)
5		6.34 마헤슈	6.33 마헤슈 포함(첫 단락 "이 구절은 (…중략…) 못했기 때문이다.")
6		9.10 라다크리슈난	9.8 라다크리슈난, 9.9 라다크리슈난 포함(세 단락 "나타나 뵈지 (…중략…) 능력이 없다."는 9.8 라다크리슈난; 넷째 단락 "주재자는 그 (…중략…) 저녁에 물러간다."는 9.9 라다크리슈난)
7		11.34 라다크리슈난	11.33 라다크리슈난 포함(네 단락 "운명의 하나님은 (…중략…) 상징인 것이다.")
8		18.56 라다크리슈난	18.53 라다크리슈난 포함(첫 단락 "아타르(Attar)는 이브라힘 (…중략…) of Persia).")

	유형	주석 출처	실제
9		2.61 루크레티우스	2.56 라다크리슈난
10		7.2 틸라크	7장에 대한 틸라크의 서론
11	앞 시구의 주석을 뒤 시구의 주석에 놓는 경우 (포함 아님)	7.12 라다크리슈난 (첫째)	7.11 라다크리슈난
12		8.6 라다크리슈난	8.5 라다크리슈난
13		8.6 프라부파다	8.5 프라부파다
14		9.6 슈리다라	9.5 라다크리슈난
15		9.6 라다크리슈난	9.5 라다크리슈난
16		9.34 라다크리슈난	9.32 라다크리슈난
17		11.4 데사이	11.2 데사이
18		11.4 라다크리슈난	11.3 라다크리슈난
19		11.31 라다크리슈난	11.29 라다크리슈난
20		16.3 라다크리슈난	16.1 라다크리슈난
21	뒤 시구의 주석을 앞 시구의 주석에 놓는 경우 (포함 아님)	3.11 간디	3.12 간디
22		3.11 함석헌 (원래 데사이)	3.12 데사이
23		9.3 데사이	9.4~9.5 데사이
24		10.17 틸라크	10.18 틸라크
25	주석서의 서문을 시구의 주석에 포함시키는 경우	7.14 데사이	데사이 주석서의 「서문」 일부 포함(두 단락 "이러한 빛이니 (…중략…) 일어나는 것이다."는 「My Submission」, p.39)
26		13.20 데사이	데사이 주석서의 「서문」 일부 포함(다섯 단락 ""삼캬 철학(samkhya system)에서는, (…중략…) 영원한 해방이다.""는 「My Submission」, pp.21~24)

2. 『기타』 주석의 인용 횟수와 분량

아래는 이 책의 3장 '『기타』 주석의 인용' 가운데 '인용 횟수와 분량'의 근거 자료다. 3장에서 밝힌 계산 기준에 따른다. 괄호 안의 숫자는 횟수에 관련된 것으로 해당 장章의 시구 번호를 가리킨다.

1) 라다크리슈난

1장. 8회 107행(1 두 번; 14; 23; 31; 36; 40; 47)

2장. 29회 285행(1; 7; 9; 12; 14; 15; 16; 22; 25; 27; 29; 37; 38; 39; 41; 44 두 번; 45 두 번; 46; 47; 48; 53; 59; 61 두 번; 63; 69; 72)

3장. 27회 251행(1; 3; 4; 5; 7; 9; 15; 16; 17; 20; 21; 22 2번; 24; 25; 26; 27; 28; 29; 30; 33; 34; 35; 36; 39; 41; 42)

4장. 15회 191행(3; 4; 6; 7 두 번; 9; 11; 13; 18; 21; 22; 24; 25; 30; 34)

5장. 9회 91행(1; 2; 10; 18 두 번; 19; 21; 23; 25)

6장. 17회 284행(1; 2; 3; 4; 10; 11~12; 14; 18; 28; 29; 32; 37; 38; 43; 44; 45; 46)

7장. 16회 192행(2; 3; 4; 5; 12 두 번; 13; 15; 17; 18; 19; 21; 23;

24; 28; 30)

8장. 9회 57행(1; 3; 4; 6; 7; 17; 25; 26; 27)

9장. 17회 197행(1; 2; 3; 6 두 번; 10; 15; 19; 21; 22; 23; 25; 26;

29; 30 두 번; 34)

10장. 6회 39행(3; 6; 17; 18; 32; 42)

11장. 16회 208행(1; 4; 5; 8; 15; 31; 32; 34; 36; 37; 42; 44; 45;

46; 47; 55)

12장. 11회 103행(1; 4 두 번; 7; 9; 10 두 번; 11; 12; 19; 20)

13장. 14회 121행(0; 1; 4; 6; 11; 13; 17; 19; 22; 24; 25; 26; 27;

30)

14장. 15회 162행(2; 3; 4; 5; 6; 7; 10; 11; 12; 14; 18; 19; 20; 21;

27)

15장. 3회 43행(1; 2; 7)

16장. 3회 35행(3; 8; 24)

17장. 5회 48행(1; 3; 6; 13; 23)

18장. 14회 216행(1; 2; 4; 13; 16; 17; 39; 41; 49; 54; 56; 59; 63;

66)

2) 데사이

1장. 2회 16행(1; 39)

2장. 10회 67행(27; 39; 46; 47 두 번; 55; 59; 62; 69; 72)

3장. 16회 133행(11; 12 세 번; 13 두 번; 14; 15; 17; 23 세 번; 33

두 번; 35; 39)

4장. 7회 83행(2; 8; 13; 19; 23; 25; 30)

5장. 8회 80행(6; 15 두 번; 18 두 번; 19 두 번; 22)

6장. 13회 58행(2; 5~6 일곱 번; 10; 23; 32; 35; 40)

7장. 6회 108행(2; 3; 13; 14; 24; 27)

8장. 4회 64행(7; 13; 25; 28)

9장. 8회 91행(3; 6; 10; 15; 19; 22; 27; 29)

10장. 3회 11행(25; 27; 30)

11장. 1회 3행(4)

12장. 3회 28행(서론; 7; 12)

13장. 6회 127행(11; 17; 20; 22; 26; 30)

14장. 4회 52행(서론; 14; 20; 27)

15장. 1회 38행(2)

16장. 1회 38행(5)

17장. 1회 17행(13)

3) 간디

1장. 1회 6행(1)

2장. 8회 45행(서론; 30; 37; 44; 55; 59; 61; 62)

3장. 11회 84행(서론; 2; 4; 6; 7; 9; 11; 22; 28; 33; 35)

4장. 9회 58행(8; 11; 12; 18; 21; 27; 32; 33; 34)

5장. 12회 81행(서론; 3; 8~9; 13; 14; 15; 18; 19; 21; 23; 27~28; 29)

6장. 4회 20행(1; 3; 31; 46)

8장. 4회 25행(17; 25; 27; 28)

9장. 3회 8행(22; 26; 30)

12장. 3회 28행(서론; 5; 12)

13장. 5회 25행(21; 23; 28; 29; 30)

14장. 2회 33행(19; 25)

15장. 2회 12행(1; 2)

4) 마헤슈

4장. 19회 402행 (서론; 2; 3; 5; 7; 13; 16; 17; 18; 20; 21; 22; 23; 25; 26; 27; 30; 31; 32)

5장. 16회 295행(서론; 1; 2; 3; 4; 5; 6; 8~9; 15; 16; 17; 18; 19; 22; 23; 26)

6장. 25회 717행(1; 2; 3; 9; 10; 11~12; 13; 14 두 번; 16; 18; 19; 23; 24; 25; 28; 29; 30; 32; 34; 35; 37; 38; 45; 47)

5) 틸라크

7장. 3회 90행(2; 7; 12)

8장. 6회 158행(서론; 4; 6; 8; 22; 26)

9장. 11회 144행(서론; 6; 10; 15; 16; 19; 22; 23; 25; 28; 29)

10장. 7회 120행(3; 5; 6; 17; 19; 25; 29)

11장. 5회 54행(서론; 4; 37; 39; 44)

12장. 2회 84행(서론; 12)

13장. 4회 53행(서론; 0; 4; 25)

14장. 3회 36행(서론; 2; 27)

15장. 1회 23행(서론)

16장. 2회 22행(서론; 3)

17장. 3회 46행(서론; 1; 3)

18장. 3회 111행(서론; 1; 6)

6) 프라부파다

7장. 1회 18행(20)

8장. 6회 135행(2; 3; 6; 17; 22; 23)

9장. 2회 31행(1; 10)

10장. 9회 118행(6; 7; 10; 19; 26; 27; 30; 35; 37)

13장. 1회 27행(25)

18장. 1회 21행(1)

7) 힐

15장. 1회 48행(2)

17장. 1회 26행(2)

18장. 1회 2행(34)

8) 다카쿠스

2장. 1회 44행(서론)

9) 바넷

2장. 1회 6행(39)

10) 쯔지

18장. 1회 1행(54)

3. 자주의 횟수와 분량

아래는 이 책의 4장 '자주_{自註}' 가운데 '자주의 횟수와 분량'의
근거 자료다. 4장에서 밝힌 계산 기준에 따른다. 괄호 안의 숫자

는 횟수에 관련된 것으로 해당 장章의 시구 번호를 가리킨다.

1) 글 방식 자주

1장. 1회 15행(10)

2장. 4회 25행(11; 41; 53; 66)

3장. 2회 50행(21; 35)

4장. 4회 22행(3 두 번; 6; 22)

5장. 5회 123행(8~9; 10; 11; 18; 27~28)

6장. 7회 162행(3; 11~12; 24; 28; 32; 34; 41)

7장. 5회 112행(12; 21; 22; 23 둘째; 30)

8장. 4회 73행(2; 4; 22 두 번)

9장. 2회 25행(6; 20)

10장. 2회 18행(7; 11)

11장. 1회 8행(44)

12장. 1회 6행(20)

13장. 1회 11행(20)

14장. 1회 5행(2)

15장. 1회 30행(1)

18장. 1회 6행(16)

2) 인용 방식 자주

(자세한 출처는 4장 참고. 높은 횟수 순, 횟수가 같을 때 분량 순)

장자. 16회 118행

노자. 14회 73행

맹자. 10회 33행

『중용』. 6회 55행

예수. 6회 8행

공자. 5회 34행

『대영백과사전』. 4회 50행

「마태복음」. 4회 11행

「요한복음」. 4회 11행

열자. 2회 31행

「마가복음」. 2회 19행

「히브리」. 2회 10행

『명심보감』. 2회 6행

나윤. 1회 38행

장재. 1회 14행

「로마서」. 1회 6행

『축덕록』. 1회 5행

제갈량. 1회 5행

「누가복음」. 1회 5행

여숙간. 1회 4행

『대학』. 1회 4행

「시편」. 1회 4행

『논어』. 1회 3행

『주역』. 1회 3행

왕양명. 1회 2행

조지 폭스. 1회 1행

4. 무료 디지털 자료[1]

1)『기타 역주서』

(1) 잡지판(『씨울의 소리』 46~95호에 실린 『기타』 역주)

http://ssialsori.net/bbs/board.php?bo_table=0401&page=3

(2) 초판(『함석헌전집』 13권 『바가바드기타』)

http://ssialsori.net/bbs/board.php?bo_table=0304&page=2

---

1 최종 검색일 2021.1.15.

2)『기타 역주서』에 인용된『기타』역주서

(1) 라다크리슈난

https://archive.org/stream/BhagavadGitaBySRadhakrishnan/Bhagavad%20Gita%20by%20S%20Radhakrishnan#page/n0/mode/2up

(2) 간디와 데사이

https://www.gandhiheritageportal.org/mahatma-gandhi-books/the-gita-according-to-gandhi#page/15/mode/2up

(3) 틸라크

https://archive.org/details/SrimadBhagavadGitaRahasya-BgTilak-Volumes1And2

(4) 프라부파다

http://www.vedabase.com/en/bg

https://asitis.com/

(5) 바넷

https://archive.org/details/hinduscripturesh027561mbp

3) 『기타 역주서』에 인용된 「책을 읽기 전에」

https://archive.org/details/in.ernet.dli.2015.133204/page/n3

참고 문헌

길희성 역주, 『바가바드기타』, 서울: 현음사, 1988.

_____, 『범한대역 바가바드기타』, 서울: 서울대출판문화원, 2010.

김건우, 「대한민국 설계자들 14-국가주의에 맞선 류영모와 함석헌」, 『주간동아』 1016호, 2015.12.9.

김성수, 『함석헌 평전-신의 도시와 세속 도시 사이에서』, 개정판, 서울: 도서출판 삼인, 2011.

김영호 · 함석헌, 「대담-새종교가 나와야 한다」, 『씨올의 소리』 98호, 1989.2.

김영호, 「함석헌과 인도 사상」, 함석헌기념사업회 엮음, 『함석헌 사상을 찾아서』, 서울: 삼인, 2001.

_____, 「비폭력 평화정신-평화 · 상생운동의 밑바탕 세우기」, 씨올사상연구회 편, 『씨올, 생명, 평화-함석헌의 철학과 사상』, 파주: 한길사, 2007.

김호성, 「『바가바드기타』에 보이는 지혜와 행위의 관련성-간디의 sthitaprajña 개념을 중심으로」, 『인도연구』 11.2, 2006.

_____, 「『바가바드기타』에 보이는 믿음과 행위의 관련성-간디의 해석을 중심으로」, 『남아시아연구』 13.1, 2007.

나혜숙, 「함석헌의 『바가바드 기타』 주석에 나타나는 인용 모음 주석법의 재해석」, 『인도철학』 46, 2016.

류달영, 「『성서조선』 사건-옥중생활」, 『소중한 만남-나의 인생 노트』, 서울: 솔출판사, 1998.

문을식, 『바가바드 기따-비움과 채움의 미학』, 서울: 서강대학교출판부, 2012.

박석일 옮김, 『우파니샤드』, 正音文庫 59, 서울: 정음사, 1974.

_____, 『바가바드기타』, 正音新書, 서울: 정음사, 1978.

박홍규, 「함석헌과 간디의 종교관 비교-『바가바드기타』에 대한 해석을 중심으로」, 『석당논총』 56, 2013, 83~114쪽.

_____, 「『바가바드기타』로 본 함석헌과 간디의 종교관」, 『함석헌과 간디-평화를 향한 같고도 다른 길』, 파주: 들녘, 2015, 235~269쪽.

송현주, 「함석헌의 사유체계에서 『바가바드기타』와 불교의 위치」, 『종교문화비평』 17, 2010, 65~

112쪽.

신재식, 「함석헌과 종교다원주의-탈향(脫鄕)과 귀향(歸鄕)의 구도자」, 『종교문화비평』17, 2010, 113~146쪽.

이거룡, 「거룩한 자의 노래-함석헌 선생 주석의 『바가바드기타』」, 함석헌 역주, 『바가바드 기타』, 서울 : 한길사, 1996, 21~53쪽.

_____, 「하나님의 발길에 채어 인도 사상까지」, 함석헌기념사업회 엮음, 『민족의 큰 사상가 함석 헌 선생』, 서울 : 한길사, 2001, 139~157쪽.

이광수, 「힌두교에서 사랑의 의미-박띠(bhakti)와 고대 인도 사회와의 관계를 중심으로」, 『석당논 총』19, 1993, 223~241쪽.

이규성, 「한국 근대 생철학의 조류와 구조」, 씨을사상연구소 편, 『생각하는 백성이라야 산다-유영 모·함석헌의 철학과 사상』, 서울 : 나녹, 2010, 60~88쪽.

이인열, 「독후감-「바가받 기타」를 읽고」, 『씨을의 소리』72호, 1978.3-4, 101~102쪽.

이지수, 「하나의 세계와 종교간의 만남에 있어서 현대 인도종교가들의 비견」, 『종교연구』5, 1989, 135~146쪽.

정대현, 「유영모·함석헌의 씨을 방법론-동양적 학문의 한 유형」, 『씨을의 소리』198호, 2007.11~ 12·42~79쪽.

정현필, 「인터뷰-할아버지 위해 6년간 무보수 작업… "그의 글 지키고 싶어"」, 『오마이뉴스』, 2019.1.6.

함석헌, 『함석헌전집』총 20권, 서울 : 한길사, 1983~1988.

함석헌 역주, 「古典풀이-바가받 기타」, 『씨을의 소리』, 서울 : 「씨을의 소리」社, 1975~1980.

_____, 『함석헌전집』13권 『바가바드기타』, 서울 : 한길사, 1985.

_____, 『바가바드 기타』, 한길그레이트북스 18권, 제1판 제1쇄, 서울 : 한길사, 1996.

_____, 『함석헌저작집』28권 『바가바드 기타』, 파주 : 한길사, 2009.

_____, 『바가바드 기타』, 한길그레이트북스 18권. 제1판 제15쇄, 파주: 한길사, 2018.

高楠 順次郎, 「聖婆伽梵神歌」, 『世界聖典全集』, 前輯, 第6卷 『印度古聖歌』, 世界聖典全集刊行会, 東京 : 改造社, 1930, pp.1~136.

辻 直四郎, 『バガヴァッド・ギーター』, 東京 : 刀江書院, 1950.

_____, 『バガヴァッド・ギーター』, インド古典叢書, 東京 : 講談社, 1980.

Barnett, Lionel D., *Bhagavadgītā : or The Lord's Song*, The Temple Classics, London : J. M. Dent and Co., 1905.

_____, "*Bhagavadgītā : The Lord's Song*", in *Hindu Scriptures : Hymns from the Rigveda, Five Upanishads, the Bhagavadgita*, edited by Nicol Macnicol, Everyman's Library, London : J. M. Dent & Sons Ltd., 1938, pp.225~287.

Desai, Mahadev, *The Gospel of Selfless Action or the Gita according to Gandhi : Translation of the Original in Gujarati, with an Additional Introduction and Commentary*, Ahmedabad, India : Navajivan Publishing House, 1946.

Gandhi, Mohandas K., *From Yeravda Mandir (Ashram Observances)*, trans., by Valji Govindji Desai, from Gujarati to English, Ahmedabad, India : Navajivan Mudranalaya, 1932.

_____, *M. K. Gandhi Interprets the Bhagavadgita*, New Delhi : Orient Paperbacks (A division of Vision Books Private Ltd.), [1980]1991. 이현주, 『평범한 사람들을 위해 간디가 해설한 바가바드 기타』, 서울 : 당대, 2001.

Hill, W. Douglas P., *The Bhagavadgītā*, Oxford : Oxford University Press, 1928.

_____, *The Bhagavad-Gita : With English Translation and Commentary*, Delhi : Winsome Books India, [1953]2004.

Iyer, Raghavan N., ed., *The Moral and Political Writings of Mahatma Gandhi*, 3 vols., Oxford; New York : Oxford University Press, 1987. 라가반 이예르 편, 『진리와 비폭력』 총2권, 상권, 마하뜨마 간디의 도덕·정치사상 2, 허우성 옮김, 서울 : 소명출판, 2004.

Macnicol, Nicol, ed., *Hindu Scriptures : Hymns from the Rigveda, Five Upanishads, the Bhagavadgita*, Everyman's Library, London : J. M. Dent & Sons Ltd., 1938.

Monier-Williams, Monier, *A Sanskrit-English Dictionary : Etymologically and Philologically Arranged with Special Reference to Cognate Indo-European Languages*, new ed., greatly enl. and improved with the collaboration of E. Leumann, C. Cappeller and other scholars, Oxford : Clarendon Press, 1899.

Prabhavananda, Swami & Christopher Isherwood, trans., *The Song of God : Bhagavad-Gita*, New York : New American Library, [1944]1972.

Prabhupāda, A. C. Bhaktivedanta Swami, *Bhagavad Gita As It Is : A New Translation, with Commentary*,

New York : The Macmillan Company, 1968.

_____, *Bhagavad-gītā As It Is : With Roman Transliteration, English Equivalents, Translation and Elaborate Purports*, New York : The Macmillan Company, 1972.

_____, *Bhagavad-gītā As It Is*, complete edition, revised and enlarged, Los Angeles, CA : The Bhaktivedanta Book Trust, 1983.

Radhakrishnan, Sarvepalli, *East and West in Religion*, London : George Allen & Unwin Ltd., 1933.

_____, *Eastern Religions and Western Thought*, London : Oxford University Press, 1939. 라다크리슈난, 『동양종교와 서양사상』, 김형준 옮김, 서울 : 무우수, 2004.

_____, *The Bhagavadgītā : With an Introductory Essay, Sanskrit Text, English Translation and Notes*, London : George Allen & Unwin Ltd., 1948.

_____, *The Bhagavadgītā : With an Introductory Essay, Sanskrit Text, English Translation and Notes*, London : George Allen & Unwin Ltd., [1949]1976.

Rāmānuja, *Śrī Rāmānuja Gītā Bhāṣya : With Text in Devanagari & English Rendering, and Index of First Lines of Verses*, trans., by Svāmī Ādidevānanda, Madras : Sri Ramakrishna Math, 2009.

Tilak, Bal G., *S'rimad Bhagavadgītā Rahasya or Karma-Yoga-S'āstra*, 2 vols., Vol. II, trans., by Bhalchandra S. Sukthankar, Poona, India : Tilak Brothers, 1936.

van Buitenen, J. A. B., *The Bhagavadgītā in the Mahābhārata*, Chicago, IL : University of Chicago Press, 1981.

Yogi, Maharishi Mahesh, *The Science of Being and Art of Living*, revised edition, London : International SRM Publications, [1963]1966. 마하리시 마헤시 요기, 『초월의 길 완성의 길 — 존재의 과학과 생활의 기술』, 이병기 옮김, 서울 : 범우사, [1983]1991.

_____, *Maharishi Mahesh Yogi on the Bhagavad-Gita : A New Translation and Commentary with Sanskrit Text, Chapters 1~6*, London : International SRM Publications, 1967.

_____, *Maharishi Mahesh Yogi on the Bhagavad-Gita : A New Translation and Commentary with Sanskrit Text, Chapters 1~6*, Harmondsworth, England : Penguin Books, [1967]1969.

Zaehner, Robert C., *The Bhagavad-Gītā : with a Commentary Based on the Original Sources*, Oxford : Oxford University Press, 1969.

국립국어원, 『표준국어대사전』 개정판 웹사전, 2008.
https://stdict.korean.go.kr/main/main.do.

바보새함석헌, http://www.ssialsori.net/

브리태니커 백과사전, https://www.britannica.com/

정현필, 『신천옹함석헌문집』 중 42권 『바가바드 기타』, 2018.
http://www.ssialsori.net/bbs/board.php?bo_table=ebook&wr_id=46

_____, 『씨알 함석헌전집』 중 40권 『바가바드 기타』, 2020.
http://www.ssialsori.net/bbs/board.php?bo_table=ssial_book&wr_id=41

찾아보기